KB182400

한국 근대 제주불교사

탐라문화학술총서 15

한국 근대 제주불교사

한 금 순

景仁文化社

여는 글 _ 달빛 안고 흐르는 강이어라

소문으로만 전래되던 제주의 역사.
강에서 달빛을 건지는 심정이 되어
이제 누군가는 그 기록을 남겨야 한다는 사명감으로 시작한 이 일.

1997년 보리도량 모임에서부터 시작하여
제주불교사연구회를 거치면서
파편처럼 흩어져 있는
근대 제주불교 역사 관련 자료들을 수집하기 시작했고
사료 수집을 위해 전국 방방곡곡을 찾아 헤매었다.
오늘의 결실은
그동안 어려운 시절을 함께 했던
선우들의 도움이 있어서 가능한 일이었기에
아무도 가려 하지 않았던 거친 이 길에서 만났으나
오히려 정성으로 보듬어 준 모든 이들에게
깊은 감사의 마음을 전한다.

헨리 데이비드 소로우는
"진실을 말하기 위해서는 두 명의 사람이 필요하다."고 했다.
한 사람은 진실을 말하고, 다른 한 사람은 그 진실을 듣는다.
이제 이 책이 전하는 진실을
많은 이들이 듣고 널리 이야기해 주길,
그리고 이 뒤를 잇는 훌륭한 후학들이 많이 나와
제주 역사의 풍성한 숲을 이루어주길 기대한다.

특별히
이 책이 나오기까지
학문의 틀을 잡아주신 제주대학교 김동전 교수님
제주불교사연구회의 기틀을 만들고 이끌어주신 오성스님과
김봉현, 한금실 등 연구회 동지들

그리고
인연 깊은 모든 분들에게 마음 깊이 감사의 예를 드리는 바이다.

6

차 례

머리말

　근대 한국 사회의 대립과 갈등의 양상은 한국불교계에 있어서도 크게 다르지 않은 모습으로 나타난다.

　승려의 도성 출입 금지 등과 같은 조선의 억불정책의 결과로 오랫동안 침체기에 놓여있던 한국 불교는 19세기말 이 조치가 해제되면서 근대시대 활동을 시작할 수 있었다. 1894년 군국기무처 법령에 의해 승려의 도성 출입 금지 조치가 폐지되었지만, 이 조치가 실제적으로 폐지된 것은 1895년 일본 승려인 사노 젠레(佐野前勵)의 건백서에 의해 김홍집과 박영효 등의 상주를 고종이 윤허하면서부터였다.

　이러한 배경 때문에 근대시대 한국불교는 친일 세력과 전통불교 고수 세력으로 대립되어 갈등을 빚을 수밖에 없었고, 결과적으로 일본제국주의의 사찰령에 준하는 불교활동가들과, 사찰령을 거부하고 독자적 불교활동을 통해 민족운동에 참여하는 세력으로 극명히 나뉘게 된 것이다.

　이러한 상황은 제주도의 경우에도 크게 다르지 않았다. 프랑스 신부를 앞세운 프랑스 함대의 침탈과 일본인들의 경제적 수탈 그리고 군대를 앞세워 들어온 일본 승려들의 활동 등으로 한국 개항기 사회 혼란에서 촉발된 대립과 갈등의 양상은 제주도에서도 마찬가지 양상으로 전개되었다. 특히 제주도의 경우, 이 시기의 사회적 변화와 혼란은 외세에 대한 저항의지를 결집시켜 이재수의 난과 제주의병항쟁 등으로 나타나게 되었다.

개항기 제주 사회를 뒤흔들어 놓은 이러한 일련의 사건들은 제주불교계에도 비슷한 양상으로 나타났다. 근대 시기 제주도 출가 승려의 등장에서부터 해방 시기까지의 제주불교사를 살펴보면, 제주불교계는 항일운동에 적극적으로 나서는 불교 인사들과 일제의 정책을 따르는 친일 인사 등으로 나뉘어 갈등을 빚고 있음을 확인할 수 있다. 제주불교계의 이러한 모습은 제주 사회 더 나아가 한국 불교계와 한국 사회의 전반적 흐름과 그 고민을 함께하고 있음을 보여주는 것이다.

이 책은 바로 이 시기 제주불교계의 모습을 통해 근대시대 제주 사람들의 생활의 일면과 일제가 제주를 어떻게 통치하였는지를 확인하는 연구이다.

이 책에서 다루는 한국 근대 제주불교사는 개항기부터 해방기까지를 대상으로 한다. 근대 제주불교계는 일제 강점기 하에서 국권회복을 위해 지역주민과 함께 항일 저항 운동에 적극적으로 앞장서는 모습을 보여줄 뿐만 아니라, 그와는 전혀 다르게 친일활동에 나서기도 하며, 해방 이후에는 제주4·3사건에 적극 참여하는 등, 당대 사회상을 여실히 반영하고 있다.

이 책의 목적은 사실적 사료에 의해 당시의 시대상을 객관적으로 서술하고자 함에 중점을 두고 연대기적 순서를 따라 서술해 나가고자 한다.

이에 따라 이 책의 목차는 근대 제주불교의 중흥을 가져온 관음사 창건이라는 개항기 제주불교의 변화 양상에서부터 시작하여, 항일운동을 주도하는 1910년대 제주불교 활동, 일제의 문화정치라는 정책의 결과물로서 나타난 1920년대 제주불교협회 활동, 심전개발운동의 결과인 1930년대 제주불교연맹 활동 그리고 해방 직후 제주불교 혁신운동 등으로 나누어 정리하였다.

아직까지 한국 근대 제주불교사에 대한 통사적 연구 사례는 전무한 실정이다. 오늘날 지방의 역사는 한국사의 구성 요소 중 하나라는 점에서 그 연구의 필요성이 절실히 대두되고 있는데, 이에 근대시대 제주도에서의 불교사 관련 자료를 수집하고 이를 토대로 저술한 이 책은 한국사 범주

속의 제주사라는 지방사 연구의 한 분야를 담당하는 것은 물론, 한국불교
사연구의 영역을 확대시키는 기회가 되기도 할 것이다.

　이 책을 통하여 민중의 고뇌와 함께 했던 제주불교의 모습을 확인하고,
근대시대 제주사회의 모습과 일제의 정책 수행의 일면을 파악하여 한국사
속에서 제주사를 바라볼 수 있다면 저자로서는 더할 나위 없는 기쁨이 될
것이다.

제1부
달이 뜨네

- 근대 제주불교의 태동과
관음사의 창건

I. 근대 제주불교의 태동과 성격

1. 근대 제주불교의 태동

조선조의 오랜 억압으로 제주인의 가장 낮고 가장 깊은 숨골에 스며 고여 있던 제주 불교는 근대에 이르러 서서히 제주의 마른 땅을 적시며 흐르기 시작하였다. 장차 제주 근대 불교의 태동이라는 거대한 강물이 되어 흘러갈 이 소리 없는 움직임은 제주 유림사회에 지속되어온 불교적 성향에서 영향 받은 바가 컸다.

제주도에 유배 온 유학자들을 스승으로 모시고 학문적, 사상적 가르침을 사사받았던[1] 제주 유림의 제자들은 유배인들의 불교적 성향까지도 이어받아 유교경전과 더불어 불교경전을 읽으며 신앙행위를 이어나갔다. 조선후기에서 개항기 사이의 유배인들 중에 제주 유림 사회에 영향을 끼친 인물로는 김정희, 최익현, 김윤식, 박영효 등을 들 수 있다.

김정희는 1840년에서 1848년까지 9년 동안 제주도에서 유배 생활을 했던 당대의 대표적 지식인이다. 그는 조선후기 실학의 실사구시학파의 거장으로 새로운 선진문물을 적극 수용하고 시대를 개혁해 나가고자 힘썼다. 김정희 등으로 대변되는 조선후기 실학사상은 이후 개화사상으로 이어져 국권회복과 실력배양을 위한 계몽운동으로 전개되었으며 교육과 경제에 힘을 쏟고 사회단체를 결성하여 항일운동을 전개하는 등의 양상으로 나타나기도 한다.

김정희는 9년이라는 결코 짧지 않은 기간 동안 제주에서 유배 생활을 하면서 그의 가르침을 배우고자 열망하는 제주 유림의 유학자들에게 많은 영향을 끼쳤다. 특히 김정희의 불교적 성향은 제주 유림의 유학자들에게 큰 반향을 일으켜 제주 불교계에 변화의 바람을 불러일으켰다.

---

1 양진건, 「제주 유배인의 개화 교학활동 연구」『민족문화연구』20(고려대학교 민족문화연구소, 1990).

김정희의 영향으로 초의선사를 비롯하여 여러 승려들이 제주도의 관리
나 유림들과 교분을 맺고 친교를 이어나갔다. 추사의 오랜 벗인 초의 의순
은 유배 중인 추사를 위해 제주도에 내려온 후 산방굴사에서 6개월간 지
내게 되는데 이때 김정희에게 『밀다경』을 써서 세상에 전하게 하였다.[2]
이원조 목사는 초의 의순을 기다려 그를 맞은 뒤 시를 써달라고 부탁하기
도[3] 하였다. 특히 추사를 가까이에서 따랐던 추사의 제자 이한진[4]은 초의
선사는 물론 초의의 제자인 운백 그리고 지월, 환송 등의 승려들과도 교분
을 가졌다. 이한진은 불교적 취향이 드러나는 20여 편의 글을 남기고 있
어[5] 유배인들이 제주도 지식인들에게 어떤 영향을 끼쳤는지를 여실히 보
여준다.

개항기에 제주에 유배되었던 최익현은 제주의병항쟁과 제주도 3·1만
세운동 등의 항일운동에 영향을 끼쳤다. 최익현은 1895년 8월 명성황후
시해사건이 일어나고 11월에 단발령이 내려지자, 개화를 반대하고 봉건적
지배체제를 유지하고자 하는 위정척사론의 입장에서 유림 세력을 결집하
여 의병을 일으켰던 인물이다. 최익현은 1873년 12월 제주도에 유배 되어
1875년 4월까지 1년 4개월간 유배생활을 하였다. 그의 사상에 고무된 제
주 유림은 김석윤, 고승천 등을 중심으로 항일 의병 운동을 일으켰다. 또
한 이응호 등 최익현의 학통을 이어받은 12명의 유림 인사들은 집의계를
구성하여 항일의 뜻을 모으기도 하였고, 최익현의 제자 김희정[6]을 주축으
로 한 조천의 유림들은 제주도 3·1만세운동을 이끌어내는 구심점이 되기
도 하였다.[7]

---

2 고병오, 『원대정군지』영인본(대정역사문화연구회, 2006), 248~249쪽, "草衣修道于
　此庵　請金秋史書蜜多經傳于世".

3 장의순, 『초의선집』(경서원, 1985), "濟牧李公源祚索詩遂次望京樓韻".

4 오문복 편역, 『영주풍아』(제주문화, 2004), 227쪽.

5 이한진 저, 김영길 역, 『매계선생문집』(제주문화, 1998).

6 양진건, 『조선조 제주 교육사상사 연구』(단국대학교 박사학위논문, 1991), 151쪽.

7 김동전, 「제주인의 3·1 운동과 그 영향」『제주도사연구』창간호(제주도사연구회,

개화사상가 김윤식, 박영효 등은 신학문과 개화사상 등으로 제주사회에 많은 영향을 끼쳤다. 김윤식은 조선의 도를 주체로 하여 폭넓게 서학을 수용하자는 동도서기론(東道西器論)을 주장한 인물이다. 외세에 의존한 개화를 주장한 온건개화파 김윤식은 1897년 제주도로 유배 와서 1901년 6월까지 홍종시, 최원순, 김종하, 김응빈 등의 제주 유림과 귤원시회를 함께 하며 그 영향력을 발휘하였다. 김윤식은『속음청사』에서 귤원시회를 함께 하던 제주의 유생들과 석가탄신일을 기념하여 등을 매달고, 불교 경전을 함께 공부했으며, 나한상을 새로 모시면서 향과 꽃을 올리는 등 유생들과의 모임에서 직접적인 불교 신앙 행위를 이어갔음을 기록해 놓고 있다.[8]

갑신정변과 갑오개혁의 주체로 활약했던 박영효는 서양문물을 도입할 것을 적극적으로 주장했던 인물이다. 박영효는 1907년 9월부터 1910년 6월까지 3년여 동안의 제주도 유배 생활에서 홍종시, 김응전 등의 제주 유림과 교류하며 제주 사람들에게 개화사상을 전해주었다. 그는 원예 농사와 식생활 개선 등 실생활과 관련된 활동을 보여 주었으며, 청소년을 상대로 신학문을 소개하기도 하였다.

이처럼 제주에 유배 온 유학자들을 맞아들인 제주 유림사회는 그들을 통해 새로운 시대의 흐름을 읽고 새로운 세상을 만들어 가야할 시대적 의무를 감지하고 있었다. 제주 유림의 일원인 홍종시, 김종하, 최원순 등은 김윤식과 귤원시회 활동을 함께 하였고 1920년대 제주불교협회 활동까지 그 인연을 이어나갔다.

특히 고승천 등과 함께 제주의병항쟁의 주역으로 활동했던 김석윤은 광양서재의 스승 김병규 밑에서 불경을 공부하고 승려로 출가한 제주 유림의 일원이다. 그는 출가한 이후에도 다시 광양서재와 문귀사숙의 교사와 훈장을 지내는 등 유림 활동을 계속했으며, 그의 문하생들도 제주 유림에서 적극적으로 활동했다.[9]

1991).

8 김윤식 저, 김익수 역,『속음청사』(제주문화원, 1996), 80쪽, 105쪽, 189쪽.

제주 유림의 홍종시 역시 유배인들과 많은 교류를 지속하였다. 김정희의 제자에게서 가르침을 받아 『완당선생서법총론』이라는 저서를 남기는 것은 물론, 김윤식의 추천으로 1921년 워싱턴 태평양회의에 제출되었던 독립청원진정서에 서명하였고, 귤원시회에서는 김윤식과 함께 불교경전을 읽거나 석탄일을 기념하여 직접 시축(詩軸)을 쓰고, 불교 경전인 『전등록』[10] 및 여러 가지 서법(書法) 서적을 김윤식에게 보내기도 하였다.[11] 홍종시는 박영효와도 교류했으며[12] 이후에는 제주불교협회 활동에도 참여한다. 홍종시는 1924년 결성된 제주불교협회의 시회장으로 『관세음보살개금원문』[13]에 이름을 남기고 있으며, 1925년에는 제주불교협회 포교당 건축비를 희사하기도 했다.[14]

당시 귤원시회에 참여한 제주출신 인물로는 김종하, 최원순, 홍종시, 김응빈이 있는데 이 중 대정군수를 지낸 김종하와 제주판관을 지낸 김응빈은 제주불교협회의 고문으로 활동하였으며, 조선총독부 판사이기도 했던 최원순도 제주불교협회 활동에 참여하였다.

2. 근대 제주불교 초기의 성격

개항기는 정치, 경제, 사회, 문화 등 전분야에 걸친 대대적 지각 변동의 시대였다. 제주의 지식인들도 이러한 시대의 변화를 인식하며 다양한 삶

---

9 고경수 등 13명의 문하생이 김석윤의 죽음을 애도하는 글을 남기고 있다.(김석윤 유품, 김동호 소장).

10 『전등록』은 과거 7불과 천축의 28조, 진단(震旦)의 초조 보리달마와 그 후대로 이어지는 인도와 중국, 우리나라의 중국 유학승 등 선문의 선장(禪匠)들을 전등상승(傳燈相承)의 차례에 따라 열거한 선종의 인물사이다.

11 김윤식 저, 김익수 역, 『속음청사』(제주문화원, 1996), 80쪽, 105쪽.

12 양진건, 「제주 유배인의 개화 교학활동 연구」 『민족문화연구』20(고려대학교 민족문화연구소, 1990).

13 『관세음보살개금원문』(1925, 제주 관음사 소장).

14 「제주불교확장 등 기증자 제씨」 『매일신보』(1926. 1. 20).

의 궤적을 보여주는데 그 대표적인 인물이 김석윤이다. 개항기 제주도 출신 승려로는 1892년 출가한 강창규, 1894년 출가한 김석윤이 있는데, 이 중 김석윤은 승려이면서 제주 유림의 일원이었고, 제주의병항쟁을 이끈 항일운동의 주역이었다.

제주불교는 김석윤의 영향으로 항일운동을 거행하였고 그로 인해 일제의 통제를 받게 되며, 이후에는 항일이력에서 벗어나기 위해 적극적인 친일 활동을 해야 했다. 김석윤은 근대 제주불교 초기 활동의 성격을 규정지은 인물로, 김석윤이라는 인물을 들여다보면 그 속에 근대 제주불교 초창기의 모습이 오롯이 담겨있음을 알 수 있다.

김석윤(金錫允)은 제주도 오라리 출신으로 제주의병항쟁에서는 석명(錫命)이라는 이름으로 활동했다. 승려로 출가하여 법명은 종화(鍾華), 법호는 상운(祥雲)이다.

김석윤은 제주 광양서재에서 통감·사서·사략 등을 공부하고 14세에는 『금강반야경』을 수학하였다. 그리고 17세가 되던 해에 위봉사에서 출가하였다. 유학교육을 하던 서재에서의 불교경전 공부는 김석윤에게 출가의 동기가 되었을 것으로 보인다. 그런데 김석윤은 출가한 이후에도 다시 광양서재(1898년), 제주 문?서재(1902년), 문귀사숙(1906년) 등에서 교사로 활동한다. 이는 제주 유림의 불교적 성향을 단적으로 보여주는 일례로, 김석윤은 유림 활동을 지속함과 동시에 승려로서 1908년 승려 안봉려관을 도와 관음사를 창건하고, 1909년 관음사 서무, 1911년에는 관음사 해월학원의 교사를 역임한다.

또한 출가 승려의 신분이었던 김석윤은 고승천 등의 제주 유림과 함께 1909년 제주의병항쟁에 참여하여 항일의지를 실천하기도 하였다. 김석윤(의병활동 당시 이름은 김석명)은 고승천(이명: 고사훈, 고경지) 등과 함께 의병항쟁을 위해 제주 이도리 광양동에 대장간을 차려 무기를 제조하고 황사평에서 비밀리에 훈련을 추진시키는 한편, 전답을 팔아 재정을 마련하는 등 거사 준비에 나섰다. 그리고 드디어 김석윤, 고승천, 이중심 등

〈그림 1〉 의병항쟁기념탑

10명은 죽음으로써 왜적을 격퇴하고 국권을 회복하기 위해 총궐기하라는 내용의 격문[15]을 작성하여 발송하였다. 이때 의병항쟁의 구체적 행동 내용을 담은 통고시[16]도 함께 작성하였다. 계획에 따라 창의에 나선 이들은 고승천 등을 중심으로 대정군 영락리와 신평리, 동·서 광청리, 안성리 등지에서 의병을 규합하여 김석윤, 이중심 등이 중심이 된 제주군 중면(현재 제주시)의 의병과 합세할 예정이었다. 그러나 3월 1일 고승천이 동광청리 민가에서 대정 주재소원에게 체포되고 명월리에서 순사에게 격문을 압수당하면서 제주의병항쟁은 수포로 돌아가게 되었다.

일제는 1909년 3월 4일 고승천, 김만석을 총살하였다. 김석윤은 3월 4일 광양에서 체포되었으며 내란죄로 광주지방법원에서 10년 유배형을 언도 받았다. 공소를 제기하고 제주 유림의 탄원으로 증거불충분을 이유로 무죄로 풀려나왔다. 이후 김석윤은 일제의 감시를 피해 1910년 통영군 용화사 선원에 방부를 들인 후 20여 년을 안거하였다.

김석윤의 항일 이력은 이후 그의 활동뿐만 아니라 제주불교계의 활동까지 일제에 의해 제한받게 하는 가장 큰 요인으로 작용한다. 그 이유는 김석윤이 곧 관음사였고, 관음사가 곧 김석윤이었기 때문이다. 김석윤은 근대 제주불교 태동지인 관음사 창건에 깊숙하게 관여한 인물이다.

김석윤이 머물던 관음사에 항일 의식을 가진 인물들이 모여들면서 관음

---

15 제주도, 『제주항일독립운동사』(1996), 70쪽.
16 제주도, 『제주항일독립운동사』(1996), 71쪽.

사는 그들의 활동 근거지가 되었는데, 훗날 법정사 항일운동의 주축 인물이 되는 강창규, 방동화 등이 모두 관음사를 근거지로 활동하였다. 강창규와 김석윤은 서로 깊은 인연을 간직하고 있는 인물로 두 사람 모두 출가 스승 박만하의 제자이며, 두 사람 모두 위봉사에서 출가했고, 두 사람 모두 오라리 출신이다. 방동화 역시 관음사에서 활동하다가 이들의 영향으로 박만하를 스승으로 출가하였다. 방동화는 박만하가 있던 기림사로 가서 출가하였을 뿐만 아니라 기림사의 김연일 등을 제주도로 오게 하는 인연이 된다. 또한 이들 세 사람의 스승인 박만하도 훗날 관음사에서 활동한다. 그러나 이러한 김석윤의 항일활동 이력은 관음사를 일제의 주목 대상이 되게 하였다. 이 때문에 강창규 등 항일 의식을 가진 관음사의 승려들은 일제의 감시를 피해 법정사로 근거지를 옮겨야 했다. 김석윤 역시 제주에서의 활동을 접고 경상남도 통영과 전라북도 임실 등지의 선원에서 20여 년간 제주를 떠나 활동하였다. 김석윤의 이러한 항일 이력은 그가 관음사 창건에 중요한 역할을 담당하였음에도 불구하고 김석윤을 관음사에서 배제시키는 요인으로 작용하였을 뿐만 아니라 일제 강점기 제주불교에서 금기시하는 인물이 되게 하였다.

김석윤의 항일 의식은 근대 제주불교 초창기 인물들이 법정사에서 항일운동을 거행할 수 있게 하는 원동력이 되었다. 김석윤과의 인연으로 관음사는 항일 의식을 가진 승려들의 집결지가 되었고 그에게서 비롯된 근대 초기 제주불교의 항일 의식은 1910년대 법정사 항일운동으로 이어지게 된 것이다. 그리고 법정사 항일운동으로 제주불교는 일제의 표적이 되어, 이후 일제 강점기 하 제주불교 활동의 성격을 완전히 바꿔놓게 된다.

근대 제주불교 초기의 성격은 김석윤과 같은 승려들의 활동으로 국가적 위기를 인식하고 시대적 요구에 부응하는 항일 의식을 실천함과 동시에, 새롭게 태동된 제주불교의 활동 기반을 조성하기 위한 다양한 요구가 공존하는 모습으로 나타났다. 이는 관음사의 초기 활동을 통해 확인할 수 있게 된다.

II. 관음사 창건과 활동

1. 관음사 창건

1908년 관음사 창건은 근대 제주불교의 태동을 알리는 대사건이었다. 당시 제주불교 상황은 제대로 형식을 갖춘 사찰조차 없이 인법당(因法堂 : 큰 법당이 없는 절에서 승려가 거처하는 방에 불상을 모신 집) 수준의 사찰에서 신앙생활을 이어가고 있었다. 또한 제주 출신의 승려들은 육지부의 사찰을 찾아가 출가를 해야 하는 형편이었다. 강창규가 1892년, 김석윤이 1894년에 전라북도 위봉사에서 출가했고 안봉려관은 1907년 대흥사에서 출가한 이후 제주도에 들어왔다. 이러한 열악한 상황 속에서 안봉려관과 김석윤 등에 의해 제주 근대 불교 태동을 알리는 관음사 창건이 이루어진 것이다.

〈그림 2〉 1930년대 관음사 전경

〈그림 3〉 해월굴(관음사)

1) 안봉려관과 관음사 창건

관음사 창건의 주역은 승려 안봉려관이다. 또한 승려 김석윤이 관음사 창건에 큰 역할을 담당했다.

관음사 창건주 안봉려관은 1907년 전라남도 해남 대홍사에서 청봉 화상을 은사로 출가하였다. 안봉려관은 1908년 제주도로 돌아와 관음사를 창건하고 1938년 5월 29일 입적할 때까지 관음사 창건뿐만 아니라 제주불교 활동의 중심 역할을 수행한 인물이다.

관음사 창건은 당대 세간의 관심을 집중시켰던 사건으로 『혁암산고』, 『매일신보』, 『불교』, 『탐라기행』[17] 등의 기록에 남아있다.[18]

---

17 『탐라기행』은 이은상이 조선일보사 산악순례 사업의 일환으로 제주도를 여행하고 한라산을 등정하여 쓸 글이다.(조선일보사, 1937).

18 안봉려관의 관음사 창건에 관해 전하고 있는 기타 자료로는 김석익의 『심재집』 (제주향교 행문회 편저, 제주문화사, 1990, 184쪽)이 있다. "1908년 봉려관이 절을 짓는다고 폐해를 낳았다. ： 戊申頃妖女蓬廬觀假託佛法倡寺做誕釀成".

　그중 『혁암산고』는 제주 유림의 인물인 김형식의 저술이다.[19]
『혁암산고』의 「유(遊) 관음사기」는 1917년에 작성한 글로 관음사 창건
에 관한 내용이 서술되어 있다.

> 한라산 동북록에 아미산이 있고 아미산 밑에 관음사가 있다. 곧 여승 봉려관
> 이 창건한 것이다. 정사년(1917년) 여름 일찍 일어나 행장을 단속하니 가인
> 이 가는 곳을 묻기로 나는 말했다. "요즈음 가뭄에 무더위가 찌는 듯하여 산
> 사를 찾아가 한가히 요양하려 한다." 하니 옥자가 나를 따라 가기를 청함으
> 로 나는 불공을 하지 않는다면 모두 가도 무방하지만 반드시 불공을 하려 한
> 다면 나는 좋아하지 않는다 하였다. …생략… 점심을 벌려놓았다. 다 먹은 뒤
> 에 곧 떠나 관음사에 이르렀다. 초가집 수십 간이 씻은 듯 말끔하여 속세의
> 생각이 없어졌다. 잠시 뒤에 늙은 비구니가 차를 내어왔다. "당신이 이 절을
> 창건한 분입니까? 출가한 지는 몇 년이 됐으며 속성은 누구며 본래 어느 곳
> 에서 살았습니까?" 대답하기를 "속성은 안씨이며 법명은 봉려관, 화북리에
> 살았으며 현가의 아내가 되어서 아들을 낳고 딸을 길렀는데 남편이 첩을 얻
> 어 소박함으로 불문에 귀의하여 고행 걸식으로 촌락을 돌아다니며 부처의 복
> 력으로 인도하여 5, 6년 간에 수백 인의 시주를 얻어 기유년(1909년) 봄에 이
> 절을 창건하였습니다. 경술년(1910년)에 통영군 용화사에 가서 불상을 모셔
> 다 법당에 앉혔고 병진년(1911년)에 서울에 가서 불경 수백 권을 구입하여
> 왔고 또 일본 대판에서 금종을 사온 뒤에 일체의 병발이 대략 완비되었습니
> 다. 전후에 소요된 금액은 8, 9천원이나 아직도 불전이 널찍하지 못합니다."
> 하였다.[20]

　김형식과 관음사 창건주인 승려 안봉려관과의 대화 내용을 살펴보면,
안봉려관은 1909년 봄에 관음사를 창건하였으며 1910년 통영군 용화사에
서 불상을 모셔왔고 서울에서 불경 수백 권을 구입하여 사찰의 면모를 완
비하였다. 당시 관음사는 초가 형태였다.

---

19 김형식은 정의 현감 김문주의 차남으로 1886년 조천에서 태어나 1927년에 사망한
　　인물이다. 최익현의 영향을 받은 김희정과 김시우, 김석익 등과 함께 활동했다.
20 김형식 저, 오문복 역, 『혁암산고』(북제주문화원, 2004), 279~280쪽.

1918년 『매일신보』도 「제주도 아미산 봉려암의 기적」이라는 기사를 이틀에 걸쳐 실으면서 안봉려관의 관음사 창건과 안도월 주지에 대해 언급하였다.

> 제주도 아미산 관음사라는 절은 봉려관이라는 여승이 자기 한 사람의 힘으로 창조한 절인 바 그 뒤에 안도월을 주지로 삼아 전도에 종사하던 중 신도의 수효가 수백 명에 이르렀음으로 근자에 그 절의 규모를 확장하기 위하여 법당을 새로이 짓기로 하였고 또 이왕에는 법정산 법돌사라는 절도 건설하였더라.[21]

다음으로 백환양이라는 이름으로 『불교』제71호에 「한라산 순례기」가 게재되었는데, 여기에 관음사 사적이 소개되어 있다.

> 寺下를 들어서니 좌우로 奇花異草가 紅白이 交雜하고 背後에 우거진 수림은 煙霞가 深鎖하다. …생략… 寺는 新건축으로 純全한 茅屋으로 된 淸楚한 新가람이다. 석가존상도 新조성한 金佛이다. 寺의 연혁을 물어보니 한 청년화상이 가사법복으로 인도하며 …생략… 이 절은 距今 20년전에 開創되었으며 대흥사에 속한 말사이올시다. …생략… 법당 直前으로 종각이며 좌우로 修道室이 정연하고 그 옆으로 住宅과 객실이 인접하며 …생략… 관음사는 앞날 朝天浦에 있었으나 폐사가 오래라. 그 名義만을 이동하여 온 것이다. …생략… 일즉 한 비구니(속명 안명 봉녀관者)가 있어 距今 25년 전(前韓 강희 원년 정미 12월28일)에 해남 대흥사에서 剃染하고 越明年 戊申 5월 初5일에 본도에 들어와서 小寺를 구하여 불상을 봉안하고 4월 8일에 設齋慶讚할새 도민의 少見으로 怪異의 感을 가지고 드디어 亂을 지어 沮戲하며 심지어 봉녀관을 가해하려 하였다. …생략… 觀은 그 후로 여기에 관음사를 刱建하고 化衆에 勤勞하였다고.[22]

관음사는 조천포의 관음사 명의를 빌려와 지은 이름이며, 안봉려관은

---

21 「제주도 아미산 봉려암의 기적」『매일신보』(1918년 3월 2일과 3월 3일 기사).
22 백환양, 「한라산 순례기」『불교』제71호(조선불교중앙교무원, 1930), 34~35쪽.

1907년 대흥사에서 출가하였고 1908년 관음사를 창건하였다는 내용이다. 1930년에도 관음사는 초가 형태였으며, 금불인 석가존상을 봉안한 대흥사 말사로, 법당 앞에는 종각과 수도실, 객실 등이 마련되어 있음도 살필 수 있다.

1937년 이은상은 『탐라기행』에서 「봉려관의 관음사」를 통해 관음사 창건 내용을 기록해 놓았다.

蓬廬觀의 觀音寺

'굴치'를 거쳐 舊韓國 時節에 軍馬를 치던 곳인 石垣을 넘어 觀音寺라는 적은 庵子를 만난다. 이 관음사는 봉려관이라는 비구니가 창건한 것인데, 그는 일찍이 불교의 독신자였다. 속성은 안씨로 본시 제주인이더니, 정미년(1907년) 9월에(혹은 12월 28일을 말하기도 함) 출가의 뜻을 품고 해남 대흥사 晴峯화상에게 나아가 치발수계하고, 밝는 해(1908년) 정월(혹은 5월 5일이라고도 함)에 돌아와서 불법을 포교하려고 하였으나, 도민 일반의 핍박이 극심하여 드디어 그야말로 「天地無家客 東西未定巢」의 몸이 되었다. …생략… 문득 한 老師가 나타나 「저 산천단으로 내려가라」하므로, 다시 발심하여 산천단으로 내려왔더니, 雲大師라는 異僧이 있어서 「오래 기다렸더니 이제야 본다」하며 가사 한벌을 내어주었다. 다시 밝는 해(1909년)에 마을에서 鳩財하여 草庵 수 칸을 이루었다가, 또 다시 밝는 해(1910년)에 靈峰화상과 안도월 처사 등이 육지에서 들어오면서 용화사의 불상과 각 탱화 등을 가지고 왔으므로 반가이 얻어 봉안하고, 밝는 해(1911년) 9월에 法井庵이란 것을 창건하였다. 그리하였으나 도민은 계속하여 내쫓으려 하였는데, 밝는 해(1912년) 4월에 돌을 던지는 폭행에도 상처가 없는 기적으로 인하여 드디어 복종하게 되니 여기다 관음사를 이룩하게 된 것이라 함이 이 절의 창건 삽화이다. (관음사 사적기)[23]

안봉려관은 1907년 대흥사에서 출가하여 1908년 제주도로 돌아왔으나 도민들의 핍박으로 한라산으로 들어가 고행하던 중 운대사라는 이승을 만

---

23 이은상, 『탐라기행』(조선일보사, 1937), 155~157쪽.

나 가사 한 벌을 받았다. 1909년 마을에서 재물을 얻어 초암을 지었고 1910년에 영봉 화상과 안도월이 용화사의 불상과 탱화를 가지고 와서 봉안함으로써 사찰로서의 면모를 갖추게 되었다는 내용이다.

이 기록들을 정리하면 관음사는 1908년 안봉려관이 해월굴에서 기도를 시작하는 것으로부터 비롯되어 창건되었음을 알 수 있다. 안봉려관은 관음사 창건뿐만 아니라 이후 근대 제주불교의 기틀을 마련하는 역할을 수행한 인물로, 일제 강점기 동안 관음사가 제주불교의 중심이 되게 하고 제주도 전역의 사찰 창건을 돕는 등으로 제주 불교활동을 이끌어나갔던 인물이다.

2) 김석윤과 관음사 창건

안봉려관의 관음사 창건에는 승려 김석윤의 도움이 컸다. 『망형석성도인행록』에 김석윤이 안봉려관을 도왔음이 기록되어 있다.

> 공은 본디 세상을 초탈하는 불교를 좋아하였다. 대구에서 돌아온 후 여승 봉려관과 함께 塞水藪(싀미털)에 佛舍를 창건하였다. 南州의 사찰들은 이곳이 그 시초가 된다. 또 法井에 도량을 열었다. 모두 施舍가 있었다.[24]

관음사 2대 주지 오이화의 김석윤을 위한 『조사(弔詞)』에도 김석윤의 도움이 언급되어 있다.

> 蓬廬가 절을 지을 때 공적을 이룬 자가 누구겠습니까. 표창하여 새길 적에도 공의 이름은 역시 뚜렷하였습니다.[25]

---

24 김석익, 『망형석성도인행록』(1949, 국립제주박물관 소장); 『근대 제주불교사 자료집』(제주불교사연구회, 2002), 328~330쪽, 재수록, "公雅好佛氏之超脫 自大邱歸還後 從僧尼蓬廬觀 創佛舍於塞水藪(싀미털) 南州寺利此其濫觴也 又設道場於法井 皆有施舍".

25 오이화, 『조사(弔詞)』(1949, 국립제주박물관 소장), "公自遯世轉于仙佛 蓬廬創寺功

김석윤은 1894년 출가한 이후 상운(祥雲)이라는 법호로 관음사 창건 이전부터 제주에서 활동하고 있었다. 1909년에는 제주의병항쟁 의병장으로 활동하였고, 훗날 법정사 항일운동을 이끄는 강창규, 방동화 등과 함께 관음사를 근거로 활동하였다. 그러나 항일운동으로 일제의 감시대상이 되었던 김석윤의 행적은 강창규 등의 승려들을 법정사로 이주하게 하는 요인이 되었을 뿐 아니라, 관음사도 일제의 감시대상이 되게 하였다. 이러한 일련의 일들은 관음사 및 제주불교 활동에서 그를 배제시키는 요인이 되었다. 이후 김석윤은 관음사 기록에서 금기 인물이 되어버린 채 오랫동안 잊혀져야 했다.

그러나 김석윤을 잊을 수 없었던 동시대 승려들은 은밀한 표현으로 그의 존재를 기록해 놓았으니, 안봉려관의 관음사 창건과 관련하여 등장하는 '승운대사' 혹은 '운대사'라는 표현이 바로 그것이다. '운대사'는 관음사 창건 기록마다 빠짐없이 등장하는 중요한 인물임에도 불구하고 정확히 누구인지 밝혀지지 않는 인물이었다. 이에 필자는 여러 문헌에 나타난 관음사 창건 기록을 비교 대조하면서 마침내 '운대사'가 곧 김석윤을 은밀히 지칭하는 것임을 확인할 수 있었다.

『회명문집』의 「제주 한라산 관음사 법당 중건 상량문」에는 안봉려관이 산천단에서 계룡산의 '승운대사'로부터 법의를 전수 받았다고 되어 있다.

> 그것은 봉여관 비구니가 세운 산천단에서 계룡산의 승운 대사가 기도하던 가운데 무신년(1908년) 오월 단오날에 법의 한 벌을 전수하여 받은 일과 또는 봉여관 비구니가 만들었던 산천단에 담양에 사는 청신녀 성정각이 두 번째로 기도하던 중에 임신년 오월 단오날에 또 袈裟 한 벌을 받은 것이다. 한 분은 무신년이고 한 분은 임신년이고 보니 같은 甲年 같은 오월 단오날에 같은 곳인 봉여관 비구니가 지은 산천단에 같은 부처님의 법의를 같이 받은 것이니 얼마나 기이한 인연인가.[26]

續者誰 表彰之刻公諱亦著".
26 권태연 편역, 「제주 한라산 관음사 법당 중건 상량문」 『회명문집』(도서출판 여래,

『회명문집』은 1924년 제주불교협회 회장을 역임하는 등 근대 제주불교
의 중심인물이었던 이회명의 문집으로 그의 행적과 그가 남긴 글들을 모
은 책이다.

또한 이은상은 「관음사 사적기」를 보고 『탐라기행』에 옮겨놓았다.

> 이 관음사는 봉려관이라는 비구니가 창건한 것인데, 그는 일찍이 불교의 독
> 신자였다. …생략… 할 수 없이 그는 한라산 백록담으로 몸을 숨기고 7일이
> 나 絕食하다 懸崖에 떨어졌더니, 이상하게도 수천의 갈가마귀 떼가 의상을
> 물어 구출하니, 문득 한 老師가 나타나 「저 산천단으로 내려가라」하므로, 다
> 시 발심하여 산천단으로 내려왔더니, 雲大師라는 異僧이 있어서 「오래 기다
> 렸더니 이제야 본다」하며 가사 한 벌을 내어주었다. 다시 다음 해(1909년)에
> 마을에서 鳩財하여 草庵 수 칸을 이루었다가,[27]

이은상이 본 「관음사 사적기」에 의하면 안봉려관은 '운대사'에게서 가
사 한 벌을 받았다.

진원일도 이은상과 같은 자료를 보았음을 짐작하게 하는 「고대 사찰과
아라리 관음사」라는 글을 남기고 있다.

> 이러할 무렵에 「운대사」라고 하는 훌륭한 스님이 나타나서 말하기를 (내가
> 너를 오랫동안 기다렸다! 오늘은 참 잘 만났구나!) 하면서 가사 한 벌을 내주
> 었으니, 이게 어떻게 된 일이냐? 有異僧雲大師曰望子久矣今日幸逢云而出給袈
> 裟是何徵耶越[28]

진원일은 글에서 '운대사라고 하는 훌륭한 스님'이라고 표현하였다. 그
러나 인용한 한문 원문에는 '유이승운대사(有異僧雲大師)'라고 옮겨놓았
다. 이는 이은상이 표현한 '이승 운대사'와 일치하는 부분으로, 진원일과

1991), 88쪽.
27 이은상, 『탐라기행』(조선일보사, 1937), 155~157쪽.
28 진원일, 「고대 사찰과 아라리 관음사」 『제주도지』제39집(제주도, 1969. 7).

이은상은 같은 글, 즉 관음사 사적기를 보았던 것임을 알 수 있다.

'이승(異僧) 운대사', '승(僧) 운대사' 또는 '운대사' 등 번역 방법에 따라 달라지는 과정에서 '괴이한 승려 운대사'로도 표현되어버린 이 사람은 바로 상운(祥雲) 김석윤이다. 일제 강점기의 암울한 상황에서 항일 저항 운동의 선두에 섰던 김석윤, 상운이라는 법명을 드러내놓지 못하는 아픔이 '유이승운대사(有異僧雲大師)'라는 표현으로 암시되고 있는 것이다.

김석윤은 1894년 출가하여 상운이라는 법호로 제주에서 활동하였다. 관음사 창건 이전에 승려로 출가하여 활동하였던 제주 인물은 김석윤과 강창규를 제외하고는 아직 드러나는 이가 없다. 김석윤이 안봉려관을 도와 관음사 창건에 기여했음은 명백한 사실이며, 또한 김석윤의 스승인 박만하와 관음사 1대 주지 안도월의 관음사 활동 이면에는 바로 그들의 연결고리가 되는 김석윤이 자리하고 있었다. 이처럼 당시 제주 불교계에서 활동했던 인물들 중에서 관음사 사적기에 언급될 만큼 중요한 인물이었던 운대사는 바로 상운 김석윤일 가능성이 크다고 밖에 할 수 없는 것이다.

안봉려관과 김석윤의 관계는 관음사 창건 기록에 자주 등장하는 통영 '용화사'라는 연결 고리를 통해서도 확인할 수 있다. 김석윤이 관음사에 어느 정도의 영향을 끼쳤는지를 보여주는 자료가 바로 용화사 탱화이다.

김형식은 「유(遊) 관음사기」에서 1910년 용화사 불상에 대해 언급하였다.

> 5, 6년 간에 수백 인의 시주를 얻어 기유년(1909년) 봄에 이 절을 창건하였습니다. 경술년(1910년)에 통영군 용화사에 가서 불상을 모셔다 법당에 앉혔고[29]

이은상 역시 관음사 사적기에 용화사 불상과 탱화 이야기를 남기고 있다.

---

29 김형식 저, 오문복 역, 『혁암산고』(북제주문화원, 2004), 280쪽.

산천단으로 내려왔더니, 雲大師라는 異僧이 있어서 「오래 기다렸더니 이제야 본다」하며 가사 한 벌을 내어주었다. 다시 다음 해(1909년)에 마을에서 鳩財하여 草庵 수 칸을 이루었다가, 또 다시 다음 해(1910년)에 靈峰 화상과 안도월 처사 등이 육지에서 들어오면서 용화사의 불상과 각 탱화 등을 가지고 왔으므로 반가이 얻어 봉안하고, 다음 해(1911년) 9월에 法井庵이란 것을 창건하였다. 그리하였으나 도민은 계속하여 내쫓으려 하였는데, 다음 해(1912년) 4월에 돌을 던지는 폭행에도 상처가 없는 기적으로 인하여 드디어 복종하게 되니 여기다 관음사를 이룩하게 된 것이라 함이 이 절의 창건 삽화이다. (관음사 사적기)[30]

이들 자료에 의하면 1910년에 영봉 화상과 안도월이 용화사의 불상과 탱화를 가지고 와서 관음사에 봉안하였음을 알 수 있다. 안봉려관은 대흥사에서 출가하였고 관음사는 이후에도 대흥사 말사로 활동한다. 그런데 왜, 무슨 인연으로 통영 용화사의 불상과 탱화를 가지고 온 것일까? 그 의문의 자리에 바로 김석윤이 있다. 이들 통영 용화사 인물들이 제주도 관음사로 내려오게 되는 인연의 고리는 바로 김석윤이 쥐고 있다.

현재 통영의 용화사와 법륜사에 남아 있는 탱화의 화기(畵記)에 1910년 영봉 화상이 용화사 탱화를 관음사로 가지고 오게 된 이유가 명시되어 있다. 용화사 암자인 도솔암 극락전 탱화와 용화사 적묵당에 봉안된 탱화에서 영봉 화상과 봉려관의 이름을 확인할 수 있는 것이다. 용화사 암자인 도솔암 극락전 탱화는 산신도로서 지금은 법륜사에 보관되어 있다. 다음은 그 산신탱화의 화기이다.

隆熙 四年 庚戌 五月日 造成于 本寺 兜率庵 奉安于 極樂殿
證明 廷協 誦呪 文學 慈憲 持殿 琪性 金魚 奇一 鐘頭 尙璘 供司 應成
別座 翰洪
都監 斗衍 化主 比丘尼 蓬廬觀
災厄消滅福壽綿遠之願[31]

---

30 이은상, 『탐라기행』(조선일보사, 1937), 157쪽.

〈그림 4〉 용화사 해월루(경상남도 통영시)

1910년(융희 4년) 5월에 조성하여 용화사 도솔암 극락전에 봉안된 산신 탱화는 도감 두연, 화주 비구니 봉려관으로 화기를 남기고 있다. 두연은 바로 영봉 화상이다.

또한 현재 용화사 적묵당에 봉안되어 있는 감로탱화에서도 영봉 화상의 존재를 확인할 수 있다. 이 감로탱화는 원래 용화사 약사전에 봉안하였던 것을 적묵당으로 옮겨 놓은 것이다. 다음은 감로탱화의 화기이다.

上壇幀
隆熙四年九月十五日造成于本道龍南郡
彌勒山龍華寺藥師殿仍爲奉安于本殿
緣化秩
證明 雪峰元奎 誦呪 圓明仁燁 持殿 首座桂成 金魚 片手明照 鐘頭 沙彌景
煥 總務 錦湖妙眞
住職 石广慧俊 書記 典秀 都監 永嵓妙汯 供司 太根 化主 靈峯斗衍[32]

---

31 「용화사 도솔암 극락전 산신탱화」(1910, 경상남도 통영 법륜사 소장).
32 「용화사 적묵당 감로탱화」(1910, 경상남도 통영 용화사 소장).

이 감로탱화는 1910년(융희 4년) 9월에 조성하여 미륵산 용화사 약사전에 봉안하였는데 화주가 바로 영봉 두연 화상이었다.

이 두 개의 탱화는 1910년 용화사에 큰 불사가 있었음을 말해주고 있다. 당시 비구니 봉려관과 영봉 화상이 화주가 되어 용화사에 새로운 탱화를 조성 봉안하고, 기존 용화사의 탱화는 이은상의 기록에도 나타나 있듯이 영봉 화상이 제주도 관음사로 옮겨 봉안한 것이다.

영봉 화상과 안봉려관의 이러한 일련의 활동 뒤에 숨어 있는 존재가 바로 김석윤이다. 김석윤은 1902년 용화사에서 이동운을 스승으로 하여 사교과를 수료하였고, 1910년에는 용화사 선원에서 안거하고 있었다. 김석윤은 1908년 관음사 창건에 깊이 관여한 후 1909년에 관음사 서무에 취임했고 같은 해 1909년 제주의병항쟁에 앞장섰다가 체포되었다. 이후 일제의 감시로 제주도에서 활동하기가 힘들게 되자 김석윤은 자신이 공부하던 용화사 선원으로 다시 돌아간 것이다. 김석윤은 1910년 이후 20년 동안을 용화사 선원에서 안거할 정도로 용화사를 근거지로 승려활동을 하였다. 용화사는 바로 김석윤의 근거 사찰이었던 것이다. 또한 용화사는 김석윤의 스승인 박만하가 1898년 용화사 아미타 구품도에 증명 비구로 이름을 남기고 있는 것에서도 알 수 있듯이 스승의 영향력이 남아 있는 사찰이었다.

大韓光武二年 戊戌 三月日 敬造于 本寺奉安 於本會 證明 比丘 性月煩明 萬下 勝林[33]

아미타 구품도의 증명 비구인 만하 승림, 즉 박만하는 김석윤, 강창규, 방동화의 스승[34]이다. 박만하는 1914년 제주도 관음사에서 활동하기도 하였다.

33 「용화사 아미타 구품도」(1898, 경상남도 통영 법륜사 소장).
34 『방동화 승적첩』(1940, 유족 방진주 소장).

  김석윤은 용화사 탱화와 불상을 관음사로 이운하게 하고, 스승 박만하와 영봉 화상 그리고 안도월을 관음사에서 활동하게 하는 역할을 수행한 인물이다. 그 김석윤이 바로 안봉려관을 도와 관음사를 창건한 운대사이다. 이처럼 김석윤을 빼놓고는 근대 제주불교의 태동을 말할 수가 없음에도 불구하고, 김석윤의 항일 이력은 일제 강점기 동안 제주 불교계가 그와의 인연을 숨기거나 부정할 수밖에 없는 상황으로 몰아갔고 김석윤은 운대사로 불리며 제주불교사에서 잊혀져갔다.

  김석윤이 제주불교계에서 배제되었다는 사실은 1934년에야 재개된 그의 제주불교 활동을 통해서도 확인할 수 있다. 김석윤은 1934년 제주도로 돌아왔으나 관음사로 들어가지는 못했다. 그러다가 해방 이후 1945년 10월에 이르러서야 비로소 관음사 소림원 주지로 활동하게 된다. 의병장으로 활동했던 그의 항일 이력 때문에 일제 강점기 내내 관음사와 불편한 관계에 놓여 있다가 해방이 되자 바로 관음사 활동을 재개할 수 있었던 것이다. 이것은 일제 강점기 관음사에는 김석윤과의 연관을 부정하거나 숨겨야만 하는 어려운 상황이 전개되고 있었음을 역설하는 것으로, 오늘날까지 김석윤은 '이승운대사(異僧雲大師)', 즉 괴이한 승 운대사로만 은밀히 전해지고 있는 실정이다.

  제주불교에서 김석윤과의 인연이 부정되고 은닉되기 시작한 것은 다시 말해서 김석윤이 관음사에서 배척되기 시작한 것은 항일이력을 가진 승려와의 결별이야말로 일제 강점기를 살아나가기 위한 필수조건이 되기 시작하는 그 시점에서부터 비롯된 것으로 생각된다. 관음사 창건에 일조한 김석윤의 제주의병항쟁 이력은 관음사도 일제의 감시대상이 되게 하기에 충분했다. 더군다나 김석윤과의 인연으로 강창규와 김연일 등 항일의식을 가진 승려들이 대거 관음사로 모여들게 되자 관음사는 일제의 감시로부터 자유롭지 못한 입장이 되었을 것이다. 물론 김석윤의 이력 때문에 항일운동 창의를 계획하고 있던 강창규 등이 일제의 눈을 피해 자발적으로 관음사를 떠나야 했을 필요성도 감지된다.

김석윤의 항일이력과 사찰령의 시행 등으로 인해 관음사는 김석윤과의 결별을 선언하고 1918년 6월에 총독부에 포교소 설치 허가를 받는다. 사찰령에 의한 대흥사 말사의 길을 선택한 것이다. 그러나 1911년에 안봉려관과 김석윤이 창건해 놓은 법정사는 총독부에 포교소 설치 허가를 받지 않는다. 바로 이 시점이 관음사는 친일의 길을, 법정사는 항일의 길을 선택했던 때인 것으로 판단할 수 있다. 포교소 설치 허가는 일제의 사찰령(1911년)과 포교규칙(1915년)에 의한 것이었다. 관음사가 1918년에 총독부의 설치 허가를 받는다는 것은 이 시점에 이르러 관음사가 사찰령에 의해 활동하겠다는 뜻을 표명하였다는 것에 다름없다. 즉 김석윤으로 상징되는 항일의식을 가진 승려들과 결별하고 일제의 정책 하에서 활동하겠다는 노선을 공식화한 것이다. 이로써 관음사 창건 이후 관음사에서 활동하던 김석윤, 강창규 등 항일의식을 가진 위봉사 계열의 승려들은 법정사로 이주하였고 관음사에는 대흥사 계열의 승려들인 안봉려관과 안도월, 오이화 등이 남았다.

김석윤은 관음사 창건은 물론 불상과 탱화를 갖추고 사찰을 정비하는 일과 관음사에서 활동하는 인물들에 이르기까지 막대한 영향력을 끼친 근대 제주불교 태동의 중심인물이었다. 근대 초기 제주불교의 특징을 규정짓는 핵심 인물이었던 김석윤과의 연관성을 배제하기 위해 관음사는 일제 치하에서의 생존을 위해 이후 계속해서 고군분투해야 했다.

2. 관음사의 제주불교 활동

1908년 안봉려관의 관음사 창건으로 제주불교는 세간에 근대 제주불교의 태동을 알리게 되었다. 앞의 김형식의 글에서도 볼 수 있었던 것처럼 관음사의 존재는 1910년대에 이미 제주사회에 강하게 인식되어 있었다. 이 시기 관음사는 제주도공립보통학교와 제주구좌보통학교 학생들의 소풍 장소, 제주도청, 제주교육회 등의 주요 견학처, 제주도 탐방 인사들의 방문지 등으로 각광 받으며 제주사회의 대중적 인식 속에 자리 잡은 것이다.

1920년 제주도공립보통학교 학생들은 석가탄신일에 관음사 소풍을 다
녀오다가 독립만세를 외치고 독립창가를 불러 관헌의 취조를 받는다. 바
로 이 모습이 법정사 항일운동으로 각인된 제주불교의 모습이었다.

제주보통생의 독립만세 호창

4월 8일에
지난 25일에 제주도공립보통학교에서는 생도 전부가 이날은 陰 4월 8일 즉
석가세존이 탄일임으로 이 기회를 타서 해도에 창설된 관음사로 원족을 하였
는데 돌아오는 길에 어린 생도들이 독립만세를 고창하고 또 독립창가도 병창
하였는데 방금 제주도 관헌이 취조하는 중이라더라.[35]

1923년 사립명륜학교는 관음사를 견학하였고,[36] 1924년 제주구좌보통학
교는 관음사의 낙성 기념으로 관음사에 소풍을 다녀갔다.[37] 1925년에는
제주도청 주최로 한라산 탐등단이 관음사에서 일박하였고,[38] 1926년 제주
교육회는 관음사 내에서 연구회를 개최하였다.[39] 또한 1927년에는 제주교
육회에서 전조선 하기대학을 일주일 동안 관음사에서 개최하였다.[40] 이와
같이 불교 관련 활동이 아님에도 불구하고 다양한 행사가 관음사에서 행
해지고 있었던 것은 1920년대에 들어 관음사가 이미 제주사회와 깊이 소
통하고 있었으며 제주사회에서 대중적으로 인식되고 있었음을 반증하는
것이다.

관음사는 창건 이후 1913년에 이르러 드디어 출가 승려를 배출한다. 이
는 김석윤의 1911년 관음사 해월학원 교사 활동의 결과물이다. 당시 김석

35 「제주보통생의 독립만세 호창」『매일신보』(1920. 5. 31).
36 「제주학생단 원족」『매일신보』(1923. 10. 12).
37 「구좌 보교생 견학」『매일신보』(1924. 5. 16).
38 「한라산 탐등단」『매일신보』(1925. 10. 25).
39 「제주교육회」『매일신보』(1926. 10. 14).
40 「제주도 하기대회」『매일신보』(1927. 6. 30).

윤은 일제의 감시를 피해 제주를 떠난 후 용화사 선원에 방부를 들이고
안거에 들어 있었는데 해제 기간에 관음사 해월학원에서 제자들을 길러냈
고 그 결과 1913년에 방동화, 1914년에 오이화가 출가를 하게 되는 것이
다. 방동화는 관음사에서 만난 강창규와 함께 1918년 법정사 항일운동을
주도하였고, 오이화는 관음사의 2대 주지로 관음사의 발전과 위상 정립에
커다란 기여를 하였다.

　일제하 불교활동은 모두 사찰령에 의해 통제되었다. 1911년 조선총독부
제령 제7호로 반포된 '사찰령'은 전국의 사찰을 본말사 관계로 묶어 놓았
고 조선총독부가 사찰의 재산권과 인사권을 장악함으로서 한국불교를 자
신들의 통제 하에 두었다. 1915년 조선총독부는 '포교규칙'을 제정하여 종
교 활동에 관한 세세한 사항까지 조선총독의 인가[41]를 받도록 정해놓았다.
종교 활동에 있어서 재정권과 포교 담당자의 임면권 등 포교소는 물론 포
교자에 관한 모든 사항을 통제하고자 하였다. 포교소의 설치와 이전 그리
고 포교 방법에 대해서도 조선총독의 허가를 받도록 하였으며 포교 관리
자 등이 부적당하다고 판단될 때에는 변경 명령을 내릴 수 있도록 규정하
였다.

　이러한 사찰령에 의해 전국의 각 사찰은 조선총독부에 본산과 포교당의
명칭, 소재지, 포교 담당자의 성명과 주소 등의 신고 절차를 거쳐야 하였
다. 이에 따라 제주도에서는 맨 먼저 일본 사찰인 진종 대곡파(眞宗 大谷
派) 본원사(本願寺) 제주도포교소가 1917년 3월 8일 마쓰모토 히데호(松
本秀穗)를 포교담당자로 신고하였다.[42]

　관음사는 1918년 6월 11일 제주면 아라리 387번지에 대본산 대흥사 제

41 인가와 허가는 다른 의미이나 사찰령을 시행하는 동안 『조선총독부 관보』 기록에
　는 인가와 허가를 구분하지 않고 쓰고 있다. 관음사 포교소의 경우도 인가받도록
　한 사항을 허가한다고 하고 있다.
42 '포교담당자 신고' (1917. 4. 6), 『조선총독부 관보 중 제주록』(제주도, 1995),
　75~76쪽.

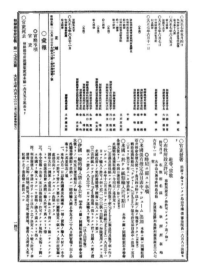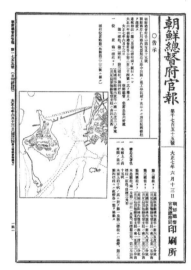

〈그림 5〉 조선총독부 관보(관음사 포교소설립 허가)

주도포교당으로 포교소 설치가 허가되었다. 1918년 6월 13일자 『조선총독
부 관보』 제1755호는 관음사 설립 허가를 다음과 같이 기록하고 있다.

포교소 설립 허가

포교소 설립의 건을 허가한 것은 다음과 같음
(布敎所 設立ノ 件 許可シタルモノ 左ノ 如シ)
허가년월일 : 1918년 6월 11일
포교소 명칭 : 대본산 대흥사 제주도포교당
포교소 소재지 : 전남 제주도 제주면 아라리 387[43]

1918년 7월 19일 전남 대흥사 이화담을 포교담당자로 신고하였다. 『조
선총독부 관보』에는 1919년 1월 23일자에 기록되어 있다.

---

43 '포교소 설립 허가' 『조선총독부 관보』제1755호(35권, 143면)(1918. 6. 13).

포교담임자 계출
포교규칙 제9조 제2항에 의해 포교담임자계를 제출한 사람은 다음과 같음
계출년월일 : 1918년 7월 19일
소속교종파 및 포교소 명칭 : 대본산 대흥사 제주도포교당
소재지 : 전남 제주도 제주면 아라리
포교담임자 주소 : 전남 해남군 삼산면 구림리
포교담임자 이름 : 이화담[44]

관음사는 대흥사 소속의 포교당으로 허가받았고 포교 담임자도 대흥사 주지인 이화담으로 신고하였다. 대흥사를 본사로 한 것은 관음사 창건주인 안봉려관이 대흥사에서 출가하였던 인연에서 비롯된 것으로 볼 수 있다.

관음사의 창건은 근대 제주불교의 태동을 알리는 일대 사건이었다. 근대 제주불교의 태동은 유림 사회에서의 지속적인 불교경전 공부 등이 큰 견인차 역할을 했으며 이는 김석윤의 출가를 이끄는 힘이 되기도 하였다. 관음사는 창건 이후 근대 제주불교의 중심 사찰로서의 역할을 다하였다. 관음사 이후 법정사, 법화사 등이 창건되고 활동을 전개해 나가는 그 중심에는 언제나 관음사가 있었으며 제주불교가 제주 사회에서 대중적 인식 속에 자리하게 되는 것도 관음사의 활동을 통해서였다.

---

44 '포교담임자 계출' 『조선총독부 관보』제1936호(38권, 238면)(1919. 1. 23).

제 2 부
근대의 달빛

- 근대 제주불교 사찰과 인물

I. 근대 제주불교 사찰 현황

근대 제주불교의 활동은 사찰령에 의해 통제되던 한국불교의 흐름과 함께 한다. 일제 강점기 동안 활동 기록을 남기고 있는 제주도 사찰은 91개소이다.[1] 이에 관한 기록은 『조선총독부 관보』, 『매일신보』와 『불교시보』, 제주교무원 자료(『교적부』, 『교도책임자명부(이력서철)』, 『연혁철』, 『사찰등록철』, 『총무국』) 등에서 찾아볼 수 있다.

활동 기록이 남아있는 91개 사찰 중 법정사는 일제가 불태워버렸고, 일본 사찰 3개소 중 1개소는 1941년에 폐찰되었고 2개소는 해방과 더불어 없어졌다. 다른 마을로 이전한 5개소의 사찰을 제외하면 1945년 말까지 활동을 유지하던 제주도 사찰은 82개소로 파악된다.

사라진 사찰들까지 포함해서 근대시대 제주도의 91개소 사찰은 『조선총독부 관보』에 사찰 설치 허가를 받은 사찰과 사찰 설치 허가를 받지 않은 사찰로 크게 구분된다.

그중 『조선총독부 관보』에 활동 흔적을 남기고 있는 사찰은 52개소이다. 이 가운데 5개소는 장소 이전 허가를 받았다. 이에 따라 사찰 설치 허가를 받은 사찰은 47개소로 보아야 할 것이다. 또 허가를 받지 않았음에도 불구하고 활동 흔적을 남기고 있는 제주도내 사찰은 39개소로 확인된다. 이외에도 제주불교 인물이 운영하던 일본 내 사찰 4개소도 확인할 수있다.

그러나 일제 강점기 제주도에 몇 개의 사찰이 있었는지를 정리하는 데에는 다소의 어려움이 따른다. 『조선총독부 관보』에는 사찰의 명칭을 'ㅇㅇ사'로 칭하지 않고 '본사 명칭+제주 지역 명칭+포교소'로 기록하고 있다. 제주지역의 경우 'ㅁㅁ사 △△포교소'라는 『조선총독부 관보』의 기록이 일제 치하에서의 공식적인 기록이다. 그런데 당시의 사찰들은 사찰령에

---

1 1945년 말까지 제주도에서 활동하였던 기록을 남기고 있는 사찰은 '〈부록 2〉 근대 제주불교 사찰 현황표'로 정리하였다.

근거한 명칭뿐만 아니라 한국 전통불교에서의 고유 명칭인 'ㅇㅇ사'라는 명칭도 함께 가지고 있었다. 그러던 것이 1945년 해방 이후 『법계』에 와서 모두 'ㅇㅇ사'로 기록된다. 따라서 이들 자료에 드러나는 사찰들의 수를 정확히 헤아리기 위해서는 사찰 명칭 각각의 연관성을 찾아 확인하는 과정을 거쳐야 했다.

우선 『조선총독부 관보』와 일제시대 불교지 및 『매일신보』 기사 그리고 해방 이후 제주교무원 문서 등을 검토하였다. 'ㅇㅇ사'로 기록된 경우와 포교소의 본사와 주소 그리고 담당 포교자 등을 대조하였다. 예를 들어 '대흥사 제주포교소'는 주소가 아라리 387번지이고, 오이화의 소속 사찰이라는 특징을 가지고 있음으로 대흥사 제주포교소=관음사로 일치시켜 나갔다. 특히 제주교무원 문서 중 이력서는 포교소 명칭과 사찰 명칭이 한꺼번에 드러나고 있어 보탬이 되었다. 이들 자료의 인물과 주소, 활동 연대 등의 교차 비교를 통해 명칭이 정확히 일치하지 않는 경우는 『조선총독부 관보』에 기록된 사찰과 일치되지 않는 사찰로 보았다. 따라서 82개소의 사찰은 차후 'ㅁㅁ사 △△포교소'와 'ㅇㅇ사'가 일치되는 점을 찾게 되면 그 수에 변동이 생길 여지가 있음을 밝혀둔다.

조선총독부의 사찰 설치 허가를 받는다는 것은 곧 일제 강점기 동안 사찰령에 따라 공식적으로 활동한다는 의미이다. 제주도에는 법정사 항일운동으로 인해 공식적인 활동을 할 수 없는 인물들이 있었고 이에 따라 허가를 받지 못하는 사찰들도 있었다. 법정사 항일운동 참여로 일제의 감시 대상이 되어 활동이 힘들었던 강창규, 김석윤의 경우가 사찰 신고를 하지 못했던 예이다.

그리고 조선총독부에 사찰 설치 허가를 받는 것은 사찰로서의 제반사항을 갖추고 난 이후에 신고절차를 거칠 수 있도록 되어 있어서 대부분 창건 연도보다 늦게 허가를 받을 수 있었다.

II. 본사와 말사와의 관계

1911년 일제는 사찰령을 제정, '사찰의 병합, 이전, 폐지는 조선총독부
의 허가를 받아야하며, 전법, 포교, 법요 집행은 지방장관의 허가를 받고,
사찰의 본말(本末) 관계, 승규(僧規) 등의 사법(寺法)은 조선총독의 인가를
받도록'[2]하여 모든 사찰을 본말사 관계로 묶어 중앙에서 통제하고 각 사찰
의 자주권을 박탈하였다. 사찰령에 의해 지정된 본사는 모두 30개였다. 이
30본사는 1924년 전라남도 화엄사가 선암사의 말사에서 본사로 전환되어
모두 31본사 체제로 바뀐다.

그러나 일제 강점기 내내 제주도에는 본사가 지정되어 있지 않았기 때
문에 제주도의 사찰은 육지부의 사찰을 본사로 정하고 그 본사의 포교소
(혹은 포교당)로 조선총독부에 포교소 설치를 신고하였다. 제주불교는 제
주도만의 본사를 갖기 위해 노력했으나 그것은 일제 강점기 내내 불가능하
였다.

『조선총독부 관보』 기록에 나오는 제주도 사찰은 52개소이다. 다음의
〈표 II-1〉은 조선총독부 인가 사찰 현황이다.

〈표 II-1〉 조선총독부 인가 사찰 현황

연번	포교소 명칭	신고 연도	비고
1	진종대곡파 본원사 제주도포교소	1917년	
2	대흥사 제주도 포교당(아라리)	1918년	
3	백양사 제주포교소(삼양리)	1924년	
4	백양사 제주포교소(상효리)	1924년	1935년 서귀리로 이전
5	대흥사 포교당 산남출장소	1926년	
6	화엄사 제주포교소(하도리)	1928년	

2 대한불교조계종총무원, 『조선총독부관보 불교관련자료집 : 일제시대 불교정책과
  현황』상(2001), 19쪽.

7	대흥사 제주포교소 불탑출장소	1930년	
8	위봉사 제주도포교소(금덕리)	1930년	
9	위봉사 제주도포교소(서일과리)	1930년	
10	대흥사 제주포교소 고산출장소	1931년	
11	선암사 제주도 조천포교소	1931년	
12	법주사 제주포교당(조천리)	1932년	
13	백양사 고내포교당	1933년	
14	위봉사 제주읍 회천리포교당	1933년	1943년 동일과리로 이전
15	백양사 동명리포교당	1934년	
16	위봉사 애월면포교당	1934년	
17	백양사 제주도 서귀포교당	1935년	1924년 상효리에서 이전
18	백양사 함덕포교당	1935년	
19	위봉사 안덕면포교당	1935년	1942년 인성리로 이전
20	백양사 한림포교당	1936년	
21	법주사 제주도 동홍포교당	1936년	1937년 신효리로 이전
22	법주사 제주도 서귀포신효포교소	1937년	1936년 동홍리에서 이전
23	위봉사 상귀리포교당	1936년	
24	위봉사 제주읍 도평포교당	1936년	
25	위봉사 해안리포교당	1936년	
26	백양사 북촌포교당	1937년	
27	백양사 토산포교당	1937년	
28	본문법화종 대본산 본능사 제주도포교소	1937년	
29	위봉사 성산포포교당	1937년	
30	백양사 제주포교당(일도리)	1938년	
31	본문법화종 조선 본능사 중문포교소	1938년	
32	봉은사 애월면 구엄리포교당	1938년	
33	해인사 말사 실상사 제주도 제석암포교당	1938년	
34	위봉사 제주 표선포교당	1938년	
35	대흥사 김녕포교당	1939년	
36	대흥사 해륜포교당	1939년	
37	백양사 김녕포교당	1939년	
38	기림사 고내리포교소	1940년	

39	기림사 사계리포교당	1940년	
40	기림사 하원포교당	1940년	
41	대흥사 판포포교당	1940년	
42	백양사 사계포교당	1940년	
43	기림사 귀덕포교당	1941년	
44	대흥사 서귀면포교당	1941년	
45	위봉사 평대포교당	1941년	
46	위봉사 하례포교당	1941년	
47	위봉사 한동포교당	1941년	1942년 금등리로 이전
48	위봉사 금등포교당	1942년	1941년 한동리에서 이전
49	위봉사 인성포교당	1942년	1935년 안덕면에서 이전
50	대흥사 제주 청수포교당	1943년	
51	위봉사 동일과리포교당	1943년	1933년 회천리에서 이전
52	대흥사 말사 관음사 대정포교소	1944년	

※출처 : 『조선총독부 관보』

조선총독부 인가 제주도 사찰은 〈표 II-1〉에서 보듯이 52개소이다. 이들 중 5개소는 마을을 옮겨 포교소 이전 신고를 하였다. 1924년 포교소 설치를 신고한 백양사 제주포교소(상효리)는 1935년 백양사 서귀포교당(서귀리)으로 이전 신고하였고, 1933년 설치신고한 위봉사 회천리포교당(회천리)은 1943년 위봉사 동일과리포교당(동일과리)으로, 1935년 설치신고한 위봉사 안덕면포교당(안덕면)은 1942년 위봉사 인성포교당(인성리)으로, 1936년 설치신고한 법주사 동홍포교당(동홍리)은 1937년 법주사 신효포교소(신효리)로, 1941년 설치신고한 위봉사 한동포교당(한동리)은 1942년 위봉사 금등포교당(금등리)으로 이전 신고하였다. 이렇게 52개 중 5개소는 장소를 이전한 경우라서 최종적으로 사찰 설치를 신고한 사찰은 47개소로 집계하였다.

제주도에 말사를 가지고 있는 조선사찰 본사는 모두 9개 사찰로 기림사, 대흥사, 백양사, 법주사, 봉은사, 선암사, 위봉사, 해인사, 화엄사 등이다. 이 가운데 위봉사가 13개소의 제주도 포교소를 허가 받았다. 그러나 1943년에 위봉사 제주도 포교소 11개소가 백양사 포교소로 명칭 변경 신고를 한다. 따라서 1943년에 백양사는 22개의 제주도 포교소를 가지게 된다. 대흥사는 10개 사찰의 제주도 포교소를 허가 받고 있다. 기림사는 4개 사찰, 법주사는 2개 사찰의 제주도 포교소가 있었다. 봉은사, 선암사, 해인사, 화엄사는 각각 1개소의 제주도 포교소를 설치하였다. 그리고 조선사찰 외에 일본 사찰은 3개소로 나타난다.

일제 강점기 동안 제주도에 가장 많은 말사를 설치한 본사는 위봉사, 백양사, 대흥사 순이다.

1. 대흥사 제주도 포교소

대흥사는 전라남도 해남군 삼산면 구림리에 있다. 일제시대 대흥사 제주도 포교소는 10개소이다. 제주도에서 가장 먼저 육지부 사찰의 말사가 되는 곳은 대흥사 제주도포교소인 관음사이다. 관음사는 1918년 총독부에 사찰 설치를 허가 받았다.[3] 관음사가 대흥사의 말사가 되는 것은 창건주인 안봉려관이 대흥사에서 출가하였던[4] 인연에서 비롯된다. 제주도의 대흥사 말사 10개소는 관음사의 안봉려관과 안도월 그리고 오이화 등이 활동하던 사찰이다.

〈표 II-2〉 대흥사 제주도 포교소 사찰 설치 허가 현황

연번	포교소 명칭	허가 연도
1	대흥사 제주도포교당(아라리)	1918년
2	대흥사 포교당 산남출장소	1926년
3	대흥사 제주포교소 불탑출장소	1930년

---

3 '포교소 설립 허가'『조선총독부 관보』제1755호(35권, 143면)(1918. 6. 13).
4 이은상,『탐라기행』(조선일보사, 1937), 156쪽.

〈그림 6〉 법화사 비림

4	대흥사 제주포교소 고산출장소	1931년
5	대흥사 김녕포교당	1939년
6	대흥사 해륜포교당	1939년
7	대흥사 판포포교당	1940년
8	대흥사 서귀면포교당	1941년
9	대흥사 제주 청수포교당	1943년
10	대흥사 말사 관음사 대정포교소	1944년

※출처 : 『조선총독부 관보』

　관음사의 설치 허가 직후 법정사는 항일운동을 실행하였고 제주불교는
일제의 통제를 받게 되었다. 이로 인해 1924년까지 제주도 사찰은 더 이
상 사찰 설치 허가를 받을 수 없었다. 그러나 설치 허가를 받지 않고도 실
제적으로 활동하는 사찰이 있었다. 만덕사(1912년 창건),[5] 불탑사(1914년

---

5 사찰문화연구원, 『제주의 사찰과 불교문화』전통사찰총서21(2006), 153쪽.

창건),[6] 법화사(1921년 활동 기록)[7] 등이 사찰 허가 이전에 이미 활동 기록을 남겨놓고 있다. 이들 사찰들의 설치 허가 연도를 살펴보면, 불탑사는 1930년에 이르러서야 대흥사 제주포교소 불탑출장소로 설치 허가를 받았고, 법화사는 1926년 대흥사 포교당 산남출장소로, 그리고 만덕사는 1933년 위봉사 제주도 회천리포교당으로 허가를 받았다.

2. 백양사 제주도 포교소

백양사는 전라북도 장성군 북하면 약수리에 있다. 일제시대 백양사 제주도 포교소는 22개 사찰이 신고하였다. 법정사 항일운동에 의한 일제의 제주불교 통제책으로 6년여 동안 제주도에는 총독부의 허가를 받은 사찰이 없었다. 그러다가 1924년 백양사 제주도포교소가 사찰 설치 허가를 받게 된다. 1924년은 제주불교협회가 제주도지사 마에다 요시쓰구(前田善次)의 관리 하에 결성되어 친일 성향의 활동을 전개하는 해이다. 백양사 제주도 말사는 1924년에 삼양리와 상효리 두 곳에 허가된다. 그러나 제주불교 인물이 아닌 육지부 승려가 내려와 사찰을 설치함으로써 여전히 일제가 제주불교 인물의 활동을 제한하고 있음을 엿볼 수 있게 한다.

〈표 II-3〉 백양사 제주도 포교소 사찰 설치 허가 현황

연번	포교소 명칭	허가 연도	비고
1	백양사 제주포교소(삼양리)	1924년	
2	백양사 제주포교소(상효리)	1924년	1935년 서귀리로 이전 : 백양사 제주도 서귀포교당
3	백양사 고내포교당	1933년	
4	백양사 동명리포교당	1934년	
5	백양사 함덕포교당	1935년	

6 사찰문화연구원, 『제주의 사찰과 불교문화』전통사찰총서21(2006), 61쪽.
7 제주불교사연구회, 『근대 제주불교사 자료집』(2002), 195쪽.

6	백양사 한림포교당	1936년	
7	백양사 북촌포교당	1937년	
8	백양사 토산포교당	1937년	
9	백양사 제주포교당(일도리)	1938년	
10	백양사 김녕포교당	1939년	
11	백양사 사계포교당	1940년	
12	위봉사 제주도포교소(서일과리)		
13	위봉사 애월면교당		
14	위봉사 상귀리포교당		
15	위봉사 제주읍 도평포교당		
16	위봉사 해안리포교당	1943년	위봉사 포교당에서 백양사 포교당으로 명칭 변경 신고
17	위봉사 성산포교당		
18	위봉사 제주표선포교당		
19	위봉사 평대포교당		
20	위봉사 하례포교당		
21	위봉사 금등포교당		
22	위봉사 인성포교당		

※출처 : 『조선총독부 관보』

제주불교와 관련된 여러 개의 본사 중에서 백양사는 제주도 말사에 가장 적극적이었다. 삼양리 포교소 건축에 지원을 보내고[8] 본사 주지인 송종헌이 다녀가기도 하였다.[9] 대흥사 포교소인 관음사에서의 대흥사 주지의 활동이 보이지 않는 점과 대조되는 점이다. 이러한 적극적 활동 때문인지 1943년에 위봉사 제주도 포교소 11개소가 백양사로 명칭 변경 신고를 하였다.[10]

총독부에 설치 허가를 받은 백양사의 제주도 포교소는 11개 사찰이다. 그러나 위 〈표 II-3〉과 같이 위봉사의 제주도 포교소 11개소가 백양사로

---

8 「제주 원당포교소 신축낙성식」『불교시보』제20호(불교시보사, 1937. 3. 1), 8쪽.
9 「원당사 확장」『매일신보』(1927. 12. 1).
10 '포교소 명칭 변경 신고'『조선총독부 관보』제4969호(138권 230면)(1943, 8. 24).

명칭 변경 신고를 하여 1943년에 백양사의 제주도 포교소는 22개소가
된다.

3. 위봉사 제주도 포교소

위봉사는 전라북도 완주군 소양면 대흥리에 소재하고 있다. 위봉사는
모두 13개소의 제주도내 포교당 설치 허가를 받았다.

〈표 II-4〉 위봉사 제주도 포교소 사찰 설치 허가 현황

연번	포교소 명칭	허가 연도	비고
1	위봉사 제주도포교소(금덕리)	1930년	1943년 백양사 제주도교당으로 명칭변경
2	위봉사 제주도포교소(서일과리)	1930년	
3	위봉사 제주읍 회천리포교당	1933년	1943년 동일과리로 이전 : 위봉사 동일과리포교당
4	위봉사 애월면포교당	1934년	1943년 백양사 애월면포교당으로 명칭변경
5	위봉사 안덕면포교당	1935년	1942년 인성리로 이전 : 위봉사 인성포교당
			1943년 백양사 인성포교당으로 명칭변경
6	위봉사 상귀리포교당	1936년	1943년 백양사 상귀포교당으로 명칭변경
7	위봉사 제주읍 도평포교당	1936년	1943년 백양사 도평포교당으로 명칭변경
8	위봉사 해안리포교당	1936년	1943년 백양사 해안포교당으로 명칭변경
9	위봉사 성산포교당	1937년	1943년 백양사 성산포교당으로 명칭변경
10	위봉사 제주 표선포교당	1938년	1943년 백양사 표선포교당으로 명칭변경

11	위봉사 평대포교당	1941년	1943년 백양사 평대포교당으로 명칭 변경
12	위봉사 하례포교당	1941년	1943년 백양사 하례포교당으로 명칭 변경
13	위봉사 한동포교당	1941년	1942년 금둥리로 이전 : 위봉사 금둥포교당
			1943년 백양사 금둥포교당으로 명칭 변경

※출처 : 『조선총독부 관보』

설치 허가를 받은 위봉사 제주도 포교소는 13개소였으나 〈표 II-4〉에서 보듯이 1943년에 11개소가 백양사로 명칭 변경 신고를 하였다. 이유는 분명하지 않으나 백양사의 적극적인 제주도 활동이 영향을 끼친 것으로 판단된다.

위봉사와 제주도와의 인연은 강창규와 김석윤에게서 비롯된다. 강창규는 1892년 위봉사 말사인 죽림사에서 출가하였고,[11] 김석윤은 1894년 위봉사에서 출가하고 있다.[12] 그러나 총독부의 사찰 설치 허가를 받는 위봉사 제주도포교소는 1930년에 와서야 2개소가 나타난다.[13] 이 2개소도 기존 제주도의 위봉사 인물이 아닌 변덕립(금덕리)과 김대원(서일과리)이라는 새로운 인물로 허가된다. 만덕사 역시 1912년에 창건되었지만 그동안 허가를 받지 못하고 있다가 기존 제주불교 인물이 아닌 육지부에서 내려온 김대원에 의해 1933년에 허가된다.[14] 이는 위봉사 승려들인 강창규, 김

---

11 대한불교 제주교도회 제주교무원, 「강창규 이력서」『교도책임자명부(이력서철)』 (1951, 한국불교 태고종 제주종무원 소장).

12 관음사 포교소, 「김석윤 교적부」『교적부』(1947, 한국불교태고종 제주종무원 소장).

13 '포교소 신고'『조선총독부 관보』제996호 (86권 32면)(1930. 5. 2); '포교소 신고' 『조선총독부 관보 제주록』(86권 635면, 650면)(1930. 6. 30).

14 '포교 신고'『조선총독부 관보』제2094호 (100권 558면)(1933. 1. 6); 사찰문화연구원, 『제주의 사찰과 불교문화』전통사찰총서21(2006), 153쪽.

석윤이 1918년 법정사 항일운동 등의 항일운동을 주도한 사실로 인한 제약 때문에 비롯된 것으로 짐작할 수 있다. 1924년 제주불교협회 활동으로 제주불교의 친일 성향을 검증받은 이후인 1930년에 이르러서야 기존의 제주불교 인물을 배제시킨 채 위봉사 제주도포교소가 허가되는 것이다. 강창규, 김석윤은 일제시대 내내 감시대상이었으며 제주불교는 이들과의 차별성을 검증받은 이후에야 활동이 가능하였다.

4. 기림사 제주도 포교소

기림사는 경상북도 경주시 양북면 호암리에 소재하고 있다. 강창규와 김석윤은 자기들의 스승인 박만하가 기림사에 있을 때 방동화를 보내어 출가시켰다.[15] 제주도의 포교소는 방동화가 창건한 기림사 하원포교당을 비롯하여 4개의 기림사 말사가 총독부의 사찰 설치 허가를 받았다. 기림사에서 인연이 된 김연일 등 6명의 기림사 승려가 1914년 제주도에 내려왔고 이들이 법정사 항일운동을 주도하였다. 그 때문에 기림사의 제주도 말사는 1940년에 이르러서야 설치 허가를 받을 수 있었다.

〈표 II-5〉 기림사 제주도 포교소 사찰 설치 허가 현황

연번	포교소 명칭	허가 연도	비고
1	기림사 고내리포교소	1940년	
2	기림사 사계리포교당	1940년	
3	기림사 하원포교당	1940년	
4	기림사 귀덕포교당	1941년	

※출처 : 『조선총독부 관보』

---

15 「방동화 수행이력서」(1951, 유족 방진주 소장), 「방동화 승적첩」(1940, 유족 방진주 소장).

5. 기타 조선사찰의 제주도 포교소

법주사의 제주도 포교소는 3개소의 신고 기록이 있으나 법주사 제주도 동홍포교당은 사찰 허가를 받은 다음 해에 신효리로 이전하여 법주사 제주도 서귀포 신효포교소로 신고하였다. 법주사 제주도 포교소는 모두 김병주가 포교담당자로 신고되어 있다. 이외에 1개소씩 제주도에 말사를 설치한 본사는 화엄사, 선암사, 봉은사, 해인사 등이 있다.

〈표 II-6〉 기타 조선사찰 제주도 포교소 사찰 설치 허가 현황

연번		포교소 명칭	허가 연도	비고
법주사	1	법주사 제주포교당(조천리)	1932년	
	2	법주사 제주도 동홍포교당	1936년	1937년 신효리로 이전 : 법주사 제주도 서귀포 신효포교소
화엄사	1	화엄사 제주포교소(하도리)	1928년	
선암사	1	선암사 제주도 조천포교소	1931년	
봉은사	1	봉은사 애월면 구엄리포교당	1938년	
해인사	1	해인사 말사 실상사 제주도 제석암포교당	1938년	

※출처 : 『조선총독부 관보』

6. 일본 사찰

일제 강점기 동안 제주도에 있었던 일본 사찰은 모두 3개뿐이다.

〈표 II-7〉 일본 사찰 설치 허가 현황

연번	포교소 명칭	허가 연도	비고
1	진종대곡파 본원사 제주도포교소	1917년	
2	본문법화종 대본산 본능사 제주도포교소	1937년	
3	본문법화종 조선 본능사 중문포교소	1938년	1941년 폐지 신고

※출처 : 『조선총독부 관보』

〈그림 7〉 일본 사찰 동본원사 포교소(제주시 삼도리)[16]

일제 강점기를 통틀어 제주도에 3개의 일본 사찰만이 기록에 남아있는 것은 일제의 통치 수법으로 본다면 제주도만의 특별한 특성일 것으로 생각된다. 일본 불교 종파들은 1911년 전국에 167개의 일본사찰을 만들어 놓고 있는 실정이었다.[17]

일본 사찰은 한국에 진출해 있는 일본인들을 위한 사찰이었고 제주도에도 1906년부터 정토종 승려가 활동하고 있었다.[18] 그런데도 일제 강점기 동안 제주도에서 활동한 사찰은 3개소뿐이었고 그 중 본능사 중문포교소는 1941년에 폐지 신고한다. 제주도에서 일본 사찰의 활동이 이렇게 미미한 이유는 제주도만의 독특한 특징이라 할 수 있다. 이재수의 난 등을 통해 외래 종교에 대한 거부감이 제주도민들에게 강하게 인식되어 있었던 것이 그 원인이 아닌가 생각해 볼 수 있다.

---

16 제주특별자치도·제주전통문화연구소, 『일제시대 제주도 사진 자료집 발간에 따른 자료수집 보고서』(2012).
17 김순석, 「개항기 일본불교 종파들의 한국 침투」 『한국독립운동사연구』제8집(독립기념관 한국독립운동사연구소 편, 1994), 146쪽.
18 「제주도 재무통신(財務通信)(속) 잡사항(雜事項)」 『황성신문』(1906. 5. 29).

이상과 같이 조선총독부에 사찰 설치 허가를 받은 제주도 사찰은 47개소로 파악된다. 사찰령에 의해 제주도의 사찰들은 육지부 사찰을 본사로 하는 말사로만 등록할 수 있었는데, 제주도에 있었던 조선사찰 본사는 모두 9개 사찰이다. 제주도에서 제일 먼저 관음사가 대흥사 제주도 포교소로 등록한 이래 10개소의 말사를 두었다. 백양사가 22개소의 제주도 포교소, 위봉사가 처음 13개소를 설치하였다가 2개소로 줄었고, 기림사가 4개소의 제주도 포교소를 두었다. 그 외에 법주사, 봉은사, 선암사, 해인사, 화엄사가 제주도 말사를 두고 있었다.

사찰령에 의한 본말사 지정은 규모가 큰 사찰을 본사로 지정하고 주변의 사찰들을 말사로 배속시키는 방식이었다. 그러나 제주도의 경우는 이러한 원칙이 전혀 지켜지지 않고 있다. 제주도 사찰이 본사를 정하는 원칙은 따로 있지 않았던 것으로 보이는데, 제주도는 행정구역상 전라남도에 소속되어 있었지만 이와 무관하게 전라남도는 물론이고 전라북도, 충청도, 경상도 지역의 사찰들과도 본말사 관계를 맺고 있다.

오히려 제주도의 경우는 해당 사찰의 승려와 본사와의 인연에 따라 본말사의 관계가 설정되고 있는 것으로 파악된다. 관음사의 경우 안봉려관의 출가 본사인 대흥사와 본말사 관계를 맺고 있으며 이후 관음사 승려들은 대흥사 말사를 설치해 나간다. 위봉사에서 출가한 김석윤은 아들 김성수의 명의로 위봉사 말사를, 기림사 출신인 방동화는 기림사 말사를 신고한다.

1918년 관음사의 허가 이후 법정사 항일운동이 제주에서 발생하자, 일제는 제주도 사찰 설치를 불허하다가 1924년 제주도 인물을 배제하고 육지부 인물로 대체시킨 후 백양사 말사를 허가하였다. 그리고 제주불교협회 활동으로 친일성향을 검증받고 나서야 1926년에 이회명이 활동하던 대흥사 포교당 산남출장소를 허가하였다. 1924년 제주불교협회 활동은 법정사 항일운동에 참여하지 않은 관음사 인물들이 중심이 되었다. 1939년 제주불교연맹 활동은 각기 다른 본사의 제주도 포교소들이 함께 활동하였다. 해방 이후 비로소 제주교무원이 결성되었지만 대흥사와 백양사 승려들 간의 알력이 있어 기림사의 방동화가 교무원장을 맡았던 것으로 전해진다.

Ⅲ. 미인가 사찰

〈그림 8〉 서산사 목조보살좌상

1945년 말까지 조선총독부의 사찰 설치 허가를 받은 제주도내 사찰은 47개소이다. 그리고 사찰령에 의한 설치 허가를 받지 않고도 활동 기록을 남기고 있는 제주도 내 사찰은 39개소이다. 이외에 제주불교 인물이 운영하던 일본 내 사찰 4개소가 있었다.

먼저 법정사는 1911년 창건된 후 1918년 일제에 의해 소각되었으나 사찰 설치 허가를 받지 않고 있었다. 또한 법정사 항일운동 참여자인 강창규는 1943년 서산사를 창건하고 활동하였으나[19] 허가는 받지 않았다. 이렇게 항일 이력으로 인해

허가를 받지 못하는 사찰이 있었다.

그리고 사찰 설치 허가는 사찰로서의 제반 시설을 갖추고 나서 신고에 의해 이루어지는 것이었다. 따라서 창건 연도보다 늦게 신고하는 것이 일반적이었던 것으로 보이며, 총독부의 허가를 받지 않은 사찰도 활동할 수 있었던 것으로 파악된다. 다음의 〈표 Ⅱ-8〉은 미인가 사찰 현황이다.

19 대한불교 제주교도회 제주교무원, 「강창규 이력서」『교도책임자명부(이력서철)』 (1951, 한국불교 태고종 제주종무원 소장).

〈그림 9〉 월정사

〈표 II-8〉 조선총독부 미인가 사찰 현황

연번	활동 연도	사찰명	출처
1	1918년	법정사	매일신보 등
2	1925년	제주불교협회 포교당	불교시보
3	1930년	원천사	제주교무원 자료
4	1934년	월정사	불교시보
5	1934년	백양사 명월성포교지부	불교시보
6	1936년	도림사	제주교무원 자료
7	1937년	대흥사 제주 관음사 평대리 출장포교소	제주교무원 자료
8	1938년	선암사 고산포교당	불교시보
9	1939년	백양사 어도리포교당	제주교무원 자료
10	1942년	선광사	불교시보
11	1942년	위봉사 신흥리포교당	불교시보
12	1943년	서산사	제주교무원 자료
13	1944년	제주 관음사 혜광포교당	제주교무원 자료
14	1944년	월광사	제주교무원 자료
15	1945년	용문암	제주교무원 자료
16	1945년	광룡사	제주교무원 자료
17	1945년 봄	두수암	제주교무원 자료
18	1945년 기록	관음암	법계
19	1945년 기록	광령사	법계

20	1945년 기록	금악사	법계
21	1945년 기록	남천사	법계
22	1945년 기록	덕지사	법계
23	1945년 기록	법주사	법계
24	1945년 기록	산방북암	법계
25	1945년 기록	산방사	법계
26	1945년 기록	삼전암	법계
27	1945년 기록	용장사	법계
28	1945년 기록	선암사	법계
29	1945년 기록	수원사	법계
30	1945년 기록	신산사	법계
31	1945년 기록	신흥사	법계
32	1945년 기록	쌍계사	법계
33	1945년 기록	어음사	법계
34	1945년 기록	영락사	법계
35	1945년 기록	운주당	법계
36	1945년 기록	원수사	법계
37	1945년 기록	은수사	법계
38	1945년 기록	인수사	법계
39	1945년 기록	조수사	법계

※출처 : 『불교시보』, 『법계』, 제주교무원 자료 등

미인가 사찰들은 『불교시보』와 『법계』, 제주교무원 자료 등을 통해 파악된다. 〈표 II-8〉의 39개 사찰은 활동 연도를 기준으로 작성한 것이다. 이 가운데에 1945년 이전에는 드러나지 않다가 1945년 해방 이후에 활동기록을 남기고 있는 사찰이 모두 25개소이다. 25개 중 22개소는 언제 창건되었는지 확인되지 않았다. 『법계』의 22개소 사찰은 1945년 12월 회의에 참석한 사찰의 명칭들이다. 1945년 8월 이후 12월 사이에 창건된 사찰도 있을 가능성도 배제할 수는 없다.

또한 일본 내에 제주도 인물이 운영하는 사찰 4개소가 있었다. 모두 오

사카(大阪)에 있었다.

〈표 II-9〉 일본 내 제주도 사찰 현황

연번	기록 연도	포교소 명칭 및 주소 및 승려명	출처
1	1937년	제주도 관음사 대판 출장 대각포교당(대판시 동성구 중도 원정 1정목 138, 유종묵)	불교시보
2	1938년	선종포교소(대판시 동구 청굴정 3, 유남준)	불교시보
3	1939년	선종 관음사 포교소(대판시 동성구 복견정 507, 오한일)	불교시보
4	1940년	원광사 대련포교소(대판시 동성구 대뢰정 3정목 78, 오한일)	불교시보

※출처 : 『불교시보』

유종묵은 관음사가 일본으로 파견한 유학생이었다. 관음사에서는 김중봉도 일본 유학생으로 파견하였다.[20] 김중봉은 이회명의 법손상좌이다.[21] 오한일은 오이화의 사제이며,[22] 이회명의 법손상좌이다.[23]

이상 살펴본 바와 같이 1945년 말까지 드러나는 제주도 사찰은 모두 91 개소이다. 여기에 제주도 인물이 운영하던 일본 내 사찰 4개소가 더 있었다. 47개소는 조선총독부의 사찰 설치 허가를 받은 사찰이었고, 39개소는 조선총독부에 사찰 설치 허가를 받은 기록은 없지만 1945년까지 활동 기록이 있는 곳이다.

20 「재(在) 경도(京都) 조선불교 유학생대회 창립대회」『불교시보』제42호(불교시보사, 1939. 1. 1), 22쪽.
21 권태연 편역, 「회명선사 문도질」『회명문집』(도서출판 여래, 1991), 386쪽.
22 진원일, 「주장자 세 번 치니, 오이화 스님」『제주도지』제54집(1972. 5).
23 권태연 편역, 「회명선사 문도질」『회명문집』(도서출판 여래, 1991), 386쪽.

IV. 근대 제주불교 주요 인물

1. 안봉려관(安蓬廬觀)
2. 박만하(朴萬下)
3. 김석윤(金錫允)
4. 강창규(姜昌奎)
5. 김연일(金延日)
6. 이회명(李晦明)
7. 안도월(安道月)
8. 오이화(吳利化)
9. 이일선(李一鮮)
10. 이세진(李世震)

근대 시기 제주불교계에서 두드러진 활동을 펼친 인물 10명의 행적을 살펴본다. 순서는 주요 활동 연대를 우선으로 하였다. 그러나 여러 해 동안 활동하는 것이 인물의 특징이기 때문에 연대순으로 일치하는 것은 아니다.

1. 안봉려관(安蓬廬觀)

안봉려관은 명실공히 근대시대 제주불교를 일으킨 중흥조이다.[24] 관음사와 법정사의 창건주인[25] 안봉려관은 1865년 제주시 화북에서 태어나 1907년에 전라남도 해남군 대흥사 승려 청봉을 은사로 비구니가 되었다.[26] 1908년에 제주도로 돌아와[27] 해월굴에서 기도를 하면서 관음사를 창

---

24 한금순, 「안봉려관과 근대 제주불교의 중흥」『정토학연구』제14집(한국정토학회, 2010).
25 「제주도 아미산 봉려암의 기적」『매일신보』(1918년 3월 2일과 3월 3일 기사).
26 이은상, 『탐라기행』(조선일보사, 1937), 156쪽.
27 진원일, 「안봉려관스님」『제주도지』제42집(1969. 12).

건하였다. 1910년 안도월과 영봉
화상이 통영 용화사의 불상과 탱화
를 관음사로 이운하는데, 이때 안
봉려관은 용화사 적묵당 탱화 화주
를 맡는다.[28] 이는 1910년 이후 20
년 동안 용화사에서 안거하던 김석
윤과의 인연으로 이루어진 일이다.

안봉려관은 1924년 안도월을 관
음사 1대 주지로 내세웠으나 계속
하여 관음사와 제주불교 활동에 대
표 자격으로 참여하였다. 1924년
제주불교협회 성립을 위하여 관음

〈그림 10〉 안봉려관

사 대표로 참여하여 제주불교협회 발기인,[29] 구제부장[30]을 담당하였으며,
이회명과 함께 제주도 순회 포교에 앞장섰다.[31]

1924년 창설된 제주불교협회는 법정사 항일운동으로 일제의 통제 하에
놓여있던 제주불교를 다시 활동할 수 있게 해 준 사회단체이다. 제주불교
협회는 일본인 제주도지사와 중앙에서 내려온 이회명의 주도로 결성되었
다. 그러나 이 협회 활동의 중심에는 관음사가 있었고 관음사에 의해 운영
되었다고 할 수 있다. 관음사는 법정사 항일운동 이후에 더욱 거세진 일제
의 압력으로 제한적인 활동밖에 할 수 없었고 이러한 제주불교 활동을 재
개시키는데 관음사 안봉려관의 역할이 컸다.

안봉려관은 관음사의 창건 이후에도 법정사[32]를 비롯 불탑사,[33] 법화

---

28 「용화사 도솔암 극락전 산신탱화」(1910, 경상남도 통영 법륜사 소장).
29 『조선불교』제10호(조선불교단, 1925. 2. 11).
30 「불교협회 성립」『매일신보』(1925. 1. 8);『관세음보살개금원문』(1925, 제주 관음
　사 소장).
31 「이선사(李禪師) 순회포교」『매일신보』(1925. 7. 1).
32 「제주도 아미산 봉려암의 기적」『매일신보』(1918년 3월 2일과 3월 3일 기사).

사,[34] 월성사[35] 등 사찰 창건에 주력하여 제주불교의 중흥을 위해 노력하였다. 1938년 음력 5월 29일 입적하였고,[36] 관음사 2대 주지 오이화가 박만하, 이회명, 안도월과 함께 조사전에 봉안하였다.[37]

2. 박만하(朴萬下)

박만하는 관음사 초창기 활동에 공헌한 인물이다. 법명은 승림(勝林), 법호는 만하이다. 박만하는 중국 법원사 한파창도(漢派昌濤) 율사에게 수계를 받고 1897년 통도사에 금강계단을 설치하였다.

조선의 불교 계단(戒壇)은 근대에 들어와서야 승려의 도성출입 허가로 계단을 설치하고 율장에 근거한 수계의식에 의해 구족계와 보살계를 설하여 계단을 통한 승려 양성이 다시 가능해졌다. 박만하의 계맥은 통도사, 범어사, 월정사, 그리고 선학원 등의 계단에 이어졌다. 통도사 금강계단 전계사보(傳戒師譜)는 박만하(萬下勝林)→해담치익(海曇致益)→회당성환(晦堂性煥)→월하희중(月下喜重)→청하성원(淸霞性源) 율사로 이어지고 있다. 범어사 금강계단은 박만하→성월일전(惺月一全)→일봉경념(一鳳敬念)→운봉성수(雲峰性粹)→영명보제(永明普濟)→동산혜일(東山慧日)→고암상언(古庵祥彦)→석암혜수(昔岩慧秀)→자운성우(慈雲盛祐)→금하광덕(金河光德)→남곡덕명(南谷德明)→서해흥교(瑞海興敎) 율사로 전해진다. 월정사는 통도사 계열과 같고, 선학원은 범어사와 같이 박만하→성월일전(惺月一全)→일봉경념(一鳳敬念)으로 계승되었다.[38]

---

33 제주교무원, 『연혁철』(1951, 한국불교태고종 제주종무원 소장).

34 사찰문화연구원, 『제주의 사찰과 불교문화』전통사찰총서21(2006), 101쪽.

35 「고산리 포교당의 불봉식」『불교시보』제27호(불교시보사, 1937. 10. 1), 9쪽.

36 권태연 편역, 「제주도 한라산 법화사 니사(尼師) 봉려관 비명병서(碑銘幷書)」『회명문집』(도서출판 여래, 1991), 178쪽.

37 권태연 편역, 「한라산 관음사 조사전 창립 취지서」『회명문집』(도서출판 여래, 1991), 125쪽.

박만하는 1914년 관음사 1대 주지 안도월이 안봉려관을 도와 불사를 진행하고 있을 때 제주도에 내려와 관음사에서 활동했다. 당시의 업적을 기리어 관음사 조사전에 봉안되어 있다.[39]

박만하는 제주불교 인물인 김석윤, 강창규, 방동화, 오이화, 성군익 등의 계사(戒師)이다. 그중 제자 김석윤은 제주의병항쟁 의병장이었고, 김석윤이 제주의병항쟁 이후 제주를 떠나 안거에 들었던 용화사도 박만하와의 인연이 깊은 곳이었다.[40] 강창규, 방동화 등은 제주 법정사 항일운동을 주도한 인물들이다.

박만하는 근대 제주불교 초창기 활동에 힘을 실어준 인물이다. 직접 관음사에 내려와 관음사 활동을 지원하기도 했으며, 그의 제자들은 제주불교 활동의 전면에서 활약하였다.

3. 김석윤(金錫允)

김석윤은 제주의병항쟁 의병장으로 활동했고 관음사와 법정사 창건 등에 중대한 역할을 담당한 근대 제주불교의 핵심 인물이다.[41] 김석윤은 제주도 오라리 출신이다.[42] 자는 근수(勤受), 호는 석성(石惺)이며, 제주의병항쟁에서는 석명(錫命)이라는 이름으로 활동했다. 10세에 제주 광양서

---

38 지관, 「한국불교계율전통」『근대한국불교 율풍 진작과 자운대율사』특별심포지움 자료집(가산불교문화원, 2005), 45쪽, 49쪽, 75쪽.

39 권태연 편역, 「한라산 관음사 조사전 창립 취지서」『회명문집』(도서출판 여래, 1991), 125쪽.

40 박만하의 용화사 활동은 「용화사 아미타 구품도 화기」(1898, 경상남도 통영 법륜사 소장)에서 확인할 수 있다. "大韓光武二年 戊戌 三月日 敬造于 本寺奉安 於本會 證明 比丘 性月煩明 萬下勝林".

41 한금순, 「승려 김석윤을 통해 보는 근대 제주인의 사상적 섭렵」『대각사상』제19집(대각사상연구원, 2013).

42 김석윤의 이력사항은 「교적부」에 남아있다.(관음사교무소, 『교적부』, 1947, 한국불교태고종 제주종무원 소장).

〈그림 11〉 김석윤

재 김병규(金炳奎)[43] 문하에서 통감·사서·사략 등을 공부하고 14세에는 『금강반야경』을 수학하였다. 이러한 불교경전 공부의 영향으로 17세가 되던 1894년 전라북도 전주군 위봉사에서 박만하(朴萬下)를 스승으로 삼고 출가하였다. 법명은 종화(鐘華) 법호는 상운(祥雲)이다. 사미계사는 오회현, 비구계사는 박만하이다. 상좌로 김평수, 고원준 등이 있다.

김석윤은 제주 유림의 일원으로 1898년 제주 광양서재 교사로 활동하고, 1902년에는 제주 문?서재 교사, 1906년에는 연동촌 문귀사숙에서 훈장을 지내어 제주 유림에 제자를 두기도 하였다.

1908년에는 승려 안봉려관을 도와 관음사와 법정사 창건에 기여하였다. '이승(異僧) 운대사', '승운대사' 또는 '운대사'로 전해지는 관음사 창건 인물이 바로 김석윤이다. 1909년 관음사 서무, 1911년에는 관음사 해월학원의 교사를 역임하였다.

김석윤은 1909년 2월 25일 제주의병항쟁에 참여하여 의병장으로 활약하였다. 고승천 등과 함께 창의를 계획하여 제주 광양에 대장간을 차려 무기를 제조하고, 황사평에서 비밀리에 의병 훈련을 추진하였으며 전답을 팔아 재정을 마련하였을 뿐만 아니라, 격문과 교정 조목 집필에 관여하고 구체적 행동 내용을 담은 통고사도 작성하였다. 그러나 창의가 실패하면서 1909년 3월 4일 광양에서 체포되어 내란죄로 광주지방법원에서 1909년 4월 2일에 10년의 유배형을 언도 받았다. 이에 공소를 제기하고 그를 구제하고자 하는 제주 유림의 끈질긴 노력으로 1909년 7월 22일 대구공소원에서 무죄를 선고 받았다. 김석윤은 이러한 항일이력 때문에 일제 강점

---

43 김병규(金炳奎) : 호는 운감(雲龕). 1832~?.

기 동안 관음사에서는 활동을 할 수 없는 인물이 되면서 '이승(異僧) 운대사' 등으로 그 내력만이 전해지고 있다.

제주의병항쟁으로 제주불교 활동이 힘들어진 김석윤은 1910년 통영군 용화사 선원으로 옮겨가 20여 년을 안거하였다. 1911년 용화사 선원의 해제 기간 도중 관음사 해월학원 교사를 역임하기도 하였다. 1930년 위봉사 말사인 청련암 주지를 역임하고 1934년 제주도로 돌아와 월정암 주지로 활동하기 시작하였다. 제주선원 월정사는 제주불교 최초의 선원으로, 재단법인 조선불교 중앙선리참구원의 제1 지방분원으로 창립되었다.

선학원은 1921년 일제의 사찰정책에 대항하여 사찰령에 예속되지 않겠다는 의지로 만들어졌고[44] 1934년에 재단법인 조선불교 중앙선리참구원으로 인가를 받았다. 제주선원 월정사는 바로 이 선학원의 제주분원이다. 일제의 사찰령을 거부하는 제주선원 설립은 제주의병항쟁에 이은 김석윤의 항일의지를 보여주는 것이라 할 수 있다.

일제의 사찰령에 의해 사찰 창건마저 총독부에 설립을 신고하여 허가를 받아야 하는 식민지 상황에서 항일 의병장 김석윤이 불교활동 전면에 나설 수 없었음을 증명하는 자료가 또 있다. 1938년『불교시보』에 의하면 위봉사 제주 표선포교소의 설립자가 김성수인 것으로 나온다.

제주 표선포교소의 백중절 기원제
대본산 위봉사 제주 표선포교소에서는 설립자 金性洙 師의 적성운동으로 8월 10일(음 7월 15일) 우란분법회에 신도남녀 수십 명이 모여서[45]

그러나『교적부』에 의하면 김석윤이 위봉사 제주 표선면포교소를 설립하고 주지를 역임한 것으로 나타난다. 또한 표선면 포교소 창건 연혁을 보

---

44 김광식, 「일제하 선학원의 운영과 성격」『한국근대불교사연구』(민족사, 1996), 95~146쪽 참고.
45 「제주 표선포교소의 백중절 기원제」『불교시보』제39호(불교시보사, 1938. 10. 1), 15쪽.

면 사찰의 창건자는 김석윤으로서 토지를 사고팔았던 기록이 남아있다.

〈영천사 연혁〉

동중면 토산리 1247번지 전 674평을 창건주 제주읍 오라리 656번지 김석윤 (종화) 스님과 임대계약 체결하였고, 1934년 1월 19일 종화스님이 법당 건립 용 부지를 매입하였다. 1934년 2월 23일 초가로 대웅전 4칸과 객실 3칸을 건 립하고 1934년 3월 18일 토조 석가모니불과 동불상을 제석사에서 이운하여 봉안하였다. 1935년 4월 27일에 다시 사찰 부지를 종화스님이 매입하였으며 1936년 8월 20일 대본산 위봉사 포교소로 등록하였다.[46]

김성수는 김석윤의 아들이다. 총독부와 대면해야하는 공식적인 활동에 어려움이 클 수밖에 없었던 김석윤은 아들인 김성수를 내세워 표선면 포 교소를 등록했던 것이다.

이어 김석윤은 1941년 위봉사 하례포교소를 설립하고 주지를 역임하며, 1942년에는 관음사 평대포교소 주지, 1945년에는 관음사 소림원 주지를 역임하는 등 불교 활동을 재개하고, 조선불교혁신 제주도승려대회 이후 구성된 제주교무원의 고문으로 위촉된다. 그리고 1946년에는 김녕 백련사 주지를 역임하였다.

김석윤의 아들 김성수와 김인수, 김덕수는 승려로 활동하였다. 막내인 김덕수는 제주4·3사건 당시 월정사에서 끌려 나가 국군 토벌대의 총에 희생되었다. 당대 지식인으로서의 역할을 끊임없이 고민하였던 김석윤은 1949년 8월 25일 오라리 자택에서 73세로 입적하였다.[47] 1990년 건국훈장 애족장에 추서되었다.

김석윤은 출가한 승려의 신분이면서도 제주 유림의 일원으로 존중받았 으며 제주의병항쟁 의병장으로 시대의 전면에 나서 활동하였다. 안봉려관

---

46 「영천사 연혁」(1970, 영천사 송도성 소장).
47 김석익, 『망형석성도인행록』(1949, 국립제주박물관 소장); 『근대 제주불교사 자료 집』(제주불교사연구회, 2002), 328~330쪽, 재수록.

과 함께 관음사와 법정사를 창건하였으나 항일이력으로 인해 제주도를 떠나 생활해야 하는 어려움을 겪기도 하였다. 김석윤은 근대 초기의 제주불교가 항일 저항 운동을 펼치는데 지대한 영향을 끼쳤고, 이후 제주불교는 이 항일이력으로 인한 일제의 통제로부터 벗어나 활동의 자유를 얻기 위해 안간힘을 다해야 했다.

4. 강창규(姜昌奎)

제주 법정사 항일운동 주도자인 강창규는 제주시 오등리 출신이다. 서당에서 한문을 수학하였고, 1892년 20세에 전라북도 임실군 죽림사에서 박초월을 은사로 출가하였다. 1893년 박만하에게 사미계를 받았으며 이후 경상남도 하동군 칠불암과 강원도 간성군 건봉사 등지에서 수선 안거를 하였다.

1908년 관음사가 창건되면서 김석윤과 함께 관음사에서 활동하다가 항일의식을 가진 승려들을 이끌고 법정사로 이주하였다. 강창규는 1918년 제주 법정사 항일운동의 선봉대장으로 거사 당일 현장을 지휘하였다. 거사 현장에서 강창규는 강정리와 도순리 사이에 있는 대천 서안의 전선 및 전주 2개를 절단하도록 지시하여 서귀포와 제주읍내 간의 통신을 두절시켰다. 또한 거사 현장인 하원리에서 우연히 일본인을 만나자 참여자들에게 일본인을 쫓아내고 국권을 회복한다는 거사 목적을 상기시키며 일본인을 처벌하도록 지시하여 창상을 입혔다. 이날 항일 운동 현장에서는 중문 경찰관 주재

〈그림 12〉 서산사 창건주 강창규 기념비

소의 건물과 기구·문서 등이 파손되고 주재소가 불태워졌다. 특히 강창
규는 경찰관 주재소 지붕의 짚을 뽑아 성냥으로 불을 붙여 직접 주재소를
불태우기도 했다.

강창규는 거사 현장의 실제 지휘자였음에도 불구하고 현장에서 체포되
지 않고 4년 3개월 동안 피신 생활을 했다. 일제의 체포령에도 불구하고
4년여를 피신할 수 있었던 것은 지역 주민의 보호가 없었다면 불가능한
일이었다. 강창규의 피신으로 동생 강수오는 재판 전에 옥사하였다. 이는
강창규를 체포하기 위한 고문의 결과였을 것으로 짐작된다. 1922년 12월
27일 강창규는 제주도 우면 상효리에서 체포되었다.

강창규는 제주 법정사 항일운동으로 인해 1919년 2월 4일 궐석 재판으
로 징역 8년을 선고 받았다. 소요 및 보안법 위반죄(형법 제106조 제2호
보안법 제7조 조선형사령 제42조), 방화죄(형법 제108조), 체포 교사의 죄
(형법 제61조 형법 제220조 제1항), 상해 교사의 죄(형법 제61조와 형법
제204조), 일본인을 상해 교사한 죄를 중하게 물었고(형법 제54조 제1항
전단과 형법 제10조), 또한 전선과 전주를 절단한 죄(형법 제61조, 전신법
제37조)를 덧붙여 유기 징역에 처해졌다.[48]

1922년 12월 31일 형이 집행되었고 1924년 칙령 제10호에 의해 징역 6
년으로 감형되었다. 그리고 1928년 12월 12일 잔형 기간 1개월을 남기고
목포형무소에서 가출옥하였다.[49] 강창규는 법정사 항일 운동으로 인해 5
년 11개월 8일 동안 복역하였는데 이는 법정사 항일운동 참여자 중 가장
오랫동안 형을 산 것이다. 선봉대장으로 현장을 이끌었던 행적 때문에 수
감 기간이 가장 길었던 것으로 파악된다.

강창규는 출옥 이후 죽림사에서 활동하다가 1940년에 대선법계를 받는
다. 그리고 제주도로 돌아와 1943년 제주도 대정면 동일리에 서산사를 창

---

48 법정사 항일운동 참여자의 형량에 대한 적용 법은 『강창규 가출옥 관계 서류』(목
   포형무소, 1928. 12. 12, 국가기록원 소장)에 나타나 있다.
49 『강창규 가출옥 관계 서류』(목포형무소, 1928. 12. 12, 국가기록원 소장).

건하였다.[50] 1951년에는 대한불교 제주교무원 고문을 역임하였다. 1960년
대에 입적하였고, 2005년 건국훈장 애국장이 추서되었다.

강창규는 법정사 항일운동의 선봉대장으로 거사 현장을 지휘하였다. 그
런 이유로 해서 일제 강점기 동안 그의 활동은 제한적일 수밖에 없었다.
1943년 제주도에서의 활동을 재개하지만 공식적인 제주불교 활동에는 참
여할 수 없었고 해방 이후에야 참여할 수 있었다. 강창규는 현재까지의 기
록상, 근대 제주불교 최초의 출가 승려로 근대 제주불교 초창기 활동의 정
점에 서 있는 인물이다.

5. 김연일(金延日)

김연일은 법정사 주지로 1918년 법정사 항일운동을 주도한 인물이다.
1871년 경상북도 영일군 도구리에서 태어났다. 경상북도 경주 기림사 승
려였던 김연일은 독립운동의 바람이 제주도에서부터 시작되어야 전국으로
확산된다는 생각을 가지고 제주도에 들어왔다. 그는 활동에 필요한 자금
을 자신의 조상 묘를 제주도로 이장하면서 그 관 속에 넣어 배에 싣고 오
기도 하였다.[51]

박만하가 제주도에 내려와 관음사에서 활동할 무렵 김연일도 제주도 관
음사에 내려와 강창규 등과 같이 활동을 시작한 것이다. 그러나 항일 의식
을 지닌 승려들의 집결지인 관음사가 일제의 표적이 되면서 1914년경부터
법정사로 옮겨갔다. 김연일과 함께 육지부에서 내려온 강민수, 정구용, 김
인수, 김용충, 장임호 등 6명도 법정사에 거주하였다.

김연일은 법정사 항일운동 주모자로 1919년 2월 4일 궐석 판결에 의해
소요 및 보안법 위반죄로 징역 10년을 언도받았다. 1920년 3월에 검거되

---

50 대한불교제주교도회 제주교무원, 「강창규 수행이력서」『교도책임자명부(이력서
    철)』(1951, 한국불교태고종 제주종무원 소장).
51 김연일의 손자 김갑출의 구술 (경상남도 울산시, 50세, 2004. 10. 22, 필자 채록).

〈그림 13〉 경상북도 영일군 입암리 김연일의 관음사 터

어 1920년 4월 5일부터 형이 집행되었다. 1920년 칙령에 의해 5년으로 감형되었다. 「김연일 가출옥 증표」에 의하면 1923년 6월 6일부터 1925년 4월 4일까지 1년 10개월간 가출옥 상태로 지냈다.[52] 가출옥 상태였던 1924년에 다시 징역 4년 1월 1일로 감형되었다. 가출옥 이후 감형된 김연일은 법정사 항일운동으로 1920년 4월 5일부터 1923년 6월 5일까지 목포분감에서 총 3년 2개월을 복역하였다.

김연일은 법정사 항일운동 이전에도 항일이력이 있었다. 김연일의 유족 김갑출은 김연일의 유품으로 33명의 이름이 혈서로 적힌 문서를 가지고 있었다. 동학농민운동 당시의 사발통문과 같이 원형의 형태로 된 이 문서는 김연일이 동학농민운동의 경험을 가지고 있었음을 보여주는 것이다.

김연일은 법정사 항일운동 이후에도 경상도 지역의 항일 인물들과 교류하고 백두산과 만주 등지에서 항일활동을 지속하여 일제 경찰의 감시 대

---

52 「김연일 가출옥 증표」(김연일의 손자 김갑출 소장)는 대정 12년(1923) 6월 6일, 목포감옥 제주지소 조선총독부 전옥(典獄) 간수장 안도 시게(安藤重)가 발부하였다.

상에서 벗어날 수 없었다. 1940년 69세로 경상북도 영일군 동해면 입암리 관음사에서 입적하였다. 1993년 건국훈장 애족장에 추서되었다.

김연일은 독립운동의 뜻을 실현하기 위하여 제주도에 내려왔다. 제주도의 강창규, 방동화 등과 함께 법정사에 거주하면서 지역주민들에게 국권침탈의 부당함을 알리며 법정사 항일운동을 주도한 인물이다.

6. 이회명(李晦明)

제주불교협회 결성을 주도한 이회명은 1866년 경기도 양주군 출생으로 건봉사 승려이다.[53] 1902년 1월 원흥사의 서무로 2년간 활동하였다. 1907년 불교연구회 내무부장, 1908년 원종의 불교종무국 13도 사찰 대표에 포함되는[54] 등 조선불교계의 변화와 밀접하게 연관된 활동을 하였다. 이회명은 41세 때에 일본 조동종 계열 사찰에서 계를 받았으며 1920년 일제의 친일파 육성책에 의해 발족된 단체인 조선불교대회 설교사로 활동하는 등 친일성향이 강한 승려이다. 포교사로서 함경북도에서 제주도에 이르기까지 전국을 누비는 포교활동에 전념하였다.[55]

〈그림 14〉
이회명

이회명은 1921년 9월 법화사에서 행해진 25일 간의 동안거 설법, 1922년 1월 제주도에서의 설교 등을 거쳐 1924년부터 본격적으로 제주도 활동을 시작한다. 1924년 4월 초파일을 맞아 제주 관음사 중창 낙성식에 참여하는데 사형인 이회광을 비롯하여 여러 곳의 사찰 주지들이 함께 하였다.

---

53 권태연 편역, 「선사(禪師)의 이력」『회명문집』(도서출판 여래, 1991), 287쪽.

54 『대한매일신보』『황성신문』(1908. 3. 17).

55 이경순, 「이회명과 제주불교협회」『근대제주불교를 읽는다』근대 제주불교사 자료집 출간기념 세미나 자료집(제주불교사연구회, 2002).

〈그림 15〉 회명대선사지탑(건봉사)

1924년 11월에는 제주불교협회를 구성해내어 회장을 역임하면서 많은 활동을 이끌었다. 제주불교협회는 창립 후 4, 5개월 만에 수천여 명의 회원들이 참여하며 강연과 포교당 건설, 제주불교부인회, 제주불교소녀단 결성 등 활발한 활동을 보여주었다. 1925년 5월에는 제주도내에서 순회포교를 하고 제주불교포교당에 계단을 설치하여 367명에게 수계를 주었고 이후 제주도의 수많은 승려들과 재가자들이 이회명의 문도를 자처하게 된다.[56] 1926년 1월 제주불교소녀단을 조직하고 2월 안도월이 법화사를 중건하는데 증사(證師)로 참여하였다. 이회명은 1926년 12월 마에다 요시쓰구(前田善次)에게 제주불교협회 회장 자리를 물려주고[57] 1927년 제주도를 떠나려하였으나, 마에다 요시쓰구(前田善次)를 비롯한 제주불교협회가 유임을 간청하자 승낙하기도 하였다.[58] 1927년 제주도에 폭우 피해가 크자 8월 24일 제주도 관공서와 연합으로 수륙천도재를 거행한 이후 서울로 올라갔다. 이후 이회명은 전국을 돌며 포교 활동을 지속하는 한편, 1937년에는 한라산 관음사 안도월 화상의 비문을 짓고, 1941년에는 한라산 관음사의 법당 상량문을, 1943년에는 법화사를 재건한 안봉려관 비구니의 공덕비명을 짓는 등 꾸준히 제주도와 연관된 활동을 하다가 1946년 81세에 다시 한 번 제주도에서 보살계법회를 집전하고 관음사에 머물렀다. 그러다가 1951년 12월 22일 전북 임실군 삼계면 대원암에

---

56 권태연 편역, 「제주문도질」『회명문집』(도서출판 여래, 1991), 389쪽.

57 「제주불교회장 마에다(前田) 도사(島司)로」『매일신보』(1927. 1. 3).

58 「회명법사 원류」『불교』제34호(조선불교중앙교무원, 1927. 4), 81쪽.

서 86세에 입적하였다.

이회명은 법정사 항일운동으로 활동이 제한되었던 1920년대 제주불교를 활성화시켰다. 친일성향 인물인 이회명의 주도로 제주불교는 항일이력으로부터 벗어나 제주도 지역 유지들의 참여를 이끌어내며 1920년대 활동을 재개하게 되었다.

7. 안도월(安道月)

관음사 1대 주지 안도월은 제주불교 인물이 주체가 되어 움직이는 제주불교를 만들고자 힘썼던 인물이다. 1879년 경상남도 산청군 출신으로 계명은 정조(定照)이며 법호는 도월이다. 한때 군영에 몸을 담았으며,[59] 김석윤과의 인연으로 1913년 통영 용화사의 영봉 화상과 함께 불상과 탱화를 가지고 관음사로 들어왔다.[60] 관음사에서 안봉려관과 함께 활동하며 제주불교를 대표하였다.

안도월은 제주불교협회 발기에서부터 참여하여[61] 포교부장의 직책을 맡았으며,[62] 제주불교협회 성립 이후 이회명과 함께 제주도를 돌며 포교활동을 벌였고,[63] 1926년 중문면 하원리 관음사 법화출장소의 불사를 하였다. 1928년에는 불교개혁과 불교발전을 위한 대안으로 마련된 조선불교학인대회에 강태현, 오이화와 함께 관음사를 대표하여 참여하는 등[64] 중앙불교와

---

59 권태연 편역, 「제주도 산남 법화사 도월선사 공덕비명 배서」『회명문집』(도서출판 여래, 1991), 177쪽.

60 이은상, 『탐라기행』(조선일보사, 1937), 157쪽; 『관세음보살개금원문』(1925, 제주도 관음사 소장).

61 『조선불교』제10호(조선불교단, 1925. 2. 11).

62 「불교협회 성립」『매일신보』(1925. 1. 8); 「관세음보살개금원문」(1925, 제주도 관음사 소장).

63 「이선사 순회포교」『매일신보』(1925. 7. 1).

64 「조선불교학인대회 발기인 승낙 개최」『불교』제44호(조선불교중앙교무원, 1928. 2), 쪽 수가 명기되어 있지 않다.

〈그림 16〉 안도월 비(법화사, 왼쪽)

연계된 활동을 하였다. 그러나 제주불교의 항일이력으로 인해 안도월은
1930년 4월에 이르러서야 관음사 포교담임자로 총독부의 허가를 받을 수
있었다.[65] 이는 관음사 창건 이후 제주불교 인물이 공식적인 관음사 포교
담임자가 되는 최초의 순간이었다. 안도월은 이러한 자신감을 바탕으로
1931년에 제주불교 인물이 주도하는 제주불교임시대회를 개최하였다. 그
러나 안도월은 1936년 음력 5월 30일 입적하게 되고[66] 제주불교는 심전개
발운동의 흐름 속으로 편입되고 말았다. 안도월은 박만하, 이회명, 안봉려
관 등과 함께 관음사 조사전에 봉안되어 있다.[67] 현재 한라산 관음사에는
1936년 이회명이 쓴 안도월 선사의 비가 있다.

안도월은 관음사 주지로서 관음사 활동의 대표였다. 그러나 제주불교의
항일이력은 제주불교계의 활동을 멈추게 하는 강력한 요인이 되었고 이로

---

65 ‘포교담임자 변경 신고’『조선총독부 관보』제1048호(86권 664면)(1930년 7월 2
　일).
66 진원일, 「고대사찰과 아라리 관음사」『제주도지』제39집(1969. 7).
67 권태연 편역, 「한라산 관음사 조사전 창립 취지서」『회명문집』(도서출판 여래,
　1991), 125쪽.

써 제주불교 인물들의 활동도 통제되었다. 그러한 상황 속에서 안도월은
일제 주도의 불교활동에 참여하면서 꾸준히 제주불교 인물들의 활동을 이
끌어내기 위해 노력하였다. 그의 서원은 사망으로 인해 결실을 맺지 못하
였으나 1930년 이후 제주불교 인물들의 활동은 안도월의 노력에 힘입은
바가 크다.

8. 오이화(吳利化)

오이화는 관음사 2대 주지로 제주불교연맹 집행위원
장을 지냈다. 1903년 제주시 오라리 출생으로 관음사의
안도월을 스승으로 하고 있다. 법명은 한수(漢秀), 법호
는 이화이다. 1914년 전남 해남군 대흥사에서 득도하였
다. 사미계사는 박만하이다. 법화사, 불탑사, 제주불교

〈그림 17〉
오이화

포교당의 감원, 조선불교 중앙대의원, 제주교구 교무원
장을 지냈다. 오이화는 김석윤의 관음사 해월학원의 제자이기도 하다.

오이화는 제주불교협회 발기에서부터 참여하여 포교부 간사를 맡아 활
동하였다.[68] 1927년 부처님 오신 날을 맞아 7일 동안 행해진 축하식에서
연설을 하였다.[69] 1928년에는 강태현, 안도월 등과 함께 제주불교포교당을
대표하여 오이화가 조선불교학인대회에 참여하기도 하였다.[70] 1936년 10
월 15일(음력) 관음사 주지로 취임하였다.[71] 1939년에는 제주불교연맹 집
행위원장으로 활동을 주도하였다. 이는 근대 제주불교 활동이 시작된 이

68 「불교협회 성립」『매일신보』(1925. 1. 8);『조선불교』제10호(조선불교단, 1925.
   2. 11).
69 「한라산남에 칠일정진 유도이래의 미증유사」『불교』제36호(조선불교중앙교무원,
   1927, 6), 36쪽;「제주 불탄 축하식」『매일신보』(1927. 5. 14).
70 「조선불교학인대회 발기인 승낙 개최」『불교』제44호(조선불교중앙교무원, 1928.
   2). 쪽 수가 명기되어 있지 않다.
71 진원일, 「고대사찰과 아라리 관음사」『제주도지』제39집(1969. 7).

후 처음으로 공식적인 제주불교단체의 대표에 제주불교 인물이 선정되는 경우이다. 오이화는 심전개발운동의 결과로 결성된 제주불교연맹을 통하여 각기 다른 본사에 소속되어 활동하던 제주도 포교소의 연합 활동을 주도하였다.

오이화는 1950년 음력 5월 25일에 이도리 제주불교 포교당에서 입적하였다. 1949년 2월, 제주4·3사건으로 토벌대에 의해 관음사가 불태워지던 당시, 고문을 당한 후유증으로 복수(腹水)가 차서 사망한 것으로 증언되고 있다.[72]

제주4·3사건에서 관음사는 주지 오이화의 사망뿐만이 아니라 사찰이 전소되는 피해를 입었다. 당시 관음사에는 무장대의 제주도당사령부가 들어와 있었는데, 이로 인해 관음사는 토벌대의 표적이 되었던 것이다. 관음사의 소각과 주지 오이화의 사망은 해방 후 제주불교 혁신운동을 좌절시킨 요인이 되었다.

9. 이일선(李一鮮)

조선불교혁신 제주도 승려대회의 대회준비위원장이었던 이일선은 1895년 생으로 전남 장성에서 태어나 선운사로 출가하였다.[73] 일제의 사찰정책에 항거하여 불교유신회 활동을 펼친 박한영과 한국 전통불교를 지키려는 임제종 운동을 한 송종헌과 함께 백양사에서 활동하였다.[74] 이 중 박한영

---

72 한금순,「한국전쟁시기 제주도 불교계의 피해 현황과 분석」『한국전쟁과 불교문화재 Ⅱ』한국전쟁피해조사보고서 제주도편(대한불교조계종, 2004), 134쪽.
73 내장사 비림에 있는 학명비음기(鶴鳴碑陰記)(1935년 건립)에 선운사 식구로 일선(一鮮)이 각인되어 있다. 교육원 불학연구소,『선원총람』(대한불교조계종교육원, 2000) 1625쪽 선사비문 편에도 이 기록이 실려 있다.
74 백양사 비림에는 일선(一鮮)이 기록된 비가 모두 3기가 있다. ① 연담유일(蓮潭有一) 선사의 비(1927년 건립), ② 양악계선(羊岳啓璇) 선사의 비(1935년 건립), ③ 응운우능(應雲雨能) 선사 순공지탑(1940년 건립).

과는 불교중앙학림과 조선불교청
년회 활동 등으로 함께 하였다.

이일선은 불교중앙학림 학생
으로서 조선불교청년회 활동에
앞장서는 한편 1920년 조선일보
에「조선불교 청년제군에게」[75]라
는 글을 기고한다. 이 글은 1920
년 이회광이 일본 임제종 묘심사
파에 한국불교를 병합하려 하자
이를 규탄하기 위해 기고한 것이
다. 전환기 세계사의 변화에 대
한 그의 인식을 드러내고 있는
이 기고문은 현실불교를 반성하
고 우리 사회의 발전에 청년 불
자의 각성이 필요함을 촉구하고

〈그림 18〉 화엄종주 연담당대사비(백양사)

있다.[76] 조선불교청년회는 사찰령으로 인한 한국불교의 왜곡을 인식하고
사찰령 철폐만이 불교발전의 관건이며 이는 곧 민족운동의 일환이라는 사
상적 근간 아래 전국 각 지방 사찰에 지회를 두고 불교유신을 위한 활동
을 전개했다.

백양사 활동 당시에는 식민통치 이후 피폐해진 농촌을 부흥시키기 위한
사회 계몽 운동에도 참여하였다.[77] 그러다가 1937년 백양사 주지 송종헌
의 권유에 의해 백양사 포교사 자격으로 제주도로 내려오게 된다.[78] 이일
선은 심전개발운동으로 제주도 활동을 시작,[79] 이후에는 제주불교연맹의

---

75 한국불교근현대사연구회,『신문으로 본 한국불교 근현대사 (상)』(선우도량, 1995),
   39~40쪽, 142~144쪽.
76 한금순,「이일선과 제주불교연맹」『정토학연구』제9집(한국정토학회, 2006).
77 불갑사 조실 수산의 증언(『불교신문』2001. 4. 3).
78 불갑사 조실 수산의 증언(『불교신문』2001. 4. 3).

포교부장을 맡기도 하였다.

해방이 되자 1945년 '조선불교혁신 제주도 승려대회'의 대회준비위원장으로 불교계의 친일을 반성하고 대처식육 등의 왜색화된 불교풍토를 정화하려는 노력을 주도하였다. 또한 제주4·3사건과 관련한 활동에 참여하였다. 1947년 '3·1절 기념 투쟁 제주도 위원회'가 결성되자 승려의 신분으로 선전동원부에서 활동하였으며, '3·1사건 대책위원회' 위원장,[80] '제주도 민주주의 민족전선'의 공동의장 등으로 반외세를 통한 자주국가 건설 활동을 전개한다. 불교의 발전은 곧 사회의 발전과 무관하지 않다는 인식에 근거한 적극적인 사회참여를 보여주는 것이다.

그러나 1950년 56세에 정광사에서 예비검속 되어 제주시 산지포구에서 돌에 묶인 채 수장 당하였다. 제주4·3사건으로 인한 이일선 등 제주불교 인물들의 희생은 해방 후 제주불교 혁신운동의 좌절을 가져오는 요인이기도 하였다.

이일선은 일생을 통해 일관된 현실참여의 행로를 보여주었다. 이는 청년기 불교와 조국의 근대화를 위해서는 무엇보다도 실력배양이 급선무라고 보았던 그의 인식에서 출발한 것이다. 제주에서의 심전개발운동 활동은 친일로 굴절되기도 하였는데 이 또한 사회상에 대한 인식을 바탕으로 사회발전을 도모하고자 함이었다. 해방 이후 반외세를 주장하는 그의 인식 변화 역시 불교의 발전은 사회의 발전과 유리될 수 없다는 일관된 인식의 실천이었다.

10. 이세진(李世震)

제주강원을 운영하여 비구 20여 명을 배출해내었던 이세진은 1910년 8월 25일 제주도 한경면 저지리에서 출생하였다.[81] 18세에 내장사에서 한

---

79 「출정 황군 전사자 위령대법회」『불교시보』제30호(불교시보사, 1938. 1. 1), 16쪽.
80 「4·3은 말한다」『제민일보』(1991. 10. 22).

〈그림 19〉이세진

〈그림 20〉비구 고산당
이세진 송덕비(관음사)

고벽을 스승으로 출가하고 백양사에서 유금해를 계사(戒師)로 비구계를
받았다. 내장사 총무직을 역임했으며, 백양사에서 법계를 품수 받았다. 내
장선원에서 약 3년간 강사로 활동하였고, 강원도 금강산 표훈사 중향강원
강사로 약 2년간 활동하였다. 중향강원은 불교경전과 함께 근대 신학문을
교육하는 개혁적인 성향의 전통강원이었다.

　백양사 주지 송종헌에 의해 1939년 2월 백양사 한림포교당 포교사로 부
임한 이후[82] 제주불교연맹 교육부장을 역임하였다. 1940년 관음사포교당
인 대각사의 제주강원에서 근대 제주불교의 첫 강원교육을 실시하고 1941
년 비구 20여 명에게 수계를 내렸다. 이후 도평리 서관음사에서 기와 공
장을 운영하며 승가의 경제적 독립과 전통강원 설립에 매진했다.

　이세진은 1948년 제주4·3사건이 일어나자 입산하여 무장대 활동에 참
여한다. 그러다가 1949년 3월 제주도당사령부의 관음사 전투에서 무장대
가 패배하면서 토벌대의 포로로 잡혀 제주시 산지부두에 있는 주정공장의

81　한금실, 『이세진의 제주불교 혁신운동 연구』(제주대학교대학원 석사학위 논문,
　　2006) 참고.

82　「인사소식」『불교시보』제45호(불교시보사, 1939. 4. 1) 15쪽; ‘포교 신고’『조선총
　　독부 관보』제3747호(123권, 226면)(1939. 7. 18).

수용소에 감금되고 고문을 받다가 풀려났다. 이후 관음사포교당에서 은신하다 1949년 7월 9일 사복경찰에 잡혀나가 총살당했다.

이세진은 전통불교를 지키려는 임제종 운동에 참여하였던 송종헌과 함께 백양사에서 활동하였고, 신학문을 교육한 중향강원의 강사를 역임하였다. 또한 제주강원을 운영하여 제주도에서 비구를 배출시켰을 뿐만 아니라 사찰의 경제적 독립을 추구하여 서관음사에서 기와 공장을 운영하였다.

이세진은 민중의 현실을 직시하고 사찰의 자주 자립을 위한 혁신 운동으로 개혁을 실천하고자 하는 강한 의지를 갖고 있었다. 이세진의 이러한 혁신적 성향은 제주4·3사건이 발생하자 무장대로 입산하여 저항의 길을 가게 하였다. 이세진의 희생 이후 제주불교에는 아직까지도 강원이 개설되지 않고 있다.

제 3 부
도도히 흐르는
항일의 강물

- 1910년대 제주불교와
  법정사 항일운동

I. 1910년대 제주불교 동향과 항일의식

1. 제주불교계의 동향

1910년대 제주도의 사찰은 관음사, 법정사, 만덕사, 법화사 등 4개소와 일본 사찰 한 군데가 있었다. 법정사와 법화사는 모두 관음사의 안봉려관이 창건한 사찰이며, 만덕사는 1912년 마용기가 창건하였다. 일본 사찰은 삼도리(현 제주시 삼도동)의 진종 대곡파 본원사 제주도 포교소가 있었다.[1]

관음사에는 안봉려관, 김석윤, 강창규, 박만하, 안도월, 영봉, 오이화, 방동화, 김연일 등이 활동하고 있었는데, 이들 중 항일의식을 가진 승려들은 1914년 경 법정사로 활동 근거지를 옮겨갔다. 법정사에서는 강창규를 비롯하여 김연일, 방동화, 강민수, 정구용, 김인수, 김용충, 장임호 등이 모여들어 활동하였다. 법화사는 관음사의 산남포교소로 안봉려관과 안도월, 오이화 등이 주축이 되어 활동하였다. 일본 사찰인 삼도리 본원사에는 일본인인 마쓰모토 히데호(松本秀穗)가 책임자로 활동하였다.

1918년 10월 7일 제주 법정사 항일운동은 제주도 도순리 법정사 승려들이 주도하고 인근 지역 주민 700여 명이 참여한 항일운동으로 일제에 항거하여 국권을 회복하겠다는 거사의 목적을 분명히 표명하였다. 법정사 주지 김연일과 제주도 출신 승려 강창규는 법정사에서 철저한 사전 준비 끝에 거사를 일으켜 지역 주민들의 항일의지를 결집해 내었다. 일제 당국이 법정사 항일 운동의 주도세력들에게 소요 및 보안법 위반죄를 적용하여 3·1운동 참여자들보다 더 높은 형량을 구형한 사실에서도 이 사건의 중대성이 잘 드러난다.

1918년 제주 법정사 항일운동은 1910년대 제주불교의 성향을 잘 드러

---

1 '포교담당자 신고'(1917. 4. 6), 『조선총독부 관보 중 제주록』(제주도, 1995), 75~76쪽.

〈그림 21〉 법정사 건물 흔적

내주는 사건임과 동시에 장차 제주불교의 행로를 결정짓는 중대한 사건이었다. 제주 법정사 항일운동으로 제주불교는 이후 한동안 공식적인 활동을 전개할 수 없었고 1920년대 중반에 이르러서야 일제 당국의 철저한 관리 아래 제한적 활동만이 가능하게 된다.

2. 한국불교계의 동향

개항기의 한국불교는 새로운 시대를 주도할 동력이나 자원을 갖추지 못하고 외세에 의탁해 근대의 문을 열었다. 일본 승려 사노 젠레(佐野前勵)의 활동으로 도성 출입 금지 등의 조치가 해제되면서 1910년대 한국 불교계는 일본 식민지 정책의 본질을 이해하지 못하고 오히려 일본에 우호적인 태도를 취하게 된다.[2] 불교계는 당시 한국 사회의 전반적인 흐름과 마찬가지로 일제 식민 통치의 이론적 근거가 되는 실력 양성을 통한 발전

---

2 김광식, 『한국근대불교사연구』(민족사, 1996), 15~16쪽.

이론인 사회진화론을 수용하였는데, 그 결과 우리보다 앞선 일본으로부터 배워야 한다는 인식하에 일본유학과 일본시찰 심지어는 일본에서의 득도나 일본 승려를 고문으로 위촉하는 등 일본불교를 추종하기에 이르렀다.

나아가 1910년 8월 한국불교 원종의 대종정 이회광은 한국불교를 일본 조동종에 부속시키는 매종행위를 감행하였고, 또한 1911년경 한국사찰 중에는 일본사찰의 말사가 되려고 관리청원을 신청한 곳이 120여개에 이르기도 하였다. 일본인 승려를 주지에 임명하고, 불교계 교육기관에서 일본어 교육을 실시하기도 하였다. 물론 이러한 친일 성향에 저항하여 한국불교를 지키려는 한용운, 박한영의 임제종 운동이 일어나기도 하였다. 그러나 나라를 뺏긴 상황에서 이미 불교계의 모든 활동도 일제의 식민통치 범위 내에서만 가능한 상황이었기 때문에 한국불교를 지키려는 임제종 운동 등은 결국 좌절될 수밖에 없었다.

한국불교는 일제 식민통치 하에서 사찰령에 의해 운영되었다. 1911년 일제는 한국불교를 보호하고 발전시키기 위한 것이라며 사찰령을 제정하였다. 그 내용은 '사찰을 병합, 이전 또는 폐지하고자 할 때 조선총독부의 허가를 받아야 한다.', '사찰의 기지(基址)와 가람은 지방장관의 허가를 받지 않고는 전법, 포교, 법요집행(法要執行)을 할 수 없다.', '사찰의 본말(本末)관계, 승규, 법식(法式) 등의 사법(寺法)을 각 본사에서 제정하고, 또한 조선총독의 허가를 받아야만 한다.', '각 사찰에 주지를 두어야만 한다.', '각 사찰에 소속되어 있는 토지·산림·건물·불상 등의 귀중품을 조선총독의 허가를 받아야만 처분할 수 있다.'는 등이었다. 사찰령은 한국불교를 30본산 체제로 강제 편제시켰으며 사찰의 재산권과 인사권을 조선총독부가 장악할 수 있게 하였다. 사찰령의 시행으로 한국불교는 일제의 체제 안에 완전히 흡수되어 자주성을 잃고 말았다. 그러나 당시 불교계에는 사찰령으로 인해 불교가 발전될 수 있다고 생각하는 부류가 많았다.

또한 일제는 1915년 조선총독부령으로 포교 관리자와 포교소에 관한 사항을 규정한 포교규칙을 시행하였다. 포교규칙은 포교 관리자와 포교소에 관한 사항에 대한 규칙이다. 그 내용은 '종교 선포에 종사하고자 하는 자는 종교 및 그 교파·종파의 명칭, 교의의 요령, 포교 방법 등의 사항을 구비하여 포교자 자격을 증명할 수 있는 문서 및 이력서를 첨부하여 조선총독에게 신고해야 한다.', '포교를 하고자 할 때는 그 교파 또는 종파의 관장은 포교관리자를 정하고 종교 및 그 교파·종파의 명칭, 교규(敎規) 또는 종제(宗制), 포교 방법, 포교 관리자의 권한, 포교자 감독 방법, 포교 관리사무소 위치, 포교 관리자의 씨명 및 그 이력서 등 사항을 구비하여 조선총독의 인가를 받아야 한다. 조선총독은 포교 방법, 포교 관리자의 권한 및 포교자 감독 방법 또는 포교 관리자를 부적당하다고 판단할 때는 그것의 변경을 명령할 수 있다.', '종교용으로 갖출 목적의 교회당, 설교소 또는 강의소 류를 설립하고자 하는 자는 설립을 요하는 사유, 명칭 및 소재지, 부지 면적 및 건물 평수, 그 소유자의 씨명 및 도면, 종교 및 그 교파·종파의 명칭, 포교 담임자의 자격 및 그 선정 방법, 설립비 및 그 지불 방법, 관리 및 유지 방법 등의 사항을 구비하여 조선총독의 허가를 받아야 한다.', '신도수 및 그 해 신도의 증감수를 조선총독에게 신고해야 한다.' 등이다.[3]

일제의 사찰령과 포교규칙에 의해 한국불교는 일제 식민통치의 기준에서 벗어날 수 없는 상황을 맞이하게 되었다. 일제에 대해 우호적이었던 불교계의 인식은 1919년 3·1운동 이후에 와서야 국권 회복에 대한 의지를 드러내기 시작하여 조선불교청년회 등을 결성하여 일제 식민 정책에 저항하고자 하는 활동을 보여주게 된다. 그러나 불교교단의 사찰령 폐지운동과 같이 한국전통불교의 특성을 회복하기 위해 일어난 움직임에 대해서는 일제가 항일운동으로 규정하고 탄압하였기 때문에 결국 한국불교는 일제 식민통치의 틀을 벗어날 수 없었다.

---

3 '포교규칙'『조선총독부 관보』911호(2면~3면)(1915. 8. 16), 154~155쪽.

3. 제주불교의 항일의식

1910년대 제주불교는 일제의 국권 침탈을 인식하고 항일의지를 결집하여 행동으로 옮겨냈다. 제주불교의 항일의식은 제주도민들의 외세 침탈에 대한 인식을 바탕으로 하는 것이었다. 제주도민의 외세에 대한 인식의 정도는 1898년 방성칠 난과 1901년 이재수의 난 그리고 1909년 제주의병항쟁 등에서 이미 증명된 바이다.

일제는 1906년 제주군의 개편을 시작으로 제주도 행정을 장악한 후 경찰서, 관세서, 시장, 은행, 금융조합 등을 개설하였으며 토지조사사업 등으로 경제 수탈을 강화해 나갔다.[4] 이에 맞서 1909년 일어난 제주의병항쟁은 을사조약 체결에 분개하여 결집한 것으로, 최익현의 의병 정신을 계승하고 호남의진과 연합 전선을 구축하여 일본으로부터 국권을 수호하고자 하여 창의된 것이다. 당시 제주도민은 외세의 횡포를 정확히 인식하고 이에 대항하려는 의지를 결집하여 의병 항쟁으로 일어섰다. 이는 법정사 항일운동에 참여했던 주민들의 외세에 대한 인식의 정도와 다르지 않다.

제주불교계의 항일인사인 김석윤은 1909년 제주의병항쟁의 의병장이었다. 이러한 김석윤의 항일 의식은 관음사를 항일 인사들의 집결지로 만들어 놓았다. 방동화는 기림사에서 인연이 된 김연일 등 6명의 기림사 승려를 1914년 제주도 관음사로 데리고 들어왔다. 박만하도 1914년 관음사에서 활동하고 있었다.

그러나 김석윤의 항일 이력으로 인해 관음사가 일제의 감시대상이 되어 활동의 제약을 받게 되자 나머지 항일 의식을 가진 승려들은 법정사로 그들의 근거지를 옮겨갔다. 법정사 인적구성의 중심은 김석윤과 강창규 등 박만하의 제자들이었는데 이때를 기점으로 법정사와 안봉려관 중심의 관음사는 항일과 친일의 서로 다른 노선을 각각 결정지었던 것이다.

---

4 김동전, 「제주인의 3·1운동」『광복50주년 기념 제주지방독립운동사학술회의 자료집』(제주도사연구회, 1995. 10. 27) 참고.

법정사 항일운동의 주도 세력 중 한 사람인 법정사 주지 김연일은 경상북도 기림사 승려였다. 그가 제주도로 내려오게 된 것은 박만하가 있는 기림사로 방동화가 출가하면서 비롯되었다. 이들은 기림사에서 생활하면서 서로의 사상적 동질성을 확인하고 마침내 제주도로 내려와 항일운동을 일으켰던 것이다. 김연일 등 기림사 승려들의 제주도 행은 항일운동을 위해 계획적으로 결정된 것으로, 이미 제주도 관음사에는 강창규와 방동화 그리고 김석윤과의 인연으로 항일의식을 가진 승려들이 활동하고 있었다. 이들의 존재로 제주도에서 항일 독립 운동을 펼칠 수 있는 기반이 조성되어 있었기에, 갑오농민전쟁 등에서 의병활동의 경험을 가지고 있었던 김연일은 독립운동이라는 분명한 목적을 가지고 제주도에 들어오게 되는 것이다.

김연일과 방동화 등이 법정사 항일운동을 사전에 계획하고 제주도에 내려왔음은 이후 제주에서 펼쳐지는 그들의 행적에서도 찾아볼 수 있다. 김연일은 우리나라가 독립을 성취하려면 닻의 형국을 띠고 있는 제주도에서 먼저 항일운동이 일어나야 한다는 주장을 여러 사람들에게 피력했고 제주도에 전혀 연고가 없음에도 불구하고 방동화로 이어지는 승려들과의 인연을 고리로 제주도에서의 항일운동을 결행하였다. 또한 방동화는 법정사 항일운동 계획 단계에서 박주석을 찾아가 참여를 권유하였는데, 박주석 또한 의병활동의 이력을 가지고 있었던 인물이다. 박주석의 항일 이력을 잘 알고 있던 방동화가 세력 규합을 위해 박주석을 찾아갔던 것으로 파악된다.

1910년대 제주불교는 법정사 항일운동으로 일제에 맞서 국권회복을 주장하였다. 강창규, 김석윤, 김연일 등의 항일의식은 1910년대 제주불교의 주된 흐름이었다. 그러나 이로 말미암아 제주불교는 일제의 탄압에 의해 잠시 불교 활동을 멈춰야 했다. 1918년 법정사 항일운동은 1910년대 제주불교의 주요 흐름이면서 또한 이후 제주불교의 행로를 결정짓는 중요한 전환점이 되는 것이다.

II. 1918년 제주 법정사 항일운동의 성격

1. 법정사 항일운동의 성격 규명

제주 법정사 항일운동은 1918년 10월 7일 제주도 도순리 법정사 승려들이 중심이 되어 일어난 항일운동이다. 승려 김연일, 강창규, 방동화 등이 국권을 회복하겠다는 의지를 표명하고 인근 지역 주민 700여 명의 참여를 이끌며 저항 운동을 펼쳤다.

그러나 법정사 항일운동은 그동안 일제가 의도한 바대로 사교도들의 민중 선동 사건으로 왜곡된 채 '보천교의 난'으로 취급되어왔다. 1920년대의 관련 자료들이 법정사 항일운동은 국권회복을 위해 창의되었다고 서술하고 있는 반면, 1938년 『매일신보』에 이르러서는 법정사 항일운동이 사교도의 민중 선동이었다고 폄하되고 있다. 이는 법정사 항일운동의 의미를 희석시키고자 한 일제의 의도에서 비롯된 것으로 항일운동이 일어났던 시기에서 멀어질수록 더욱 노골화된다.

김석익은 『탐라기년』 정축(丁丑 : 1937년)조에서 '김연일의 변(金延日之變)'이 보천교와 연관된 것이라고 표현하였고,[5] 김태능이 법정사 항일운동을 '태을교의 난'[6]으로 다룬 이후 학계에서 통칭 '보천교의 난'으로 규정되는 결과를 낳았다. 이러한 시각은 계속하여 『제주도지』 등 제주도 역사 관련 문헌에 반복 인용되면서 오랫동안 법정사 항일운동에 대한 진실 규명을 어렵게 했다.

그러다가 1994년에 『형사사건부』[7]와 『수형인명부』[8]가 발굴되면서 법정

---

5 김석익, 「탐라기년」 『심재집』(Ⅱ)(제주향교 행문회, 1990), 183~184쪽.

6 김태능, 「태을교의 난」 『제주도사논고』(세기문화사, 1982), 68~69쪽; 김태능 저, 양성종 역, 『제주도약사』(동경, 신간사, 1988), 119~120쪽.

7 『형사사건부』(광주지방법원 목포지청 검사분국, 1918, 국가기록원 소장).

8 『수형인명부』(광주지방법원 제주지청, 1918, 국가기록원 소장).

사 항일운동의 실체가 조금씩 밝혀지기 시작했다. 이후 2002년 발굴된『정구용 판결문』[9]은 법정사 항일운동의 전모를 비교적 상세하게 세상에 드러내 주었다.

일제의 왜곡으로 오랫동안 진실 규명에 어려움을 겪었던 법정사 항일운동은 다시 주도세력의 성격을 놓고 다르게 해석되어 여전히 신흥종교의 항일운동이라는 시각과 불교계의 항일운동이라는 시각, 혹은 주민들의 자발적 항일운동이라는 시각 등으로 나뉘어 해석되었다.

그러나 2006년 제주불교사연구회가『강창규 가출옥 관계 서류』[10]와『정구용 재소자 신분카드』[11], 그리고『김연일 가출옥 증표』[12] 등의 자료를 새롭게 발굴해내었고 또한 법정사 항일운동 참여자의 유족 증언을 구술받았다. 이들 자료를 토대로 하여 2006년『1918년 제주 법정사 항일운동의 성격』이 발표되었다.[13] 이를 통하여 법정사 항일운동은 1918년 10월 7일 일제에 항거하여 국권을 회복하겠다는 목적을 표명한 제주도 도순리 법정사 승려들이 인근 지역 주민 700여 명의 참여를 끌어내 이루어낸 항일 저항운동임이 밝혀지게 되었다.

2. 법정사의 성격

법정사는 1911년 안봉려관이 창건한 사찰로, 창건에는 김석윤과 방동화의 도움이 컸다.『매일신보』는 1918년 3월 2일과 3월 3일까지 2회에 걸쳐 안봉려관의 법정사 창건 관련 내용을 연재했다.

9 『정구용 판결문』(대구복심법원 형사 제1부, 1923. 6. 29, 국가기록원 소장).
10 『강창규 가출옥 관계 서류』(목포형무소, 1928. 12. 12, 국가기록원 소장).
11 『정구용 재소자 신분카드』(대구교도소, 1924, 국가기록원 소장).
12 『김연일 가출옥 증표』(목포감옥 제주지소, 1923. 6. 6, 김연일의 유족 김갑출 소장).
13 한금순,『1918년 제주 법정사 항일운동의 성격』(제주대학교대학원 석사학위 논문, 2006).

제주도 아미산 관음사「蛾眉山觀音寺」라는 절은 봉려관「蓬廬觀」이라는 여승이 자기 한 사람의 힘으로 창조한 절인 바, …생략… 또 이왕에는 법정산 법돌사「法井山 法돌寺」[14]라는 절도 건설하였더라.[15]

김석익이 쓴 『망형석성도인행록』에는 김석윤이 안봉려관을 도와 법정사를 창건했음이 기록되어 있다.

공은 본디 세상을 초탈하는 불교를 좋아하였다. 대구에서 돌아온 후 여승 봉려관과 함께 塞水藪(싀미털)에 佛舍를 창건하였다. 南州의 사찰들은 이곳이 그 시초가 된다. 또 法井에 도량을 열었다. 모두 施舍가 있었다.[16]

김석윤은 제주의병항쟁에 참여하여 1909년 대구공소원에서 무죄 판결을 받았다. 위 기록은 바로 이 일을 말하는 것이다. 김석윤이 대구에서 돌아온 뒤에 안봉려관과 함께 법정사 창건에 나섰음이 기록되어 있다.

이은상은 『탐라기행』에서 '관음사 사적기'를 보고 썼다고 밝히면서 1911년 법정사 창건 내용을 기록하였다.

이 관음사는 봉려관이라는 비구니가 창건한 것인데, …생략… 다시 다음 해(1909)에 마을에서 鳩財하여 草庵 수 칸을 이루었다가, 또 다시 다음 해(1910)에 영봉 화상과 안도월 처사 등이 육지에서 들어오면서 용화사의 불상과 각 탱화 등을 가지고 왔으므로 반가이 얻어 봉안하고, 다음 해(1911) 9월에 법정암이란 것을 창건하였다.[17]

---

14 1918년 3월 3일자에 '定法山 法돌庵'이라고 표현하였다. 이는 제주불교의 사찰건립 상황에 비추어 보건데 법정사를 일컫는 것이라고 볼 수 있다.

15 「제주도 아미산 봉려암의 기적」 『매일신보』(1918. 3. 2).

16 김석익, 『망형석성도인행록』(1949, 국립제주박물관 소장);『근대 제주불교사 자료집』(제주불교사연구회, 2002), 328~330쪽, 재수록, "公雅好佛氏之超脫 自大邱歸還 後 從僧尼蓬廬觀 創佛舍於塞水藪(싀미털) 南州寺刹此其濫觴也 又設道場於法井 皆有施舍".

17 이은상, 『탐라기행』(조선일보사, 1937), 155~157쪽.

『원대정군지』에서는 "법정사는 법정악 동쪽 천변(川邊)에 있다. 여승 봉려관이 사찰을 세웠다"[18]고 하였다. 방동화의 도움이 있었다는 증언도 있다.[19]

이처럼 법정사는 안봉려관과 김석윤 그리고 방동화의 도움으로 창건되었다. 그리고 김석윤과 같은 스승 박만하에게서 출가한 강창규가 관음사에서 함께 활동하다가 법정사로 옮겨간다. 같은 스승의 제자인 두 사람은 1894년 갑오농민전쟁 당시 전북 임실에서 활동하던 승려로 전라북도의 사회적 변동을 몸소 체험하였을 것으로 생각된다. 김석윤은 제주의병항쟁을 주도하고 강창규는 법정사 항일운동의 선봉대장으로 법정사 항일운동을 지휘하게 되는데 법정사 항일운동 조직의 구성을 보면 갑오농민전쟁의 경험이 활용되고 있음을 찾아볼 수 있다.

강창규, 김석윤, 방동화는 박만하의 제자들로 법정사 창건 이전부터 사상적 교류를 통해 같은 행보를 걸었다. 김석윤의 항일 활동에 동참하고자 했던 이들이 법정사로 집결하면서, 법정사는 항일의식을 가진 승려들의 근거지가 되었고 계속해서 사상적으로 일치하는 많은 승려들을 불러 모음으로써 항일운동의 진원지가 되었던 것이다.[20]

법정사는 1911년 창건 이후 1918년 항일운동을 주도하고 일제에 의해 폐찰되기까지 8년여 간 활동하였다. 법정사 주지 김연일은 평소 신도들에게 법회를 통해 일본통치의 부당함을 설명하고, 항일운동 조직 구성에 나섰다. 거사 6개월 전부터 구체적인 조직을 준비하였고, 3개월 전부터는 공개적으로 조직을 드러냈다. 그럼에도 불구하고 거사일까지 계획이 누설되

---

18 고병오, 『원대정군지』영인본(대정역사문화연구회, 2006), 249쪽, "法井寺 在法井 岳東川邊天井地井之間今境 女僧蓬廬觀建寺".

19 방동화의 아들 방진주의 구술(서귀포시 중문동, 52세, 2004. 9. 24, 필자 채록), "법정사 일대는 할아버지 방우필 때부터 살기 시작한 곳이다. 아버지는 봉려관 스님과 관음사도 지었다."

20 현재 법정사 항일운동 발상지는 제주도지정문화재 기념물 제61-1호(2003. 11. 12)로 지정되어 있다.

지 않았다는 것은 법정사가 신도들에게 어떤 위치에 있었는가를 추측하게 한다. 항일의식을 가진 승려들이 모여 활동하고 있었던 법정사 법회에 참여하는 신도들은 법회를 통해 이들의 항일의지를 사전에 인지하고 있었으며 동참의 각오를 다졌기에 이 모든 일이 가능했던 것이다.

3. 법정사 항일운동의 목적

법정사 항일운동의 주도 세력들은 창의에 앞서 국권회복이라는 거사의 목적을 분명히 선언하였다. 이들이 표방한 거사의 목적은 『정구용 판결문』, 『강창규 가출옥 관계 서류』, 『폭도사 편집자료 고등경찰요사』[21] 등에 분명하게 드러나 있다. 더군다나 이들 자료들은 모두 일제 당국에 의해 만들어진 문서들이다.

『정구용 판결문』에 의하면 "제국정부의 통치에 반대하는 기세를 보여주고자", "조선을 잘 통치해서 원래의 독립국으로 만드는데 진력하기로 했음으로", "지금부터 조선정치를 바꾸려고 하는데, 우선 그 수단으로 내지인 관리를 이 섬에서 추방하지 않으면 안 된다.", "도내에서 일본인을 쫓아내 원래의 한국시대로 회복할 것이니 조력하시오."라고 하여 거사를 일으키는 목적이 조선 독립에 있음을 명백히 하고 있다.

『강창규 가출옥 관계 서류』에도 "한일병합의 이치를 납득하지 못했기 때문에, 선정을 펴기 위해 의군을 일으켜, 제주도에서 내지인 관리들을 섬 밖으로 쫓아내려 한다."고 기록되어 있다.

일제 고등 경찰의 극비문서인 『폭도사 편집자료 고등경찰요사』 역시 "언제나 교도에 대하여 반일사상을 고취시키고 있었다.", "왜노는 우리 조선을 병탄할 뿐만 아니라, 병합 후에는 관리는 물론 상인 등에 이르기까지 우리 동포를 학대한다. 가까운 장래에 불무황제가 출현하여 국권을 회복

---

21 경상북도 경찰부 편, 『폭도사 편집자료 고등경찰요사』(1934).

하는 데에 관련하여, 우선 제일로 제주도에 살고 있는 내지인 관리를 죽이고 상인을 도외로 내쫓아야 한다."라는 기록을 남기고 있어 일제도 법정사 항일운동의 목적이 조선의 국권을 회복하고자 하는 데에 있었음을 인정하고 있음을 보여준다.

그런데 법정사 항일운동과 관련된 일제의 자료를 연대순으로 비교 검토해 보면, 법정사 항일운동에 대한 일제의 시각이 시간이 흐를수록 의도적으로 왜곡되고 있음을 확인할 수 있다. 참여자의 숫자가 점점 줄어들고, 거사 목적 역시 시대에 따라 다르게 서술되어 간다.

1918년 법정사 항일운동은 1920년 4월 12일『매일신보』에 처음 기사화되었는데 제주에서 김연일이 '700명'을 거느리고 소요를 일으켰다는 내용이다. 그러던 것이 1923년『매일신보』2월 20일자는 강창규 체포소식을 기사화하면서 참여자들을 '400명'의 대폭동단이라고 기록하였다. 다음으로 1923년 6월 29일 자료인『정구용 판결문』에서는 '300~400명'이 참여하였다고 바뀌었고 1934년『폭도사 편집자료 고등경찰요사』에는 '약 400명'으로 표현되었다. 20년 뒤인 1938년 8월 13일자『매일신보』에 와서는 '약 300명'으로 줄어든다.

이렇게 법정사 항일운동에 참여한 주민들의 숫자 기록은 최초의 700명에서 → 400명→ 300~400명→ 약 400명→ 약 300명 순으로 점차 축소 기록되고 있다.

법정사 항일운동의 거사 목적에 대한 기록 역시 시간이 흐르면서 왜곡되어가기는 마찬가지이다. 1920년『매일신보』에는 '불무황제 김연일'이라고만 기록되고 있다. 1923년『매일신보』에는 "승려 여러 명과 부근의 주민 수십 명이 단결한 후에 일본인 관리를 체포한 후 독립을 계획할 터인데"라고 하였다. 그리고 1923년『정구용 판결문』에서는 "제국정부의 조선통치에 대해 불평을 품어온 법정사 주지 김연일이 불교도 및 농민을 모아 도당을 만들고 도내에 거주하는 내지인 관리를 도외로 쫓아냄으로서 제국정부의 통치에 반대하는 기세를 보여주고자 법정사에 모여든 신도들에게 가담을 강요하였다."라고 하였다. 1934년 『폭도사 편집자료 고등경찰요사』는 "언제나 교도에 대하여 반일사상을 고취시켰으며 국권회복을 위해 일본인을 쫓아내야 한다.", "선도교에 대한 경찰의 단속이 엄중해서 일을 꾸몄다."라고 기록해 놓았다. 그러나 20년이 지난 1938년에 가서는 거사의 목적이 완전히 다르게 표현될 뿐만 아니라 장소도 산방산으로 바뀌기까지 한다. "제주도는 원래 미신사파가 많은 곳인데, 1918년에 김연일이 사교도를 규합하여 제주도 대정면 산방산에서 불무황제 즉위식을 거행하고 300명의 민중을 선동하였다."고 하였다.

법정사 항일운동이 일어났던 시기로부터 멀어질수록 점차 독립운동의 의미를 희석시키려 하는 일제의 의도가 노골적으로 드러나는 것이다. 그러나 법정사 항일운동은 제주도에서 일본인을 쫓아내고 국권을 회복하고자 하는 의지를 분명히 표명한 저항 운동이었으며, 일제에 의해 오랫동안 왜곡되어왔음을 밝힐 수 있다.

4. 법정사 항일운동의 전개와 결과

1) 제주 법정사 항일운동의 전개

주지 김연일을 중심으로 한 법정사 항일운동 지도부는 항일운동을 위해 계획적으로 제주도에 내려왔다. 다음의 〈표 Ⅲ-1〉은 법정사 항일운동 조직도이다. 조직도를 통하여 법정사 항일운동 지도부의 조직 구성을 살펴보면 군대조직의 틀 안에 인력을 배치시키고 역할을 분담하여 거사를 사전에 치밀하게 계획하였음을 알 수 있다.

조직은 크게 김연일 중심의 지휘부와 강창규 중심의 행동부로 나뉜다. 거사 구심점인 지휘부에는 총지휘자인 김연일과 그를 보좌하는 좌대장과 우대장이 있었다. 직접적인 행동부에는 거사 현장의 지휘자인 선봉대장과 모사 그리고 선봉집사와 선봉좌익장, 선봉우익장이 있었으며, 이들 밑에서 법정사 신도들이 선봉대로 나서서 지역주민들의 참여를 유도하고 앞장서

〈표 Ⅲ-1〉 법정사 항일운동 조직도

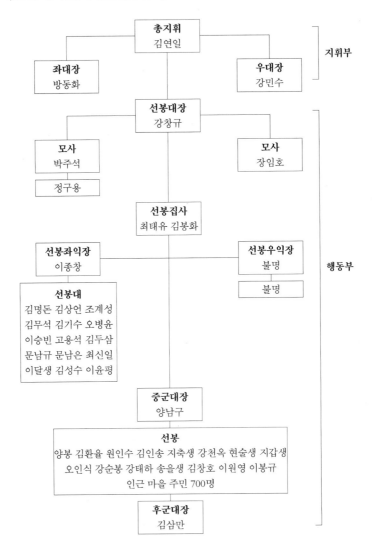

나가는 역할을 담당했다. 또한 지역 주민을 중간에서 지휘할 중군대장과 후군대장을 두어 선봉대장의 역할을 군중 사이에서 이어나갈 수 있도록 하였다.

조직도에도 나와 있듯이 법정사 항일운동의 주도세력은 김연일, 강창규, 강민수, 장임호, 김삼만, 방동화, 최태유 등의 승려들이었다. 총지휘 김연일, 좌대장 방동화, 우대장 강민수, 선봉대장 강창규, 모사 장임호, 격문 작성 정구용, 선봉집사 최태유, 후군대장 김삼만 등 이들은 모두 법정사를 근거지로 삼고 있던 승려들이었다.

1914년 박만하와 함께 제주도 활동을 시작한 김연일은 관음사에서 법정사로 이주한 후 4년여에 걸친 법정사 생활에서 신도들에게 항일의식을 심어주며 독립운동을 준비하였다. 항일운동이라는 사상적 동질성을 확인하고 법정사에서 함께 거주하던 주도세력들은 1918년 4월경 거사를 합의하고 법정사의 불교도와 인근 농민들로 조직을 구성한 후 무기를 마련하는 등 6개월여를 준비해 나간다.

김연일은 조직체의 구심점으로 거사의 전체적 흐름을 총지휘하였다. 이 아래에 좌대장 방동화와 우대장 강민수가 김연일을 보좌하는 지휘부로 거사 전체를 기획하고 준비하였다. 특히 제주도 사람인 방동화는 법정사의 불교신도들에게 거사 취지를 알리고 협력을 구하는 역할과 주민을 참여시키는 방안을 제시하였다. 거사 현장 행동부의 지휘자는 선봉대장 강창규였다. 강창규는 중문 경찰관 주재소를 불태웠으며 거사 현장에서 만난 일본인을 구타하고 전선과 전주 절단을 지시하는 등 거사에서 참여자들을 직접 지휘한 거사 현장의 우두머리였다. 박주석과 장임호는 모사로서 선봉대장 강창규와 함께 사태의 추이를 살피고 서로 의논하면서 거사의 방향을 결정하였다. 선봉집사로 최태유와 김봉화 그리고 선봉좌익장 이종창과 선봉우익장이 참여자를 이끌었으며 김명돈 등의 법정사 신도가 선봉대로 나서서 마을 사람들의 참여를 독려하였다. 정구용은 격문을 작성하여 사람들을 모집하고 참여시키는 역할을 하였다. 700여 명의 참여자들은 중군과 후군으로 조직되었고 중군대장 양남구는 총기를 가지고 참여자들을 이끌었으며 김삼만이 후군대장이 되어 참여자의 후미를 맡았다.

다음으로 법정사 항일운동의 진행상황을 도표화 하면 〈표 Ⅲ-2〉와 같다. 〈표 Ⅲ-2〉는 법정사 항일운동 거사 진행 상황이 구체적으로 드러나고 있는 『정구용 판결문』과 『강창규 가출옥 관계 서류』를 근거로 하여, 경유한 마을과 주요 행적을 중심으로 하여 만들었다.

1918년 10월 7일 새벽 법정사를 출발한 주도 세력들은 도순리, 영남리, 서호리, 호근리, 강정리, 도순리, 하원리, 중문리로 진행하였다. 원래 계획은 서귀포로 가는 것이었으나 호근리를 지나면서 계획이 변경되어 중문리로 향하게 되었다.

법정사 항일운동 거사일은 1918년 10월 7일이다. 1918년 10월 5일과 6일은 법정사 정례 예불일로 마을 주민들이 자연스럽게 법정사를 찾을 수 있는 조건이 되었기 때문에 예불일 다음날인 10월 7일로 거사 날짜가 정해졌다. 정례 예불일 다음 날인 1918년 10월 7일 새벽, 법정사에 남아 있던 사람들은 출정식을 갖고 법정사를 출발했는데,[22] 이 거사에 앞서 정구용은 이미 1918년 9월 말에 각 마을 구장들에게 격문을 배포하여 거사 내용을 알리고 있었다.

> 각 면 각 이장은 바로 里民 장정을 모아 率軍하고 동월(음력 9월) 3일 오전 4시 하원리 地內에 집합하라. 그러한 한편 4일은 대거 제주향을 습격하고 관리를 체포하고 일반 일본인을 내쫓아야 한다.[23]

10월 7일 새벽 법정사 마당에 깃발을 세워둔 채 성사 기원 기도를 올린 김연일은 "이번에 도내에서 일본인을 쫓아내 제국정부의 통치에 반대하는 기세를 보여주고자", "조선을 잘 통치해서 원래의 독립국으로 만드는데 진

---

22 『강창규 가출옥 관계 서류』(목포형무소, 1928. 12. 12, 국가기록원 소장).
23 『정구용 판결문』(대구복심법원 형사 제1부, 1923. 6. 29, 국가기록원 소장).

〈표 Ⅲ-2〉 법정사 항일운동의 거사 진행 과정

법정사 출발
10월 7일 새벽

도순리 상동
사람들에게 참여를 권유

영남리
민적부를 토대로 장정 25명을 참여시킴

서호리 호근리
민적부를 토대로 장정을 모집하였으나 예상한 수를 참여시키지 못함

예정 변경
서귀포 습격을 중지하고 중문리 경찰관 주재소를 습격하기로 예정을 변경

강정리 도순리
김상언이 대천 서안(西岸)의 전선과 전주 2개를 절단

하원리
고이즈미 기요미(小泉淸身) 일행 구타

중문리
참여자 700여 명, 강창규, 김상언, 중문경찰관주재소 건물 및 기구와 문서 등 방화

10월 7일 오전 11시경
서귀포 경찰관 주재소 기마 순사대가 총으로 무장하고 공격, 해산, 검거

법정사 방화
일본 경찰이 방화, 폐사

※출처 : 『정구용 판결문』, 『강창규 가출옥 관계 서류』

력하기로"[24] 선언하였다. 출정식이 끝나자 김연일, 강민수, 김인수, 김용충 등은 법정사에 남고, 사전에 조직해 놓은 부서에 따라 박주석, 장임호, 강창규의 지휘 하에 서귀포를 습격하기 위해 나아갔다. 선봉대 34명이 큰 깃발을 내세우고 사전에 준비하여 둔 화승총 3정과 몽둥이 수십 개를 가지고 법정사에서 내려갔다. 양남구와 문남규, 고용석은 총기를 가지고 행렬을 따라갔다. 총기는 양남구가 소지하고 있던 것 하나와 이춘삼이 소지하고 있던 2정을 건네받은 것이었고 약간의 화약도 가지고 있었다.

10월 7일 새벽 법정사를 출발한 이들 선봉대 34명은 우선 도순리 위쪽의 상동으로 가서 박주석의 지휘 아래 4, 5명씩 조가 되어 각기 사람들에게 참여를 권유하였다. 이어 영남리로 가서 구장에게 민적부를 받아 장정 25명을 참여시켰다. 영남리에서 서호리와 호근리로 진행하면서 영남리에서와 마찬가지로 민적부를 바탕으로 하여 장정을 모집하였으나 예상한 수를 참여시키지 못하였다. 이에 박주석과 강창규는 서로 의논하여 서귀포 습격을 중지하고 중문리 경찰관 주재소를 습격하기로 예정을 변경하였다.

강정리를 거쳐 도순리로 가는 도중에 강창규는 강정리와 도순리 사이에 있는 대천 서안(西岸)의 전선과 전주 2개를 절단하라는 지시를 내렸다. 김상언이 이에 응하여 서귀포와 제주읍내 간 통신을 단절시켰다. 그리고 일행은 다시 하원리로 향하였다.

하원리 인근에서 참여 인원은 무려 300~400여 명으로 늘어났다. 강창규는 하원리에서 우연히 만난 일본인 고이즈미 기요미(小泉淸身)와 그와 동행중이던 윤식명, 원용혁을 구타 결박하도록 지시하였다. 양남구, 김상언, 문남규, 최태유, 고용석 등이 앞장서고 100여 명의 선봉자가 이들을 몽둥이와 돌멩이로 구타하고 길가에 내던져 두었다.

우연히 만난 일본인을 처단하도록 지시한 강창규의 의도는 자신들의 거사가 일본제국주의자들을 몰아내고 국권을 회복하는데 있음을 분명히 드러내기 위함이었고, 이에 많은 사람들이 동조한 것은 마을 주민들 역시 거

---

24 『정구용 판결문』(대구복심법원 형사 제1부, 1923. 6. 29, 국가기록원 소장).

사의 목적에 동의하고 적극 동참하고자 하는 의지를 보여준 것이라 할 수 있다. 법정사 항일운동은 대대로 하원리에 살던 토착 주민들의 참여에서 보듯이 조상 대대로 살던 우리 땅에서 일본인을 몰아내고자 한다는 목적을 충분히 인식한 참여였다. 주민들의 참여는 외세로 인한 제주도 내부의 피해를 인식한 결과로서, 일본의 통치로 인한 행정적인 피해는 물론 경제적 수탈까지도 인식하고 있었기 때문에 일본인 관리와 상인을 내쫓겠다는 거사 취지에 동조하여 적극 일어선 것이다.

이들이 하원리를 거쳐 중문리에 이르렀을 때 참여자는 수백 명으로 불어났다. 인근마을에서 700여 명이 동조하여 참여하였다. 중문리에 도착한 강창규, 김상언이 앞장서서 경찰관주재소의 물건들을 몽둥이로 부수자 뒤이어 참여자들이 기구와 문서 등을 불태웠다. 강창규는 지붕의 짚을 뽑아 성냥으로 불을 붙여 주재소 건물에 방화하였다.

그러나 오전 11시경 서귀포 경찰관 주재소 기마 순사대가 총으로 무장하고 공격하기 시작하자 참여자들은 사방으로 흩어지게 되었다. 이후 법정사 항일 운동 참여자들은 속속 검거되고 법정사는 일제에 의해 불태워졌다.

2) 제주 법정사 항일운동의 결과

법정사 항일운동 결과 총 66명이 경찰에 체포되었다. 재판 결과는 『형사사건부』와 『수형인명부』에 상세하게 나타나 있다. 법정사 항일운동의 법정 처리 과정을 살펴보면, 사건의 접수는 1918년 10월 10일부터 시작된다. 11월 26일까지 거사 현장에서 체포되지 않은 사람들까지 계속 추적하여 체포한 결과 4차례에 걸쳐 구속이 행해졌다. 당시 법정은 현행범 44명, 비현행범 22명을 법정사 항일운동에 참여한 범죄인으로 취급하였다. 『형사사건부』상의 66명은 구속 30명 불구속 36명으로 이 중 48명을 기소하였다. 기소일자는 1918년 11월 11일로 사건 발생 한 달여 만에 신속하게 기소 처리된다. 그리고 제1심 판결일은 1919년 2월 4일로, 사건 발생으로부터 채 4개월이 걸리지 않았고, 이 단 한차례의 공판으로 사건이 종결되었다.

죄명은 주로 소요 및 보안법 위반죄가 적용되었고 방화죄와 상해죄, 총포 화약 취급령 위반죄 등이 추가 적용되기도 하였다. 재판을 받은 46명 중 징역형이 31명으로 김연일 징역 10년, 강창규 징역 8년, 박주석 징역 7년, 방동화 징역 6년 등에서부터 징역 6개월까지 선고되었으며 이외에도 15명이 벌금 30원(완납하지 않을 시 노역장 유치 30일)을 선고받았다.

이러한 형량은 3·1운동의 지도자급 형량보다 훨씬 무거운 것이며, 66명에 대한 재판처리가 사건 발생일로부터 제1심 판결일까지 채 4개월이 걸리지 않았고, 단 한 차례의 재판만으로 사건이 모두 종결되었다는 점 등으로 미루어볼 때 법정사 항일운동을 처리한 일제 당국의 조급함은 곧 일제의 위기의식을 말해주는 것임을 확인할 수 있다. 일제는 항일운동의 확산을 두려워하였을 것이다. 재판은 신속하게 처리하면서 언론보도는 1년 6개월 이후에야 나온 것을 보면 짐작할 수 있는 바이다. 당시 법정사 항일운동 담당 사법기관은 광주지방법원 목포지청이었으며, 근거 법령은 형법 제106조, 보안법 제7조, 조선형사령 42조 등이었다.[25]

그런데 김연일, 강창규, 방동화, 정구용, 박주석 등 법정사 항일운동을 주도했던 인물들의 체포 과정을 살펴보면[26] 의미심장한 부분이 발견된다. 이들 법정사 항일운동의 주도 인물들은 대부분 현장에서 검거되지 않았다. 이들이 체포된 것은 김연일이 1년 6개월 후, 강창규가 4년 3개월 후, 정구용은 4년 4개월 후인데 급박하게 사건을 처리하려 했던 일제의 행적과 비교해 볼 때 상당한 시간이 소요되고 있음을 알 수 있다. 이들 법정사 항일운동 주도자들이 오랫동안 피신할 수 있었던 것은 주민들과의 깊은

---

25 『강창규 가출옥 관계 서류』(목포형무소, 1928. 12. 12, 국가기록원 소장), 『정구용 판결문』(대구복심법원 형사 제1부, 1923. 6. 29, 국가기록원 소장).
26 『강창규 가출옥 관계 서류』, 『정구용 재소자 신분카드』, 『김연일 가출옥 증표』, 유족들의 구술 자료 등을 종합하여 정리하였다.

유대 관계를 고려하지 않고는 설명하기 불가능한 일이다.

1920년 칙령 제120호에 의해 김연일, 박주석, 방동화, 김상언, 강봉환, 김무석, 조계성, 문남규, 고용석 등 9명은 형량의 절반을 감형 받았고,[27] 1924년 칙령 제10호에 의해 김연일과 강창규가 다시 감형을 받는다. 김연일은 주모자로 가장 무거운 징역 10년형을 선고받았으나 두 차례의 감형으로 최종 형량은 징역 4년 1월이었다. 강창규가 징역 6년으로 법정사 항일운동 참여자 중에서 최종 형량이 가장 무겁다.

또한 이들의 실제 복역기간을 살펴보면 김연일은 3년 2개월, 강창규는 5년 11개월 8일, 정구용은 1년 1개월 15일 복역하였고, 박주석은 2년 6개월여 복역하던 중 목포감옥에서 사망함으로써 형이 종료되었다. 판결에서는 김연일이 가장 무거운 10년형을 언도 받았으나 실제적으로 가장 오랜 기간 동안 형을 산 사람은 강창규로 김연일보다 두 배정도의 형을 더 살았다. 이는 거사 당일 선봉대장으로서 700여 참여자들을 이끌며 경찰관 주재소를 불태우는 등 거사 현장을 지휘하였던 강창규의 역할에서 비롯된 것이라 할 수 있다. 법정사 항일운동 주도인물들의 체포 시기 및 형 집행 현황은 다음의 〈표 Ⅲ-3〉과 같다.

〈표 Ⅲ-3〉 법정사 항일운동 주도 인물의 체포 및 형 집행 현황

구분		김연일	강창규	방동화	정구용	박주석
체포	체포 시기	1920년 3월	1922년 12월 27일	1918년 11월 12일 경	1923년 2월 13일	1918년 10월 7일
	구속 일자	해당 없음	해당 없음	1918년 11월 26일	해당 없음	1918년 10월 21일
	은신 기간	1년 6개월	4년 3개월	1개월여	4년 4개월	해당 없음
	체포 장소	제주도	제주도 우면 상효리	제주도	경북 영일군 대동배동 자택	거사 현장

---

27 『형사사건부』(광주지방법원 목포지청 검사분국, 1918, 국가기록원 소장).

		1차 판결						
	1차 판결	징역 10년		징역 8년	징역 6년	징역 3년		징역 7년
형량	감형	징역 5년	징역 4년 1월	징역 6년	징역 3년	징역 1년 6월	징역 1년 1월 15일	징역 3년 6월
	감형 근거	1920년 칙령 제120호	1924년 칙령 제10호	1924년 칙령 제10호	1920년 칙령 제120호	재심 판결	불명	1920년 칙령 제120호
	최종 형량	징역 4년 1월		징역 6년	징역 3년	징역 1년 1월 15일		징역 3년 6월
가출옥	가출옥 일자	1923년 6월 6일 ~ 1924년 5월 4일		1928년 12월 12일~ 1929년 1월 3일	불명	만기 방면		형 집행 중 옥사
	기간	11개월		22일	불명	해당 없음		해당 없음
실제 복역 기간	집행 일자	1920년 4월 5일		1923년 1월 4일	1919년 2월 4일	1923년 6월 29일		1919년 2월 4일
	석방 일자	1923년 6월 6일		1928년 12월 12일	불명	1924년 8월 13일		1921년 7월 24일
	복역 기간	3년 2개월		5년 11개월 8일	불명	1년 1개월 15일		2년 5개월 21일
	비고	가출옥 (11개월)		가출옥 (22일)	만기방면일 경우 3년	만기방면		형 집행 중 옥사

※출처 : 『형사사건부』, 『수형인명부』, 『정구용 판결문』, 『정구용 재소자 신분카드』, 『강창규 가출옥 관계 서류』, 『김연일 가출옥 증표』 등

법정사 항일운동 참여자의 법정 처리 문서인 『형사사건부』를 분석해 보면 일제가 법정사 항일운동을 얼마나 심각하게 받아들이고 있었는지를 살펴볼 수 있다.[28] 일제는 당시 광주지방법원 제주지청 검사분국이 제주도에 설치되어 있었음에도 불구하고 제주지청 검사분국과 동급기관인 광주지방법원 목포지청 검사분국에서 사건을 처리하였고, 목포지청 검사분국

28 『형사사건부』에 대해서 상세히 분석한 논문이 있다.(한금순, 「1918년 제주도 법정사 항일운동 관련 『형사사건부』 분석」 『대각사상』제12집, 대각사상연구원, 2009).

에서 "직수(直受)와 인지(認知)"사건으
로 처리하였다. 이는 경찰의 수사단계를
건너뛰고 목포지청 검사분국이 직접 검
찰단계의 수사를 진행하였다는 뜻이다.

또한 법정사 항일운동 발생 3일 뒤에
법정사 항일운동 관련 인물 44명이 현
행범으로 목포지청 검사분국에 접수되
는 등 사건은 신속하게 처리된다. 이는
국권회복과 일본인 축출을 목표로 내건

〈그림 22〉 형사사건부 표지

법정사 항일운동의 심각성을 인식한 일제가 제주도내에서 항일 독립운동
이 더 이상 파급 확산되는 것을 막기 위해 노력하였음을 보여주는 명백한
증거라 할 것이다.

그러나 일제의 탄압에도 불구하고 법정사 항일운동 주도세력들은 법정
사 항일운동 이후에도 계속하여 항일 독립운동에 참여하였고 또한 사찰을
창건하며 불교활동을 계속해 나간다. 김연일은 법정사 항일운동 이후에도
경상도 지역의 항일 인물들과 교류를 지속하였고 백두산과 만주 등지에서
항일 활동을 전개하여 일제 경찰의 감시 대상이 되었다. 김연일은 1940년
경상북도 영일군 동해면 입암리 관음사에서 입적하였다.

정구용 역시 법정사 항일운동 이후에도 경상도 지역에서 꾸준히 항일활
동을 지속했다. 경상북도 포항시 북구 송라면 중산리의 보경사 일주문 앞
'기미 3·1 독립의거 기념비'[29]에는 정구용의 이름이 새겨져 있는데, 보경
사는 일제 강점기 당시 독립지사들의 근거지였던 곳이다. 1919년 3월 22
일 보경사 서암에서 거사를 논의하고 청하 장날에 만세를 불렀다가 23명

---

29 3·1 동지회 경북지부장 손인식이 1970년 3월 22일 세운 비석. 손인식은 광주에
　서 3·1 만세 운동에 가담하고 체포되어 1년간 옥살이를 했고, 해방 후 김구의 한
　독당 중앙위원을 지낸 사람이다. 1970년 경상북도 광복회 회장 자격으로 보경사
　입구에 이 비석을 세웠다.

〈그림 23〉 기미 3 · 1 독립의거
기념비(포항시 보경사 내)

이 투옥되는 일이 있었는데,[30] 이때에도 정구용은 항일 활동에 적극 가담하고 있었고 김구의 임시정부와도 연관된 활동을 하였던 것으로 추적되고 있다. 정구용은 1941년 포항읍 자택에서 61세로 입적하였다.

강창규는 법정사 항일운동 참여자 중에서 가장 오랜 기간인 5년 11개월 8일 동안 감옥에 있었다. 출옥 후 죽림사에서 활동하였고, 1943년 제주도 대정면 동일리에 서산사를 창건하였다. 그러나 일제의 사찰령에 의해 총독부에 설립 신고를 마치고 허가를 받아야 함에도 불구하고 서산사는 신고 절차를 밟지 않는다. 아울러 당시 제주불교 활동에도 전혀 참여하지 않는다.

방동화도 사찰로 돌아갔다. 방동화는 1936년부터 제주도 중문면 하원리 기림사 포교소 원만사에서 활동하였다. 그러나 강창규와 달리 방동화는 제주도에 내려온 이후 일제 치하 제주불교의 흐름 속에서 활동하게 된다. 1938년 하원리 원만암 대표로 국방헌금을 내었고 1939년 제주불교연맹에도 참여하였다. 방동화는 1970년 83세로 중문면 회수리에서 입적하였다.

구한말 갑오농민전쟁 혹은 의병활동에 참여하였던 승려들은 제주도 법정사에서 시작해서 전국으로 번져갈 항일운동을 꿈꾸며 법정사에 집결하였다. 4년여에 걸친 계획적인 준비 단계를 거쳐 마침내 도순리에서부터 하원리 월평리 등지에 이르는 700여 지역 주민의 항일의지를 결집해 내는 데 성공하였다.

---

30 이를 기념하여 현재 경상북도 포항시 북구 송라면 대전리에 '3 · 1 의거 기념비'가 세워져 있다.

법정사 항일운동은 1919년 3·1운동보다 1년 앞서 일어난 무장 항일운
동으로 그 의의가 더욱 크다. 거사의 규모가 컸던 만큼 참여자들에 대한
일제의 탄압은 강하였고 이로 인해 거사를 주도하였던 승려들은 법정사
항일운동 이후 모두 육지부에서 활동하게 되면서 제주도 내에서의 항일운
동의 인적 토대는 단절되고 만다. 이로 인해 법정사 항일운동의 정신은 이
후 제주도에서 지속적으로 연결되지 못하는 한계점을 보이는 것이다.

현재 법정사 항일운동 참여자 중 28명이 독립유공자로, 건국훈장 애국
장 1명, 건국훈장 애족장 26명, 대통령표창 1명이 추서되어있다.

5. 법정사 항일운동 주도세력

법정사 항일운동에 관한 연구는 주로 주도세력의 성격에 주목하여, 불
교계의 항일운동, 신흥종교계의 항일운동, 주민들의 자발적 항일운동 등으
로 다르게 분석되어 왔다.[31]

그러나 그간 승적첩이 발굴되면서 주도 승려들이 추가로 밝혀졌고 거사
일은 법정사 예불일 다음날 새벽인 양력 10월 7일임이 밝혀졌다. 또한 항
일운동을 계획하고 실천하였던 공간은 바로 법정사라는 사찰이었다.

법정사 항일운동의 주도세력은 법정사 주지인 김연일, 선봉대장 강창
규, 그리고 법정사 창건에 기여한 김석윤과 이들의 영향으로 출가한 방동

---

31 법정사 항일운동에 관한 연구물은 다음과 같다. 중문 청년회의소, 『무오년 법정사
　　항일운동』중문청년회의소 창립20주년·해방50주년기념 학술토론회 자료집(1995.
　　8. 15); 제주도사연구회, 『광복50주년 기념 제주지방 독립운동사 학술회의 자료집』
　　(1995. 10. 27); 서울대학교종교학회, 『종교학연구』15집(1996); 제주도, 『제주도』
　　통권99호(1996); 제주도연구회, 『제주도연구』제22집(2002); 제주학회, 『무오년 법
　　정사 항일운동의 항일운동사적 위상』(사) 제주학회 특별 학술 심포지엄 자료집
　　(2004); 한금순, 『1918년 제주 법정사 항일운동의 성격』(제주대학교대학원 석사학
　　위 논문, 2006).

화 등 법정사 승려들이다. 거사의 구심점은 경상북도 출신인 법정사 주지 김연일이지만 그가 제주도에 내려오게 되는 데에는 제주도 출신의 항일의식을 가진 승려들이 매개가 되었다.

주도세력들의 행적을 살펴보면 법정사 항일운동 주도세력들은 출가한 승려들이었으며 법정사 항일운동 이후에도 사찰에서의 활동을 지속해 나가는 인물들이다. 항일의식을 가진 제주 출신 승려들이 역시나 항일의식을 가진 경주 기림사의 승려들을 제주도 법정사로 데리고 들어왔는데 이들의 인연을 살펴보면 다음과 같다.

법정사 관련 주요 인물로는 강창규, 김석윤, 방동화를 들 수 있다. 강창규는 법정사 항일운동의 실질적 행동대장인 선봉대장으로서 거사 당일 현장에서 군중을 이끌었다. 김석윤은 법정사 창건에 기여하였을 뿐만 아니라 강창규와 함께 박만하를 중심으로 하는 법정사 승려들의 인적 토대의 중심 인물로 법정사가 항일운동의 근거지가 되도록 하는데 힘을 보태었다. 방동화는 관음사에서 만난 강창규, 김석윤의 영향으로 항일 의식을 키우게 되었던 것으로 보인다.

강창규와 김석윤의 인연은 출생지에서부터 시작된다. 제주시 오라동 출신인 두 사람의 생가는 2Km 이내의 아주 가까운 거리에 있었다. 제주 유림 가문의 김석윤은 자연스레 제주 유림의 일원으로 활동하였고 강창규도 서당에서 한문을 수학하였다. 이후에 강창규와 김석윤은 출가의 길도 함께 걸었다. 두 사람 모두 위봉사에서 출가하게 되는 것은 출가 이전부터 함께 했던 친분관계와 더불어 서로의 사상적 동질성을 확인하는 교류가 지속되고 있었기 때문에 가능한 일이었다고 할 수 있다.

또한 강창규와 김석윤은 관음사에 있던 방동화를 자신들의 스승인 박만하에게 보내어 출가하게 한다. 박만하는 1913년 경상북도 경주 기림사에서 활동하고 있었다. 방동화는 관음사와 법정사를 창건하던 당시부터 강창규, 김석윤 등과 인연을 맺고 있었고, 이들의 영향을 받아 출가하였을 뿐만 아니라 항일운동에도 함께 참여하게 된다. 방동화는 기림사에서 같이 생활하던 승려 김연일 등을 관음사로 데리고 오는 역할을 수행한 인물이다.

강창규, 김석윤, 방동화는 법정사 창건 이전부터 사상적 교류를 지속하던 관계로, 출가와 법정사 창건이라는 기점에서 서로 깊이 묶여 있으며, 항일 독립운동의 실천이라는 행보도 함께 한 사이이다.

이들의 스승은 박만하이다. 박만하는 법정사 항일운동에는 참여하지 않았으나 사상적으로 영향을 끼친 인물이다. 박만하는 관음사 창건에 관여한 김석윤의 역할로 관음사 초창기 활동에 참여한다. 박만하는 전라북도 위봉사와 경상남도 용화사, 그리고 경상북도 기림사 등지에서 제주 출신 승려들과 인연을 맺고 있었다. 1914년에는 제주도에 내려와 관음사에서 활동하였다. 박만하가 관음사 생활을 하게 되는 것은 이들 제자들과의 인연에서 비롯된 것이다.

법정사 항일운동의 지휘자인 김연일은 경상북도 경주 기림사 승려로 박만하와 방동화 등과의 인연으로 제주도로 내려오게 되었다. 김연일과 방동화는 같은 기림사 승려였다. 박만하가 제주도에 내려와 관음사에서 활동할 무렵 김연일도 제주도 관음사에 내려와 강창규 등과 같이 활동하게 된다. 그러나 김석윤의 항일 활동 이력으로 관음사 역시 일본 경찰의 감시를 받게 되면서 1914년경부터 관음사에서 법정사로 근거지를 옮겨갔다. 기림사에서 맺어진 방동화와 김연일의 친분관계는 김연일은 물론이고 기림사의 다른 승려들까지 제주도로 끌어들이는 매개가 되었다. 김연일과 함께 육지부에서 내려온 승려들은 강민수, 정구용, 김인수, 김용충, 장임호 등 6명으로 모두 법정사에서 거주하였다.

김연일은 법정사 항일운동 이전에도 항일 이력이 있었다. 유족 김갑출이 보관하고 있는 김연일의 유품 중에는 33명의 이름이 혈서로 쓰인 문서가 있는데 이는 동학의 사발통문과 동일한 유형의 것이다. 이 유품은 김연일이 법정사 항일운동 이전에 이미 갑오농민전쟁 등에서 항일운동을 경험하고 있었음을 시사한다. 기림사의 김연일은 독립운동의 바람이 제주도에

〈표 Ⅲ-4〉 법정사 항일운동 주요 인물간 관계

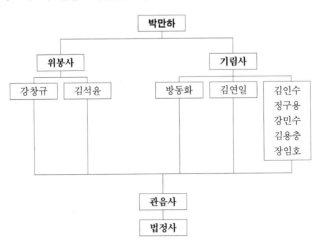

※출처 : 『교도책임자명부(이력서철)』 등 제주교무원 자료, 구술 자료 등

서부터 시작되어야 전국으로 확산된다는 생각을 가지고 제주도에 들어왔다고 한다.[32] 강창규와 김석윤은 방동화를 기림사로 보내었고 방동화는 기림사의 김연일 일행을 제주도로 데리고 들어오게 된다.[33]

법정사 항일운동 주도세력들의 인물 관계를 살펴보면 박만하는 위봉사와 기림사를 근거지로 활동하던 승려로 제자인 강창규, 김석윤과의 인연으로 제주도 관음사에서 활동하게 되었다. 또한 강창규와 김석윤은 관음사에서 같이 활동하면서 방동화를 기림사의 박만하에게 보내어 출가하게 만든다. 이에 기림사에서 방동화와 인연을 맺은 김연일은 관음사로 내려와 활동하게 되지만 김석윤의 항일이력으로 관음사가 일제의 표적이 되면서 더 이상 관음사에서의 활동이 어렵게 되자 법정사로 옮겨가게 된 것이다.

법정사 항일운동 주도세력들은 1914년부터 법정사를 근거지로 활동하

---

32 김연일의 손자 김갑출의 구술(경상남도 울산시, 50세, 2004. 10. 22, 필자 채록).
33 방진주의 구술(서귀포시 중문동, 52세, 2004. 9. 24, 필자 채록).

였다. 5년여의 법정사 활동에서 이들은 지역 주민 700여 명의 참여를 이끌어낼 정도의 상당한 영향력을 키우고 있었다. 김연일은 평소 법정사 신도들에게 일본통치의 부당함을 꾸준히 설명하여 왔고, 1918년 4월경부터 항일운동을 위한 사전 조직 구성에 들어갔다.[34] 그리고 마침내 7, 8월경에 이르러 지역의 불교도 및 농민들을 모아 조직 구성을 완성하였다.[35] 이처럼 거사 6개월 전부터 구체적인 준비에 나섰고, 3개월 전부터는 공개적으로 조직을 구성하였는데도 불구하고 그동안 법정사 항일 세력이 일제 경찰에 전혀 노출되지 않았다는 것은 법정사 신도들이 항일운동 주도세력에게 보내는 신뢰의 정도가 어느 정도였는지를 짐작하게 해 준다. 이러한 주민들의 신뢰는 주도세력들이 오랜 기간 동안 은신생활을 할 수 있게 했던 요인이었다는 것을 다시 한 번 확인할 수 있다.

III. 제주 법정사 항일운동 참여 주민의 성격

1. 하원리 항일운동 참여자의 활동 내용

법정사 항일운동은 법정사가 위치한 도순리를 비롯하여 영남리, 월평리, 중문리, 하원리 등 제주 좌면 지역 마을에서 전개되었다. 그중 1918년 제주 법정사 항일운동에 참여한 주민들의 성향을 분석하기 위해 하원리를 주목했다. 참여주민들의 성격을 고찰하면서 하원리를 선택한 이유는 두 가지이다.

첫째는 현재까지 남아있는 법정사 항일운동 관련 기록 중에서 가장 많은 인명이 기재되어 있는 자료인 『형사사건부』에 의하면 사건 연루자로 체포된 66명 가운데 하원리 사람이 그 중 가장 많은 20명일뿐만 아니라

---

34 『강창규 가출옥 관계 서류』(목포형무소, 1928. 12. 12, 국가기록원 소장).
35 『정구용 판결문』(대구복심법원 형사 제1부, 1923. 6. 29, 국가기록원 소장).

법정사 항일운동을 위한 격문에 주민들의 집합지로 지정된 곳이 하원리이기 때문이다.

둘째는 현재까지 보전되는 『하원리 호적중초』를 통해 문서 자료의 비교연구가 가능하다는 점이다. 이런 이유로 하원리 항일운동 참여 인물들의 성향 분석은 곧 법정사 항일운동 참여 주민들의 성향을 비교적 정확하게 보여줄 것으로 판단하였다.

1) 법정사 항일운동에서의 하원리의 위상

하원리는 동쪽으로 도순리, 서쪽으로 대포리와 중문리, 회수리, 그리고 남쪽으로 월평리와 강정리 등과 인접한 마을이다. 하원(下院)이라는 마을 명칭은 상원(上院)과 중원(中院)으로 전래되는 지명에서 유래한다. 상원(上院)은 한라산 서쪽 기슭 불래오름의 존자암 일대를 지칭하는 것으로, 현재 존자암은 행정구역상 하원동 산 1번지에 속한다. 존자암에서 산길을 타고 내려오면 법정악으로 들어서는데 이 일대가 중원(中院)이다. 바로 이 법정악에 법정사 항일운동의 중심지인 법정사가 자리하고 있다. 그리고 이곳에서 남쪽으로 3Km정도 내려온 곳에 위치한 법화사 일대를 하원(下院)이라 칭한다. 하원리의 주업은 농업으로 밭농사와 논농사가 함께 행해졌다. 마을의 북쪽은 목장지대로 조선 시대 8소장이 자리잡고 있던 곳이었으며 한 때 화전민들이 이곳에 거주하기도 했다.

법정사 항일운동은 1918년 10월 7일 법정사 예불에 참석하였던 34명이 당일 새벽 법정사를 출발하여 하원리에서 집합하도록 계획되어 있었다. 이는 법정악에 자리한 법정사 항일운동의 중심지인 법정사에서 계곡을 따라 내려오면 하원리에 이르게 되는 지리적 요인을 살펴 최종 집합 장소를 선정한 때문이라고 할 수 있다.

법정사 항일운동에 참여하여 체포된 66명을 주소지별로 살펴보면 제주도 구우면 2명, 우면 2명, 제주면 2명, 좌면 56명, 중면 3명, 경상북도 영일군 1명이다. 좌면이 제일 많은 56명인데 대포리 2명, 도순리 15명, 상예리 1명, 영남리 4명, 월평리 13명, 중문리 1명, 하원리 19명, 회수리 1명 등이다. 마을별로는 하원리와 도순리, 월평리 순으로 많이 체포되었다.

『형사사건부』기록에 나타난 하원리 주민은 19명이다. 여기에 항일운동 이전 도순리에서 하원리로 이주하여 『하원리 호적중초』에 나타나는 문남진[36]까지 포함하여 하원리 참여자는 모두 20명이다.

『정구용 판결문』에 의하면, 법정사 항일운동 당시 집합 장소는 하원리였다. 법정사 항일운동 발기를 위해 정구용이 작성한 격문에는 10월 7일 새벽 4시 하원리에 집합할 것을 명시하고 있다.

> 일본의 강제에 의해 조선을 탈취 당한 조국의 백성은 이 때문에 고통 받고 있다. …생략… 각 면 각 리장은 바로 리민 장정을 모아 率軍하고 동월(9월) 3일(양력 10월 7일) 오전 4시 하원리 地內에 집합하라.[37]

10월 5일과 6일, 법정사 예불에 참석한 인근 마을 주민 34명은 10월 7일 새벽 법정사를 출발하여 영남리, 호근리, 강정리, 도순리를 거쳐 하원리에 이르렀다. 민적부에 의해 각 마을에서 장정을 차출하며 내려왔는데 하원리에 이르렀을 때는 그 수가 수백여 명에 다다랐다.

> 그로부터 더 나아가 하원리에 이르렀을 때는 총 세력이 삼 사백 명이 되었는데[38]

---

36 문남진 문남규 문남은은 형제지간이다. 이들은 『형사사건부』에 도순리를 본적 및 주소지로 기록하고 있다. 그러나 문남진은 1908년 하원리로 이주하여 『호적중초』에 등재되어 있고 『제적부』상에도 하원리 1323번지를 본적으로 하고 있다. 형제인 문남규와 문남은의 『제적부』와 비교 검토하여 본 결과 이들은 원래 도순리 사람들로 생각된다. 그러나 문남진은 1908년 이전에 하원리로 이주하여 법정사 항일운동 당시 하원리를 주소지로 하고 있어서 문남진만 하원리 인물에 포함시켰다.

37 『정구용 판결문』(대구복심법원 형사 제1부, 1923. 6. 29, 국가기록원 소장).

38 『정구용 판결문』(대구복심법원 형사 제1부, 1923. 6. 29, 국가기록원 소장).

하원리에서 수백 명으로 불어난 참여자들은 중문리로 가는 도로에서 일본인을 만났는데 그중 백여 명이 이들 일본인 일행을 구타하였다. 구타당한 사람은 일본인 고이즈미 기요미(小泉淸身)와 우리나라 사람인 윤식명과 원용혁 등 3명이다.[39]

하원리 사람인 양봉이 사건에 연루되어 신문 받은 기록도 있다.

사법경찰관 사무취급의 피고 양봉에 대한 신문조서 중
대정 7년(1918년) 10월 7일 이른 아침 나는 집 앞의 돌담을 고치고 있을 때 폭도가 깃발을 세우고 많은 사람이 왔다.[40]

격문에서 약속한 집합지는 하원리였으며 하원리에 이르렀을 때 군중은 수백 명으로 불어나 있었다. 참여자들은 이미 오늘의 거사가 일본인을 물리치고 국권을 회복하려한다는 항일운동의 목적을 정확하게 인식하여 참여하고 있음을 알 수 있다.

2) 하원리 항일운동 참여자의 기록

『강창규 가출옥 관계서류』[41]와 『형사사건부』[42]의 기록을 살펴보면 하원리 주민들이 법정사 항일운동에서 어떤 역할을 하였는지 확인할 수 있다.

『강창규 가출옥 관계서류』는 1928년 목포형무소의 행형 기록으로 강창규에 대한 1928년 12월 12일의 가출옥 집행에 관련한 서류이다. 『강창규 가출옥 관계서류』 상에 나타나는 인물은 모두 46명이다. 판결문은 주소, 직업, 나이, 구형량 그리고 각 인물별 사건 개요를 설명하고 적용 법조를 명기해 놓았다. 적용 법조는 법정사 항일운동 자료 중 유일한 것으로 그 가치가 있다.

---

39 『정구용 판결문』(대구복심법원 형사 제1부, 1923. 6. 29, 국가기록원 소장).
40 『정구용 판결문』(대구복심법원 형사 제1부, 1923. 6. 29, 국가기록원 소장).
41 『강창규 가출옥 관계 서류』(목포형무소, 1928. 12. 12, 국가기록원 소장).
42 『형사사건부』(광주지방법원 목포지청 검사분국, 1918, 국가기록원 소장).

이 『강창규 가출옥 관계서류』에 나타난 하원리 인물들의 활동상을 살펴보면 그들은 법정사 항일운동 시작단계에서부터 함께 했었음을 알 수 있다.

국권회복을 위한 활동을 맹세한 승려들은 1914년 법정사를 근거지로 활동을 시작하였다. 그리고 1918년 4월경인 거사 6개월 전에는 구체적인 준비에 들어갔으며, 3개월 전부터는 공개적으로 조직을 구성하였다.[43] 거사를 바로 앞둔 1918년 10월 5일과 6일은 법정사에서 정기적으로 열리는 예불일이었다. 이 예불에 참석한 인물들 중에 김상언, 오병윤, 이승빈, 이달생 등 4명의 하원리 사람이 있다.

> 10월 5일부터 이튿날인 6일에 걸쳐 불교신자 등이 법정사의 집회에 모여 온 종일 예불을 드리는 定例日임을 이용하여, 피고 방동화는 같은 날 법정사에 모인 피고 김명돈, 김상언, 조계성, 김무석, 김기수, 오병윤, 이승빈, 고용석, 김두삼, 문남규, 문남은, 최신일, 이달생, 김성수, 이윤평에게 '김연일은 하늘에 계신 옥황상제의 말씀에 근거하여 조선전토에 불교를 퍼트리고, 善政을 펴기 위해 義軍을 일으켜, 제주도에서 內地人 관리들을 섬 밖으로 쫓아내려 한다. 따라서 여러분들은 협력하여 원조해 주어야 마땅하다'는 취지의 말을 설파하였다.[44]

김상언, 오병윤, 이승빈, 이달생 등 하원리 지역 주민 4명은 10월 5일과 6일의 법정사 정례 예불에 참석, 법정사 항일운동 시작 단계에서부터 참여하였던 인물들이다. 법정사 예불에 참석하였던 이들은 거사에도 적극적으로 참여하였던 만큼 형량도 무거웠다. 김상언 6년, 오병윤, 이달생, 이승빈은 각각 1년형을 받았다.

이들은 10월 6일 밤 강창규를 선봉대장으로 한 조직 구성을 완료하고,

---

43 한금순, 『1918년 제주 법정사 항일운동의 성격』(제주대학교대학원 석사학위 논문, 2006).
44 『강창규 가출옥 관계 서류』(목포형무소, 1928. 12. 12, 국가기록원 소장).

10월 7일 새벽 미리 준비해두었던 깃발 6기, 화승총 3정, 곤봉 등을 나누어 가지고 행동을 개시하였다.

> 이에 김명돈 이하 15명의 사람들은 즉시 이를 응낙하여 당일 밤에, 피고 김연일은 피고 장임호를 모사로, 피고 강창규를 선봉대장으로, …생략… 이리하여 준비된 長旗 6기, 화승 3정, 곤봉 수 십 자루를 각 피고에게 분배 휴대시킨 후, 이튿날 7일 미명에 사람들은 피고 박주석, 장임호의 지휘 하에 앞에 기록한 김연일 指命의 部署에 따라 長旗를 휴대하고 법정사를 내려가 쏜살같이 나아가 서귀포를 습격하였다.[45]

그리고 법정사 집회에 참석하였던 4명은 앞장서서 각 마을에서 참여자들을 동원하는 역할을 하였다.

> 피고 이종창은 하원리에서 선봉좌익장이 되어 대중을 지휘하였다. 피고 김명돈, 김기수, 강봉환, 문남은, 이승빈, 김무석, 오병윤, 김성수, 김두삼, 이달생, 조계성, 최신일, 이윤평은 행진시에 앞서 말한 각 마을에서 폭도 가입자를 구하였다. 마을 사람들을 협박함으로써 모두 솔선하여 폭도 세력을 도왔다.[46]

이들을 따라 하원리 사람인 양봉, 원인수, 김인송, 지축생, 지갑생, 오인식, 강순봉, 강태하 등 8명이 거사에 동참하였다.

> 양봉, 김환율, 원인수, 김인송, 지축생, 강천옥, 현술생, 지갑생, 오인식, 강순봉, 강태하, 송을생, 김창호, 이원영, 이봉규는 같은 날 각 첨기된 주소에서 앞에서 언급한 폭도들을 부가 수행하며 소요를 일으킨 자들이다.[47]

특히 하원리 사람 김상언은 선봉대장인 강창규의 지시에 따라 하원리에

---

45 『강창규 가출옥 관계 서류』(목포형무소, 1928. 12. 12, 국가기록원 소장).
46 『강창규 가출옥 관계 서류』(목포형무소, 1928. 12. 12, 국가기록원 소장).
47 『강창규 가출옥 관계 서류』(목포형무소, 1928. 12. 12, 국가기록원 소장).

서 일본인 고이즈미 기요미(小泉淸身) 등을 구타하였다.

> 피고 강창규는 하원리에서 우연히 길을 지나던 고이즈미 기요미(小泉淸身), 윤식명, 원용혁을 구타, 결박하도록 지시하고, 이에 응한 피고 양남구, 김상언, 문남규는 고이즈미 기요미(小泉淸身)를 피고 최태유, 고용석이 고이즈미 기요미(小泉淸身) 및 윤식명, 원용혁 3명을 구타하여, 이들 세 명에게 창상을 입히고도 그 다침의 輕重 치상자에 대해서 나 몰라라 하였고, 또한 피고 최태유, 고용석은 기요미(淸身), 식명, 용혁을 결박하여 길가에 내던져 두었다.[48]

고이즈미 기요미(小泉淸身) 구타는 『정구용 판결문』에도 기록되어 있다.

> 하원리의 인가에서 떨어진 도로에서 3인의 內地人이 오자, 백여 명의 선봉자가 몽둥이 또는 돌로 때렸다.[49]

이 두 자료를 살펴보면 강창규의 지시에 따라 일본인을 구타했던 법정사 항일운동 참여자들은 고이즈미 기요미(小泉淸身)와 동행하는 이들을 모두 일본인으로 판단했거나 적어도 일본인에 동조하는 사람으로 파악했던 것으로 보인다. 판결문에 나타난 것처럼 세 명의 일본인이 오자 구타했다는 것은 이들 세 명의 행색이 왜색을 띠었거나 아니면 적어도 일본인이라는 특징이 한 눈에 드러나는 상황이었다고 생각된다. 즉 일본색을 띠고 있었거나 일본인과 가까운 사이였던 조선인 윤식명 일행에 대한 반감의 표현으로 이들을 고이즈미 기요미(小泉淸身)와 함께 구타한 것이다.[50] 김

---

48 『강창규 가출옥 관계 서류』(목포형무소, 1928. 12. 12, 국가기록원 소장).
49 『정구용 판결문』(대구복심법원 형사 제1부, 1923. 6. 29, 국가기록원 소장).
50 강문호, 문태선 공저, 『제주 선교 70년사』(대한예수교장로회총회 교육부, 1978)는 윤식명 목사가 함께 구타를 당한 것으로 인하여 법정사 항일운동을 '일본인과 개화인을 배척한 폭동'이라고 표현하고 있다. 그러나 현재 발견된 일제시대 자료 어디에도 고이즈미 기요미(小泉淸身) 일행이 기독교인이기 때문에 구타하였다는 점은 발견되지 않는다.

상언은 일본인 구타와 함께 전선과 전주 절단에도 앞장섰다.

> 피고 강창규는 강정리와 도순리 사이를 흐르는 통칭 大川의 서안에서 그 곳
> 에 있는 전선 및 전주 2개를 절단하라는 내용의 지시를 하였다. 피고 김상언
> 은 이에 응하여 전선과 전주를 절단하였기 때문에 서귀포와 제주읍내 간의
> 통신을 불통으로 만들었다.[51]

김상언은 또한 강창규를 따라 중문 경찰관 주재소의 건물에 방화하고
경찰서의 기구와 문서 등도 불사르는 등 주도적 역할을 담당하였다.

> 그 인원이 수백 명에 달해 세가 점점 증대됨에 따라 중문리에 쇄도한 피고
> 강창규 김상언은 동 경찰관 주재소의 건물에 방화하고 그에 관련되어 갖추어
> 져 있는 기구, 문서와 함께 동 건물 전부를 불사르고 暴威를 떨쳤을 뿐 아니
> 라[52]

거사 당일 하원리 인물들의 활동은 『형사사건부』에서도 살펴볼 수 있
다. 『형사사건부』는 1918년 광주지방법원 목포지청 검사분국의 기록문서
로 법정사 항일운동 참여자 66명의 형사재판 기록이다.

『형사사건부』의 명단 66명 중 하원리 사람은 '강기추, 강순봉, 강태하,
고기동, 김병일, 김상언, 김인송, 김인호, 문남진, 양봉, 오병윤, 오인식, 원
성춘, 원인수, 이달생, 이승빈, 이춘삼, 지갑생, 지축생, 현재천' 등 모두 20
명이다.

법정사 항일운동에서 현행범으로 체포된 사람은 44명이다. 이중에 구속
자는 30명에 이르는데, 하원리 사람은 '강기추, 김상언, 오병윤, 이달생, 이
승빈, 이춘삼, 현재천' 등 7명이다. 이들은 1918년 10월 21일 1차로 구속
되었다. 불구속자는 모두 36명으로 현행범 중 14명과 비현행범 22명이었

---

51 『강창규 가출옥 관계 서류』(목포형무소, 1928. 12. 12, 국가기록원 소장).
52 『강창규 가출옥 관계 서류』(목포형무소, 1928. 12. 12, 국가기록원 소장).

다. 이중 하원리 사람은 13명으로 현행범인 '문남진'과 비현행범인 '강순봉, 강태하, 고기동, 김병일, 김인송, 김인호, 양봉, 오인식, 원성춘, 원인수, 지갑생, 지축생' 등이다.

현행범으로 구속된 하원리 사람 7명 중 '김상언, 오병윤, 이달생, 이승빈, 이춘삼' 등 5명이 기소되었고 '강기추, 현재천' 등 2명은 불기소되었다. 비현행범이면서 불구속되었던 12명 중 '강순봉, 강태하, 김인송, 양봉, 오인식, 원인수, 지갑생, 지축생' 등 8명은 기소되었고 '고기동, 김병일, 김인호, 원성춘' 등 4명은 불기소되었다. 현행범이면서 불구속되었던 '문남진'도 불기소되었다. 이리하여 하원리 사람 중 기소된 사람은 13명 불기소된 사람은 7명이었다.

법정사 항일운동과 관련하여 66명 중 46명에게 형이 선고되었는데 하원리 인물 20명 중에서는 13명이 형을 받았다. 형을 받은 13명은 '김상언, 이달생, 이승빈, 오병윤, 이춘삼, 강순봉, 강태하, 김인송, 양봉, 오인식, 원인수, 지갑생, 지축생' 등이다. 김상언은 징역 6년, 이달생, 이승빈, 오병윤은 각각 징역 1년, 이춘삼 징역 6월, 강순봉, 강태하, 김인송, 지갑생, 지축생, 양봉, 오인식, 원인수 등 8명은 각각 벌금 30원이 구형되었다. 불기소되었던 '강기추, 현재천, 원성춘, 김병일, 김인호, 고기동, 문남진' 등 7명은 형을 받지 않았다.

판결을 받은 하원리 인물 13명은 모두 형이 집행되었다. 1918년 2월 4일 형이 집행된 사람은 김상언, 오병윤, 이달생, 이승빈, 이춘삼 등 5명이다. 나머지 벌금 30원을 선고받은 강순봉, 강태하, 김인송, 양봉, 오인식, 원인수, 지갑생, 지축생 등 8명은 집행 날짜가 없다. 강기추, 현재천 등 2명은 구속되었으나 불기소로 방면되었다. 김병일, 김인호, 고기동, 문남진, 원성춘 5명은 불구속 불기소되어 판결이 없으므로 형 집행에 해당 없다.

3) 하원리 항일운동 참여자의 활동상

하원리 참여인물들의 법정사 항일운동에서의 활동상을 구체적으로 살

퍼보면 다음과 같다. 예불에 참석하고 선발대 역할을 수행하거나 참여자
를 구하는 등의 활동을 비롯하여 거사 현장에서 방화에 앞장서는 등의 활동
을 한 하원리 참여 인물들의 활동을 개인별로 정리한 것이 〈표 Ⅲ-5〉이다.

〈표 Ⅲ-5〉 법정사 항일운동 참여 하원리 출신 인물 일람 (형량 순)

성명	현행범 여부	구속 여부	기소 여부	집행 여부	형량	역할
김상언 (48세)	현행범	구속	기소	집행 (1919. 2. 4)	6년 (3년으로 감형)	-10월 5일부터 6일까지의 법정사 집회에 참석하여 예불 올림 -고이즈미 기요미(小泉淸身) 등을 구타 -전선과 전주 절단 -중문경찰관주재소의 건물 방화, 경찰서의 기구와 문서 불사름 -방화죄와 상해죄 추가 -선발대
오병윤 (22세)	현행범	구속	기소	집행(1919. 2. 4)	1년	-10월 5일부터 6일까지의 법정사 집회에 참석하여 예불 올림 -10월 7일 각 마을에서 앞장서 참여자 구함
이달생 (32세)	현행범	구속	기소	집행 (1919. 2. 4)	1년	-10월 5일부터 6일까지의 법정사 집회에 참석하여 예불 올림 -10월 7일 각 마을에서 앞장서 참여자 구함
이승빈 (28세)	현행범	구속	기소	집행 (1919. 2. 4)	1년	-10월 5일부터 6일까지의 법정사 집회에 참석하여 예불 올림 -10월 7일 각 마을에서 앞장서 참여자 구함

이춘삼 (63세)	현행범	구속	기소	집행 (1919. 2. 4)	6월	-화승총 2정 및 화약 소지, 양남구에게 양도
강순봉 (35세)	비현행범	불구속	기소	집행	벌금 30원	-10월 7일 법정사에서 내려 온 선발대를 수행하며 거사 에 참여
강태하 (22세)	비현행범	불구속	기소	집행	벌금 30원	-10월 7일 법정사에서 내려 온 선발대를 수행하며 거사 에 참여
김인송 (41세)	비현행범	불구속	기소	집행	벌금 30원	-10월 7일 법정사에서 내려 온 선발대를 수행하며 거사 에 참여
양봉 (28세)	비현행범	불구속	기소	집행	벌금 30원	-10월 7일 법정사에서 내려 온 선발대를 수행하며 거사 에 참여함
오인식 (23세)	비현행범	불구속	기소	집행	벌금 30원	-10월 7일 법정사에서 내려 온 선발대를 수행하며 거사 에 참여
원인수 (51세)	비현행범	불구속	기소	집행	벌금 30원	-10월 7일 법정사에서 내려 온 선발대를 수행하며 거사 에 참여
지갑생 (30세)	비현행범	불구속	기소	집행	벌금 30원	-10월 7일 법정사에서 내려 온 선발대를 수행하며 거사 에 참여
지축생 (42세)	비현행범	불구속	기소	집행	벌금 30원	-10월 7일 법정사에서 내려 온 선발대를 수행하며 거사 에 참여
강기추 (35세)	현행범	구속	불기소	방면 (1918. 11. 9)		
현재천 (46세)	현행범	구속	불기소	방면 (1918. 11. 9)		
고기동 (22세)	비현행범	불구속	불기소	해당 없음		

김병일 (33세)	비현행범	불구속	불기소	해당 없음		
김인호 (38세)	비현행범	불구속	불기소	해당 없음		
문남진 (52세)	현행범	불구속	불기소	해당 없음		
원성춘 (24세)	비현행범	불구속	불기소	해당 없음		

※출처 : 『형사사건부』, 『정구용 판결문』, 『강창규 가출옥 관계서류』

　　법정사 항일운동 과정에서 거사 당일 법정사 예불에 참석하였던 하원리 주민들은 다른 사람들에 비해 비교적 높은 형량을 받고 있다. 이것으로 보아 이들은 거사 현장에서 적극적으로 활동하였던 인물들임을 알 수 있다. 이들 중 특히 김상언은 징역 6년형을 구형받고 있는데 그는 법정사 집회에 참석하여 예불을 올리는 등 시작 단계에서부터 적극적으로 참여하였을 뿐만 아니라, 거사 당일에는 일본인을 구타하고 전선과 전주를 절단한 인물이며 중문 경찰관 주재소를 방화하는 등 적극적으로 행동하였기 때문에 형량이 큰 것이다.

2. 『하원리 호적중초』를 통해 본 항일운동 참여자

1) 항일운동 참여 하원리 관련 자료에 대한 이해

　　법정사 항일운동에 참여한 하원리 주민들을 추적하기 위해 『형사사건부』, 『강창규 가출옥 관계서류』, 『하원리 호적중초』,[53] 『민적부』, 그리고 개인별 『제적부』 등의 자료를 검토하였다.

---

53 하원리 호적중초는 서울대학교 규장각에서 영인한 『제주 하원리 호적중초』1, 2(영인본)(1992)를 사용하였다. 필자가 하원리 마을회관에 소장된 원본 촬영 작업에 참여한 적이 있어서 상태가 정확하지 않은 부분은 원본 촬영본에서 확인하였다.

그중『형사사건부』와『수형인명부』[54]에 하원리를 주소로 두고 있는 인물 19명과『제적부』및『하원리 호적중초』에 1918년 당시 하원리를 본적으로 하고 있는 1명을 포함해 20명을 추적할 수 있었다. 특히 이들 자료 중『하원리 호적중초』와『민적부』를 주목하였는데, 그것은 호적중초에 등재되는 인명을 찾으면 항일운동 참여자들이 마을에 거주한 기간과 마을에서의 위상 등을 판단할 수 있을 것으로 보았기 때문이다.

추적 과정은 먼저 가족 관계 및 법정사 항일운동 전후의 행적 등을 파악하기 위해 개인별『제적부』를 확인하는 것으로부터 시작되었다.『제적부』는 현재까지 확인된 법정사 항일운동 관련 유족들을 실마리로 하여 거슬러 올라갔다. 그 결과『제적부』를 통해 항일운동 참여자 본인 및 부모 등의 성명을 확인할 수 있었다. 이를 토대로 하여『하원리 호적중초』에 접근하였다.

『하원리 호적중초』는 1810년부터 1908년까지의 기록으로 현재까지 모두 36권이 남아있다. 항일운동 참여자가『하원리 호적중초』에 등재되었는지의 여부를 확인하기 위해서 법정사 항일운동이 일어난 해와 가장 가까운 해에 작성된 마지막 36권에서부터 추적을 시작하여, 그 가계의 뿌리를 살펴보기 위해 1권까지 거슬러 올라갔다. 36권(1908년)에서 본인과 부모의 성명을 확인하는 작업을 시작으로 하여 연대를 거슬러 올라갔다. 각 인물의 가계에 따라『하원리 호적중초』1권(1810년)까지 추적되는 경우도 있었다.

『제적부』와『하원리 호적중초』의 비교연구 결과, 법정사 항일운동 참여자의 직역, 성명, 나이, 본(本), 친척관계 등을 추적할 수 있었다. 그리고『제적부』를 통해 확인된 유족들의 부모 혹은 조부모의 성명을 근거로『하원리 호적중초』에서 다시 한 번 동일 성명을 확인하는 절차를 거침으로써『하원리 호적중초』상의 인물이 법정사 항일운동 참여자와 동일인물인지의 여부를 확실히 할 수 있었다.

54『수형인명부』(광주지방법원 제주지청, 1918, 국가기록원 소장).

〈그림 24〉 하원리
호적중초 표지

『하원리 호적중초』상에 나타나는 인물이 법정사 항일운동 참여인물인지 아닌지 검토를 위하여 『제적부』에 나타나는 조상 혹은 형제들의 성명과 비교하고, 본(本)이나 처(妻)의 성명, 그리고 처(妻)의 부모 성명 등과 대조하면서, 법정사 항일운동 참여 하원리 인물들의 혼인관계의 흐름을 파악하는 결과도 얻을 수 있었을 뿐만 아니라 항일운동 이후 거주지 이전 실태도 파악할 수 있었다.

법정사 항일운동에 참여한 하원리 사람 20명 중 13명을 호적중초에서 찾을 수 있었다. 이외에 4명은 호적중초에서 찾을 수 없었고 3명은 유족이 밝혀지지 않은 상황이어서 현재 자료 접근 근거가 존재하지 않는 실정이다.

그러나 호적중초에서 찾지 못한 인물들이 그 마을에 뿌리를 두지 않은 인물이라고 단언할 수 있는 것은 아니다. 조선시대 호적 등재는 징세를 위한 것이었다. 따라서 호적 등재의 원칙은 마을 구성원 전체를 등재하는 것이 아니라 마을에 할당된 조세의 징수 범위 안에서만 등재되는 것이었기 때문에[55] 호적중초에 드러나지 않는 인물이라고 해서 하원리에 살지 않았던 인물이라는 뜻은 아니다. 그리고 이승빈의 경우와 같이 인근 마을 호적중초에 등재될 가능성도 전혀 없는 것이 아니다. 차후 이들의 가계를 밝힐 수만 있다면 호적중초에서 그들을 발견할 가능성도 농후하다 하겠다.

---

55 호적에 등재된 인구는 실제 인구수의 40% 혹은 3분의 2정도만 호적에 등재되는 것이 관행이었다고 연구되고 있다. (정진영, 「조선후기 호적 '호(戶)'의 새로운 이해와 그 전망」 『단성 호적대장 연구』, 성균관대학교 대동문화연구원, 2003. ; 김건태, 「호구출입을 통해 본 18세기 호적대장의 편제방식」 『단성 호적대장 연구』, 성균관대학교 대동문화연구원, 2003).

2) 하원리 항일운동 참여자의 호적중초 등재 현황

법정사 항일운동에 참여한 하원리 인물 20명 중 13명이 호적중초에 등재되어 있다. 하원리 인물 20명의 호적중초 등재 상황을 정리하면 〈표 III-6〉과 같다. 호적중초에서 등재 여부와 더불어 등재 기간을 살펴보면 해당 인물들의 성격을 판단할 수 있지 않을까 생각하였다.

〈표 III-6〉 하원리 항일운동 참여인물의 호적중초 등재 상황

연번	성명	등재 상황	등재된 호적중초의 연도											
			1894	1898	1899	1900	1901	1902	1903	1904	1905	1906	1907	1908
1	강기추	본인									0	0	0	0
2	강순봉	본인										0	0	0
3	김인호	본인										0	0	0
4	문남진	본인												0
5	오인식	본인												0
6	원인수	본인	0	0	0	0	0	0	0	0	0	0	0	0
7	이달생	본인										0	0	0
8	현재천	본인		0				0						
9	강태하	부									0	0	0	0
10	오병윤	부	0	0	0	0	0	0	0	0	0	0	0	0
11	원성춘	부		0	0	0	0	0	0					
12	이승빈	부		0		0	0	0	0	0				
13	지갑생	부									0	0	0	0
14	고기동	x												
15	김상언	x												
16	김인송	x												
17	이춘삼	x												
18	김병일	?												

| 19 | 양봉 | ? | | | | | | | | | | | | |
| 20 | 지축생 | ? | | | | | | | | | | | | |

- x 는 본인과 아버지 이름을 호적중초에서 발견하지 못한 인물.
- ? 는 현재 유족을 찾지 못하여 호적중초로의 접근이 불가능한 인물.
- 오병윤의 아버지 오영준은 1882년『하원리 호적중초』부터 나타난다. 이 표는 1894년『하원리 호적중초』부터 작성하였다.
- 이승빈은『대포리 호적중초』에 등재되어 있다.
※출처 :『하원리 호적중초』 1~36권

〈표 Ⅲ-6)을 통해 보듯이『하원리 호적중초』에서 본인과 부모를 모두 확인 할 수 있는 인물은 하원리 참여인물 20명 중 11명으로, 강기추, 강순봉, 강태하, 김인호, 문남진, 원인수, 이달생, 오병윤, 오인식, 원성춘, 지갑생 등이다. 현재천은『하원리 호적중초』본문에는 등재되어 있지 않으나 책의 끝에 이정(厘正)으로 기록되어 나타난다.『형사사건부』등에 하원리를 주소로 하고 있는 이승빈[56]은『대포리 호적중초』[57]에서 확인된다. 현재까지 호적중초에서 발견되는 하원리 인물은 모두 13명이다.

한편 호적중초에 나타나지 않는 인물로는 고기동, 김상언, 김인송, 이춘삼 등 4명이 있다. 김병일, 양봉, 지축생 등 3명은 유족이 없어서 인적관계를 추적할 수 있는 근거가 없는 사람들이다.

참여자의 가계별로 호적 등재 현황을 다음의 〈표 Ⅲ-7)로 정리하였다. 가계별로 호적에 등재된 기간을 검토하면 이들이 하원리에 얼마동안 살았던 가계였는지 드러나므로 마을에서의 위상 등을 판단할 수 있는 근거가 될 것으로 생각하였다.

---

56 이승빈은『형사사건부』에 하원리를 주소로 하고 있다. 그러나 부친의 이름으로『대포리 호적중초』에 1904년까지 등재되어 있다.『제적부』는 서귀포시 하원동 1173번지로 되어 있어 대포리에서 하원리로 이주하였던 것으로 보인다.

57『대포리 호적중초』는 1804년부터 1909년까지 모두 37책이다. 필자가 대포리 마을회관에 소장된 원본 촬영 작업에 참여한 적이 있어서 원본에서 확인하였다. (제주도 대포리 마을회관 소장).

〈표 Ⅲ-7〉 항일운동 참여자 가계의 호적 등재 기간

연번	성명	등재된 호적중초	등재 기간	비고
1	강기추	『하원리 호적중초』 1권~36권	1810년~1908년	
2	강순봉	『하원리 호적중초』 1권~36권	1810년~1908년	
3	강태하	『하원리 호적중초』 1권~36권	1810년~1908년	
4	오병윤	『하원리 호적중초』 1권~36권	1810년~1908년	
5	오인식	『하원리 호적중초』 1권~36권	1810년~1908년	
6	이달생	『하원리 호적중초』 1권~36권	1810년~1908년	
7	지갑생	『하원리 호적중초』 1권~36권	1810년~1908년	
8	원성춘	『하원리 호적중초』 8권~36권	1837년~1908년	11권에는 없음
9	원인수	『하원리 호적중초』 26권~36권	1894년~1908년	대포리에서 이주
10	현재천	『하원리 호적중초』 27권, 30권, 36권	1898년, 1902년, 1908년	권 말미에 이정으로 기록됨
11	이승빈	『하원리 호적중초』 27권~32권	1898년~1904년	대포리 호적
12	김인호	『하원리 호적중초』 34권~36권	1906년~1908년	
13	문남진	『하원리 호적중초』 36권	1908년	

※출처 : 『하원리 호적중초』 1~36권

법정사 항일운동에 참여했던 하원리 주민 20명 중 호적중초에 등재되어 있는 인물 13명의 호적중초 등재 기간을 살펴보면, 강기추, 강순봉, 강태하, 오병윤, 오인식, 이달생, 지갑생 등 7명은 『하원리 호적중초』 1권에서 마지막 36권까지 등재되어 있다. 1810년부터 1908년까지 6, 7대에 걸쳐 하원리에 살던 가계라는 뜻이다.

〈그림 25〉하원리 호적중초 36권의 이정 현재천 기록

원성춘은 『하원리 호적중초』 8권부터 36권까지, 즉 증조부 때부터 4대를 이어 1837년부터 1908년까지 하원리에 살던 집안이다. 원인수는 대포리에서 이주한 이후 1894년부터 하원리 호

적중초에 등재되고 있다. 그리고 이승빈이 1898년에 등재되기 시작하고 김인호가 1906년에 문남진이 1908년에 등재되기도 한다. 현재천은 『하원리 호적중초』 27권, 30권, 36권에 이정으로 등재되고 있으나 본문에는 등재되지 않는 인물이다. 현재천은 호적 작성 담당자인 이정의 직함을 가지고 있던 것으로 보아 마을의 사무를 담당하는 중요인물이었음을 알 수 있다. 이정이면서도 누락된 현재천의 경우는 해당 마을의 구성원 전체가 모두 호적중초에 등재되는 것이 아님을 보여주는 사례이기도 하다.[58]

원성춘의 경우도 증조인 원재홍이 감고(監考)로 호적중초 말미에 기록되어 있으나 현재천의 경우처럼 해당 호적중초 본문에는 등재되어 있지 않다가 12권(1849년)부터 호적중초 본문에 등재되고 있다.

호적중초에 오랜 기간 등재되었음이 의미를 지닐 것으로 생각하여 등재 기간을 조사하였다. 그러나 개인별로 호적중초를 추적하면서 등재기간으로 그 의미를 판단할 수 없다는 것을 발견하였다. 하원리 인물 중 강기추, 강순봉, 오인식, 이달생 등의 호적중초를 보면 출생하고 바로 등재하지 않고 있음이 발견된다. 강기추는 1905년 호적중초에 3세로 처음 등재되었다가 2년 뒤인 1907년에 갑자기 15세로 등재된다. 그러나 이마저도 제적부에 의하면 24세 정도일 때 15세로 등재한 것으로 파악된다. 이는 15세부터의 역의 부담을 줄이기 위해 의도적으로 늦게 등재하는 경우라 할 수 있다. 강순봉의 경우도 1893년생이나 호적중초에는 1906년에 4세로 처음 등재된다. 오인식은 1908년에 3세로 처음 등재되나 제적부에는 1896년생으로 12세에 3세로 등재한 것이다. 1887년생인 이달생은 1905년에 처음 4세로 등재된다. 이렇게 의도적 누락 및 나이를 속이는 일이 가능하다면 오

---

58 하원리 호적중초를 통해 호적 작성 책임자인 이정과 감고의 호적 등재 현황을 조사한 한금순의 논문이 있다. 분석 결과 이정은 40%가 호적중초 본문에 누락되고 있고 감고는 36%가 호적중초 본문에 누락되고 있음을 포착하여 하원리 호적중초에는 의도적이고 관례적으로 누락된 인명이 있다는 결론을 얻어낸 연구이다.(한금순, 「제주도 호적 작성 원칙 "無一漏戶 無一漏名"에 대한 고찰」 『대동문화연구』 제82집, 대동문화연구원, 2013).

랜 기간 등재되었다고 하는 사실을 하원리 참여자들의 마을에서의 위상을
짐작하는 조건으로 활용할 수 없을 것으로 생각하였다.

 법정사 항일운동 참여 하원리 인물의 등재 상황을 분석하다가 하원리
호적중초의 호구(戶口) 누락의 정도를 알아야 할 것으로 판단되어 이를
조사해보았다.[59] 조선시대 호적은 조세에 필요한 호구를 등재하고 마을의
모든 호구를 등재하지 않는 것을 원칙으로 하다가 1896년에 '호구조사세
칙'으로 별거하고 있으면 개별호로 파악한다는 원칙으로 바뀌었다. 그렇다
면 이 세칙에 따라 그간 누락되었던 호구가 새로이 등재되어 나타날 수
있을 것으로 생각했다. 하원리 호적중초 갑오식(甲午式 : 1894년)과 무술
식(戊戌式 : 1898년) 사이에 실명이 기록되는 남정을 추적하여 누호(漏戶)
와 누구(漏口) 현상을 조사하였더니 갑오식(甲午式 : 1894년)에서는 전체
남정의 20%인 40명이 다음 식년인 무술식(戊戌式 : 1898년)에 누락되고
있음이 파악되었다. 이는 사망 등의 자연 감소로 추정되는 인물(5명)을 제
외한 숫자이다. 1896년의 '호구조사세칙'으로 이후는 하원리 마을의 모든
인구가 다 등재될 것으로 생각하였으나 여전히 다음 식년에 누락되는 남
자가 40명이었다. 그리고 갑오식(甲午式 : 1894년)에 등재되지 않았는데
무술식(戊戌式 : 1898년)에 새로이 등재되는 남자는 전체 남정의 28%인
63명이나 되었다. 출생으로 새로이 등재되는 것으로 추정되는 5세미만(6
명)을 제외한 숫자이다. 적어도 1894년에 63명 정도를 의도적으로 누락시
키고 있었다는 뜻이다. 이렇게 두 개 식년 호적중초 사이에서만 총 103명
의 이탈현상을 파악할 수 있었다. 그렇다면 하원리 호적중초가 하원리 호
구 전체를 등재했다고 볼 수 없다고 판단되었다.

 이와 같이 나이를 속여 등재기간을 조절한다던지 의도적인 누락 현상이
포착되는 것을 보고, 그렇다면 법정사 항일운동 참여 하원리 인물 20명 중
에 4명이 미등재되었다는 것은 조선시대 제주도 호적중초의 일반적인 등

---

59 한금순, 「제주도 호적 작성 원칙 "無一漏戶 無一漏名"에 대한 고찰」 『대동문화연
   구』제82집, 대동문화연구원, 2013).

재원칙 혹은 등재상황과 비교하였을 때 어느 정도의 비율인지를 비교해야 그 의미를 부여할 수 있겠다는 생각이 들었다. 하원리 호적중초를 분석해 보고 실제로 하원리에 거주하면서도 등재되지 않을 수 있다는 결과를 얻었기 때문이다. 뿐만 아니라 마을의 이정과 감고라는 직을 수행하면서도 의도적으로 누락할 수 있다는 것으로 보면, 호적중초에 등재되지 않은 인물들이 마을의 주변부에서 유랑하는 사람들일 것이라는 평가도 옳지 않다고 생각하게 한다.

호적중초에 등재된 인물과 등재되지 않은 인물 또는 등재 기간을 살피면 참여주민의 마을에서의 위상 등을 파악할 수 있을 것으로 생각하였다. 그러나 분석해 본 결과 이는 제주도 호적작성 원칙에 대한 연구가 더 이루어진 이후에야 그 의미를 판단할 수 있을 것으로 생각되어 하원리 인물의 호적등재 상황을 살펴보는 것으로 만족하기로 한다.

3. 법정사 항일운동 참여주민의 성격

『하원리 호적중초』자료와 『제적부』를 통해 항일운동 참여자들 간의 인적 관계를 파악할 수 있었다. 이들은 친인척의 범위에 포함되는 관계가 있는가 하면 그 범위에 포함되지는 않으나 윗대로 올라가다 보면 서로 연결고리가 이어지는 경우도 있었다.

법정사 항일운동 참여자의 호적중초와 제적부를 통하여 조사된 친인척 관계는 4가지 경우이다. 문남진의 삼형제, 외사촌 형제지간인 이달생과 강순봉, 처남 매부지간인 강태하와 김인호 그리고 8촌 형제지간인 오병윤과 오인식의 경우이다. 우선 문남진, 문남규, 문남은 등은 형제지간이다. 이들은 문평록의 아들들로 장자는 문남진, 둘째 아들은 문남규, 3남은 문남은이다. 다음으로 이달생의 조부는 이광노인데, 이광노는 강순봉의 외조부이기도 하다. 이달생과 강순봉은 외사촌 형제지간이다. 강태하의 누나 강신출은 김인호와 결혼하였다. 이들의 장남이 1912년생이어서 그 이 전에

결혼하였을 것이다. 마지막으로 오병윤과 오인식은 8촌지간으로 4대조
가 오응효이다. 이 외에 강기추와 강태하의 경우 5대조가 같은 10촌 관
계이다.

그러나 이 정도의 빈도로 법정사 항일운동 참여 하원리 인물들의 인적
유대관계를 도출해 낼 수는 없다고 본다. 이들은 가족이라는 유대감으로
법정사 항일운동에 함께 참여하였을 가능성도 있고, 또한 같은 마을 주민
으로서의 유대감으로 참여하였을 수도 있는 것이어서 여기에서 인적 구성
의 보편적 현상을 도출해 내는 것은 무리라고 생각하였다. 호적중초 조사
를 통하여 인적구성이 집단적으로 어떤 현상을 보이고 있는지를 알아보려
고 하였으나 이와 같은 빈도만으로 가족단위의 참여 성향 등의 특징을 도
출해내는 것은 무리라고 판단되었으며, 여타의 기록에도 가족 단위의 활
동 흔적은 찾을 수 없었다.

또한 호적중초를 살피면서 마을 주민들의 거주지 이전이 아주 드물다는
것을 알 수 있었다. 이는 곧 제주도의 특징인 마을 내혼 현상을 일으키는
요인이 되는 것으로 파악되었다. 따라서 이들 인적 구성의 특징에 관한 연
구는 앞으로 제주도의 거주지 이전 상황 또는 마을 내혼의 특징 등 사회
현상들과 비교 대조하는 연구가 뒤따라야 그 의미를 제대로 부여받을 수
있을 것이다.

오히려 가족관계를 조사하면서 법정사 항일운동 이후에 형성되는 참여
인물들 간의 인적 관계가 더 큰 의미로 다가왔다. 거사 이후 참여 인물들
간의 가족관계 형성은 법정사 항일운동 참여자들 간의 유대감을 설명할
수 있는 한 방법이 되지 않을까 생각한다. 예를 들면 참여자들 집안 간에
혼인이 이루어지는 경우를 발견할 수 있었는데 경상북도 정구용의 딸은
김인수와 결혼하였고, 김연일은 강창규의 딸과 결혼하였다.[60] 오병윤의 둘
째 아들은 1961년에 강태하의 딸과 결혼하였다. 이렇게 가까운 가족관계

---

60 한금순, 「1918년 제주 법정사 항일운동의 성격」(제주대학교대학원 석사학위 논문,
2006), 79쪽.

를 형성한다는 것은 법정사 항일운동 참여자들 간의 유대감을 추정해 낼수 있는 조건이 된다고 할 수 있겠으나, 이 정도의 빈도수를 가지고 보편적 인적관계 형성을 도출해 낸다는 것은 무리가 따르는 일이라 판단하였다.

한편 제적부를 통해서는 법정사 항일운동 이후 마을을 떠난 사람들을 확인할 수 있었다. 김상언은 1922년 외도리로 이사하였다. 문남진은 1919년 2월에 도순리로 이사하였다가 1920년에 다시 대포리로 이사하였다. 이춘삼은 1929년 오등리로 이사하였다. 현재 제적부를 추적할 수 없는 현재천은 법정사 항일운동 이후 마을을 떠난 것으로 증언되고 있다. 김상언은 법정사 항일운동에서 10월 5일과 6일의 법정사 예불에 참석하였고 거사당일에는 고이즈미 기요미(小泉淸身) 등을 구타하였고 전선과 전주를 절단하고 중문 경찰관 주재소의 건물을 방화하고 경찰서의 기구와 문서를 불사른 주역이다. 하원리 사람들 중 가장 중형인 6년형을 선고 받은 인물이다. 3년으로 감형되었는데 1919년 2월 4일 형이 집행되었으므로 1922년 2월 3일이 형기 종료일로 계산된다. 제적부에 1922년 3월 10일 하원리에서 외도리로 이주하였음이 기록되어 있는데 이는 바로 출옥 이후 외도리로 이주하였음을 추정하게 해준다. 이춘삼은 1929년 제주면 오등리로 이전한다. 이춘삼은 63세의 나이로 화승총과 화약을 가지고 법정사 항일운동에 참여하여 현행범으로 붙잡혔다. 이춘삼도 법정사 항일운동 참여 이력으로 하원리를 떠나야 하였던 것으로 생각된다. 현재천은 마을의 이정직임을 맡고 있으면서 마을 주민을 동원하는데 앞장섰기 때문에 마을을 떠나야 했을 것이다. 법정사 항일운동 참여자들은 마을을 떠나야하는 핍박 외에도 고문의 후유증으로 후손을 갖지 못한 인물들이 다수 있음이 증언되고 있기도 하다.

이상 살펴본 바와 같이 1910년대의 제주불교는 명확한 역사의식을 가지고 시대와 민중의 고통과 함께 했다. 김석윤, 강창규 등의 관음사 활동은 곧 법정사 항일운동의 기반이 되었고, 이들의 항일의식은 육지부에서 김연일 등의 승려를 제주에 내려와 항일운동에 동참하게 하는 인연이 되었다. 이들의 강인한 의지는 일제 강점기의 어려움 속에서 꺾였으나 굽히지는 않았다. 또한 지역 주민들의 법정사 항일운동 참여는 외세 침입이라는 시대적 상황에 대한 인식을 바탕으로 일본인 관리와 상인을 몰아내고 국권을 회복하겠다는 거사 목적에 적극 동참하여 이루어진 것이었다.

비록 법정사 거주 승려들의 항일운동이 근대 제주불교의 중심지인 관음사의 활동을 어렵게 만드는 요인이 되었으나, 5년여의 법정사 활동은 지역주민과 시대적 인식을 공유하고 국권회복이라는 꿈을 향해 함께 나아간 치열하고 아름다운 시간들이었다.

1910년대의 제주불교는 국권회복이라는 기치를 내걸고 지역주민들의 지지를 이끌어내는 역량을 갖추고 있었다.

제4부
좌초된 꿈, 그 이후

- 1920년대 제주불교와
  제주불교협회 활동

I. 1920년대 제주불교 동향과 현실인식

1. 1920년대 제주불교 동향

1920년대 조선총독부에 사찰 설치 허가를 받은 제주도내 사찰은 삼도리의 일본사찰 본원사 제주도포교소, 관음사, 원당사, 무관암, 법화사, 금봉사 등 6개소이다. 법정사는 항일운동 이후 일제에 의해 소각되었다. 당시에 활동했던 승려로는 안봉려관과 안도월, 오이화, 송재술, 하인월, 이성봉 등이 있다. 또한 총독부의 허가를 받지 않은 사찰에는 만덕사, 불탑사, 고관사, 극락사, 산방사, 원각사, 용주사 등이 있었다. 이들 사찰은 관음사와 제주도 인물들이 관련된 사찰이었기 때문에 법정사 항일운동 이후 제주불교에 대한 일제의 감시와 탄압이 강화되어 등록할 수 없었던 것으로 파악된다.

1918년 법정사 항일운동은 제주불교를 일제의 적극적인 통제 아래 놓이게 했다. 1920년대 초반의 제주불교는 1910년대 제주불교와 단절된 양상을 보여주는데 이러한 사실은 법정사 항일운동 이후 일제의 통제에 의해 상당히 위축되어 있던 제주불교의 모습을 대변하는 것이다.

그러다가 1919년 3·1 운동 이후 문화정치의 일환으로 시행된 일제의 종교계 개입 정책으로 제주불교는 1924년 제주불교협회를 결성하면서야 비로소 활동을 표면화할 수 있었다. 제주불교협회의 결성은 중앙에서 활동하던 친일 성향의 승려 이회명의 주도로 이루어졌다. 제주불교협회 활동으로 제주불교포교당이 건축되었고 많은 불교행사가 개최되면서 제주불교의 활성화를 가져왔다. 일제가 주도하던 사회단체인 제주불교협회에는 친일성향의 승려 이회명을 중심으로 회장직을 수행하던 일본인 제주도지사 등 제주도 유력인사들이 다수 참여하였다. 1920년대 제주불교는 제주불교협회의 결성으로 항일이력으로 인한 일제의 통제와 감시 속에서 다시금 종교 활동을 재개할 수 있게 된다.

2. 일제의 문화정치와 제주불교 통제

일제는 1919년 3·1운동 이후 강압적인 무단통치에서 문화정치로 통치 정책의 변화를 표방한다. 조선의 문화와 관습을 존중한다는 명분을 내세우고 실시된 일제의 문화정치는 친일세력을 키우고 항일 민족운동 세력을 분열시키기 위한 정책이었다. 자치권과 참정권, 문화 활동 등을 일정 부분 허용하는 유화정책을 쓰면서 실질적으로는 친일파를 양성하고 경제를 수탈하며 민족정신을 말살하여 민족 분열을 조장하는 더욱 교묘한 수단의 통치로 방향을 전환한 것이다.

사이토 마코토(齋藤實) 총독은 친일세력의 육성과 보호 그리고 이용에 가장 심혈을 기울였는데, 〈조선민족운동에 대한 대책〉에서 그의 친일파 양성책을 찾아볼 수 있다. 〈조선민족운동에 대한 대책〉은 다음과 같다.

> 첫째, 일본에 절대 충성을 다하는 자로써 관리(官吏)를 강화한다.
> 둘째, 신명을 바칠 핵심적 친일인물을 물색하고 이들을 귀족·양반·부호·실업가·종교가들 사이에 침투시켜 친일단체를 만든다.
> 셋째, 각종 종교단체에서 친일파가 최고 지도자가 되게 하고 일본인을 고문으로 앉혀 어용화한다.
> 넷째, 친일적 민간인에게 편의와 원조를 제공하고 수재교육의 이름 아래 친일적 지식인을 대량으로 장기적 안목에서 양성한다.
> 다섯째, 양반·유생으로 직업이 없는 자에게 생활방도를 만들어 주고 이들을 선전과 민정 정찰에 이용한다.
> 여섯째, 조선인 부호에게는 노동쟁의·소작쟁의를 통해서 노동자·농민과의 대립을 인식시키고, 또 일본자본을 도입해 그것과 연계를 맺도록 해 매판화시켜 일본 측에 끌어들인다.
> 일곱째, 농민을 통제·조종하기 위하여 전국 각지에 유지가 이끄는 친일단체 교풍회(矯風會) 진흥회(振興會)를 만들어 국유림의 일부를 불하해 주는 한편 입회권(入會權:수목채취권)을 주어 회유 이용한다.[1]

---

1 국사편찬위원회, 『한국사』48(2003), 42~54쪽.

이러한 사이토 마코토(齋藤實) 총독의 정책은 대부분 실현되어 친일파 양성에 성공하였다. 제주불교협회의 결성이나 활동도 바로 이러한 일제 통치 정책의 흐름 속에서 이루어진 것이다.

1918년 제주 법정사 항일운동은 1910년대 제주불교의 성격을 대변하는 것이었다. 제주불교의 항일 성향은 제주사회에 널리 알려져 그 여파가 상당했다. 1920년 보통학교 학생들이 관음사 소풍을 다녀오다가 독립만세를 외치고 독립 창가를 불렀던 사실에서 제주불교를 바라보는 제주사회 인식의 일면을 살펴볼 수 있다.[2]

그러나 근대에 들어 새로운 활동을 모색하던 제주불교로서는 법정사 항일운동으로 인해 일제의 강력한 통제라는 철퇴를 받게 된 셈이었다. 법정사 항일운동 이후 1924년까지 6년여 동안 제주불교는 공식적인 활동을 보이지 않는 공백기였다.

일제는 1911년 사찰령을 반포하여 사찰과 승려들의 활동은 물론 재산과 신분상의 모든 사항에 대해 조선총독의 허가를 받게 함으로써 한국불교의 전반을 통제 관리하였다. 사찰령 이후 제주도에서는 일본 사찰인 진종 대곡파 본원사 제주도포교소가 1917년 3월 8일을 날짜로 제일 먼저 신고 절차를 밟았다.[3] 그리고 이어 1918년 6월 11일 관음사가 전라남도 대본산 대흥사 제주도포교당으로 설치 신고를 하였다.[4] 관음사의 포교소 설치 허가 이후 같은 해 10월에 법정사 항일운동이 있었다. 이 영향으로 제주도에서 관음사 다음으로 총독부에 사찰 설립 신고를 내는 것은 6년 뒤인 1924년 6월 27일에야 가능하였다. 삼양리 조선사찰 대본산 백양사 제주포교소로 설치를 신고한 원당사가 그것이다. 6년여의 공백기는 일제가 법정사 항일운동 때문에 제주불교 활동을 통제하였음을 증명하고 있다.

---

2 「제주보통생의 독립만세 호창」『매일신보』(1920. 5. 31).
3 제주도, 『조선총독부 관보 중 제주록』(경신인쇄사, 1995), 75~76쪽.
4 '포교소 설립 허가'『조선총독부 관보』제1755호(35권, 143면)(1918. 6. 13).

포교소 설치 신고
포교규칙 제9조에 의해 포교소 설치계를 제출한 곳은 다음과 같음
계출년월일 : 1924. 6. 27
소속교종파 : 조선사찰
포교소 명칭 : 대본산 백양사 제주포교소
포교소 소재지 : 전남 제주도 제주면 삼양리[5]

이어서 1924년 8월 27일에 상효리 조선사찰 대본산 백양사 제주포교소
가 포교소 설치 허가를 신고한다.

포교소 설치계
포교규칙 제9조에 의해 포교소 설치계를 제출한 곳은 다음과 같음
계출년월일 : 1924. 8. 27
소속교종파 : 조선사찰
포교소 명칭 : 대본산 백양사 제주포교소
포교소 소재지 : 전남 제주도 우면 상효리[6]

그런데 여기에서 한 가지 주목해야 할 사항이 있다. 1924년 신고한 이
2개의 사찰은 모두 백양사 포교소라는 점이다. 이미 신고된 관음사는 대
흥사 포교소였고, 당시 활동하고 있던 불탑사와 법화사는 관음사의 안봉
려관과 주지 안도월이 활동하는 사찰이었지만 허가를 받지 못하고 있었
다. 이러한 상황에서 제주도에 백양사 포교소 2개소가 총독부의 허가를
받고 설치된 것이다. 더군다나 이들 2개소는 제주도 인물이 아닌 육지부
의 포교사가 창건한 사찰이었다.

대본산 백양사 제주 원당포교소에서는 지난 舊 7월 15일 낙성식을 거행하엿
다는데 이 교당 건축에 대한 경로를 말하면 백양사 재적 송재술씨라는 아즉

---

5 '포교소 설치 신고'『조선총독부 관보』제3628호(62권, 723면)(1924. 9. 15).
6 '포교소 설치 신고'『조선총독부 관보』제3789호(65권 111면)(1925. 4. 6).

도 30미만의 청년으로 10여 년 전에 그의 은사 하인월씨를 따라 제주를 入하야 河師가 삼양리 所營하든 소규모의 교당을 인계하여 가지고 그가 시하에 잇스면서부터 항시 미미한 小屋을 유감으로 생각하여 오든 바 맛츰 은사 河師가 인계 出陸한 후 숙안을 달성코자 하야 정직과 진실로서 일반 신도들의 총애를 바다가지고 누년간 血誠 다하야 2천여원의 건축비를 세우고 본산 보조와 후원을 바다서 금년 춘기부터 건축공작을 비롯하야 지난 舊 7월 초순에 낙성된 바[7]

〈그림 26〉 원당포교소 창건주 인월당 기념비

하인월은 백양사 포교사로서 백양사 제주지부에서 활동하다가, 제자 송재술에게 원당사를 맡기고 떠난 후 더 이상 제주불교 활동을 하지 않는다.

불탑사와 법화사가 1924년까지 허가를 받지 못하고 있었던 것은 법정사 활동 인물들이 관음사는 물론 불탑사, 법화사 인물들과 연관되어 있었음을 알고 있는 일제의 통제에 의한 현상이라고 볼 수 있다. 법정사는 관음사의 안봉려관과 김석윤, 방동화 등이 창건하였고, 법정사 항일운동 주도 승려들은 관음사에서 활동하다 법정사로 옮겨갔다. 불탑사와 법화사는 관음사의 안봉려관과 안도월이 창건하고 운영하는 사찰이었기 때문에 이러한 결과가 나타난 것으로 생각된다. 일제가 관음사 관련 인물들의 활동을 통제하고 있었음은 『조선총독부 관보』의 포교담당자 신고 현황에서도

---

7 「제주 원당포교소 신축낙성식」『불교시보』제20호(불교시보사, 1937. 3. 1), 8쪽. 원당사는 백양사 포교사인 하시율(인월)이 창건하였다. 하시율은 1924년 원당사 활동으로 제주불교에 모습을 드러내고 1937년 이 기사를 끝으로 더 이상 제주불교 활동에 나타나지 않아 제주도에 연고가 없는 인물로 보았다.

살필 수 있다.

관음사는 1918년 6월 11일 포교소 설치 신고 이후 1918년 7월 19일 대흥사의 이화담을 포교담임자로 신고하였다.

포교담임자 계출
포교규칙 제9조 제2항에 의해 포교담임자계를 제출한 사람은 다음과 같음
계출년월일 : 1918. 7. 19
소속교종파 및 포교소명칭 : 대본산 대흥사 제주도포교당
소재지 : 전남 제주도 제주면 아라리
포교담임자 주소 : 전남 해남군 삼산면 구림리
포교담임자 이름 : 이화담[8]

포교담임자는 곧 사찰의 주지이다. 1922년 대흥사 주지가 백취운으로 바뀌면서 관음사의 포교담당자도 백취운으로 변경 신고 된다.

포교담임자 변경계
포교규칙 제10조에 의해 포교담임자 변경계를 제출한 자는 다음과 같음
변경년월일 : 1922. 9. 29
소속교종파 및 포교소 명칭 : 조선사찰 대흥사 제주도포교당
소재지 : 전남 제주도 제주면 아라리 387
구포교담임자 : 이화담
신포교담임자 주소 : 전남 해남군 삼산면 구림리 대흥사
이름 : 백취운[9]

그런데 제주불교협회가 결성된 직후 1925년 관음사의 포교담임자가 이회명으로 바뀌게 된다. 여기서 주의 깊게 봐야 할 것은 이회명은 함경남도 안변군 석왕사 소속이었음에도 불구하고 대흥사 제주도포교소인 관음사의

---

8 '포교담임자 신고'『조선총독부 관보』제1936호(38권, 238면)(1919. 1. 23).
9 '포교담임자 변경 신고'『조선총독부 관보』제3142호(56권, 368면)(1923. 2. 3).

포교담임자가 되었다는 것이다.

> 포교담임자 변경계
> 포교규칙 제10조에 의해 포교담임자 변경계를 제출한 자는 다음과 같음
> 계출년월일 : 1925. 1. 14
> 소속교종파 및 포교소 명칭 : 조선사찰 선교양종 대본산 대흥사 제주도포교소
> 소재지 : 전남 제주도 제주면 아라리 387
> 구포교담임자 : 백취운
> 신포교담임자 주소 : 함경남도 안변군 석왕사
> 이름 : 이회명[10]

관음사는 대흥사 소속 말사였기 때문에 대흥사 주지가 관음사 주지를 대신하여 포교담임자로 신고할 수는 있다. 그러나 일제는 관음사와는 전혀 연관이 없었던 석왕사 소속의 이회명을 대흥사 포교소인 관음사의 포교담임자로 허가하였다.

게다가 이회명은 1927년 제주도를 떠났는데도 계속하여 관음사의 포교담임자를 맡고 있다가 1930년에 이르러서야 관음사 주지 안도월이 관음사의 포교담임자로 허가되었다.[11] 일제는 이렇게 제주불교의 항일이력을 주시하고 있으면서 관음사 인물들의 활동을 통제하고 있었던 것이다.

일제의 제주불교 통제는 1920년대 초반까지의 제주도 사찰 건립 현황에서도 살펴볼 수 있다. 1918년 법정사 항일운동 이후 일제는 제주도 사찰을 더 이상 허가하지 않고 있었다.

다음의 〈표 IV-1〉과 같이 조선총독부에 신고하여 허가된 사찰은 1918년 관음사 이후 6년여 동안 한군데도 없었다. 그러다가 1924년에 이르러서야 원당사와 무관암이 허가된다. 원당사와 무관암은 앞서 살핀 바와 같이 제주불교 인물들과는 관련이 없는 사찰이었다. 원당사와 무관암이 허

---

10 '포교담임자 변경 신고'『조선총독부 관보』제3789호(65권 112면)(1925. 4. 6).
11 '포교담임자 변경 신고'『조선총독부 관보』제1048호(86권 664면)(1930. 7. 2).

가되는 이때에도 만덕사, 불탑사, 법화사 등 그 이전에 이미 창건되어 있
던 제주불교 인물 관련 사찰은 허가 하지 않음으로써 일제의 제주불교 활
동에 대한 통제를 증명해주고 있다.

만덕사[12]는 1912년에, 1914년에는 불탑사[13]가 창건하여 활동하고 있었
고, 1921년에 이회명의 동안거 설법 기록[14]이 남아있는 법화사 등이 있었
다. 불탑사는 1930년 3월 25일에 대흥사 제주포교소 불탑출장소로, 법화
사는 1926년 4월 22일 제주면 아라리 대흥사 포교당 산남출장소로 그리고
만덕사는 1933년 10월 10일에야 위봉사 제주도 회천리포교당으로 신고할
수 있었다.

1920년대 제주도 사찰 건립 현황은 다음의 〈표 IV-1〉과 같다.

〈표 IV-1〉 1920년대 초반까지 제주도 사찰 건립 현황

연번	사찰명	창설 연도	조선총독부 신고일	비고
1	진종 대곡파 본원사 제주도 포교소		1917년 3월 8일	일본사찰, 삼도리
2	대본산 대흥사 제주도포교당(관음사)	1908년	1918년 6월 11일	아라리
3	법정사	1911년	신고 않음	1918년 일제가 불태워 폐쇄, 도순리
4	위봉사 제주도 회천리포교당(만덕사)	1912년	1933년 10월 10일	회천리
5	대흥사 제주포교소 불탑출장소 (불탑사)	1914년	1930년 3월 25일	삼양리
6	제주면 아라리 대흥사 포교당 산남출장소(법화사)	1921년 이전	1926년 4월 22일	하원리
7	백양사 제주포교소(원당사)	1924년	1924년 6월 27일	삼양리
8	백양사 제주포교소(무관암)	1924년	1924년 8월 27일	상효리

※출처 : 『조선총독부 관보』, 『매일신보』, 『불교시보』 등

---

12 사찰문화연구원, 『제주의 사찰과 불교문화』전통사찰총서21(2006), 153쪽.
13 사찰문화연구원, 『제주의 사찰과 불교문화』전통사찰총서21(2006), 61쪽.
14 제주불교사연구회, 『근대제주불교사 자료집』(2002), 195쪽.

일제 강점기 내내 제주도의 사찰은 육지부 사찰을 본사로 등록하게 되어 있었다. 1920년대 제주도 사찰의 본사는 대흥사와 백양사 포교소가 대부분이었고 화엄사 포교소(1928년)가 한군데 있었다.

그런데 당시 위봉사 말사가 허가를 받지 못한 것은 위봉사 계열의 김석윤, 강창규 등이 법정사 항일운동에 참여하였던 이력 때문으로 보인다. 관음사, 법화사, 불탑사는 대흥사 말사였고, 1920년대에 새로 허가되는 사찰인 원당사와 무관암은 백양사 말사였다. 위봉사 말사였던 만덕사는 후일 백양사의 송재술이 운영하게 된다.[15] 백양사는 제주도에 포교소를 설치하면서 원당사 건축에 보조와 후원을 아끼지 않고[16] 본산 백양사의 주지 송종헌이 원당사에 다녀가는 등[17] 적극적으로 제주도 포교소를 지원하였다. 이는 대흥사 주지 이화담, 백취운 등이 제주도 활동을 전혀 보이지 않는 점과 대비되는 점이다.

1920년대 초반 제주불교는 항일이력으로 인해 일제의 통제가 여전하였다. 관음사와 제주불교 승려들은 여전히 일제의 관리 대상이었고, 제주도의 기존 승려들과 연고가 없는 백양사와 백양사 소속 승려들의 활동만 허락하고 있었던 양상이었다.

3. 관음사의 새로운 불교활동

1923년에 들어서면서 제주불교계에는 황상연 등의 인물이 제주불교의 발전을 위하여 불교연구회를 조직하고자 하는 움직임이 나타났다. 이는 이 시기에 일제의 문화정책의 일환으로 불교 활동이 서서히 가능해지는 가운데 일제의 통제로 인한 6여 년의 공백기 속에서 어떻게 해서든 활동을

---

15 만덕사는 이후 인근의 원당사와 합쳐지면서 결국 폐사되었다.(사찰문화연구원, 『제주의 사찰과 불교문화』전통사찰총서21, 2006, 155쪽).
16 「제주 원당포교소 신축낙성식」『불교시보』제20호(불교시보사, 1937. 3. 1), 8쪽.
17 「원당사 확장」『매일신보』(1927. 12. 1).

재개해 보려는 제주불교계의 노력이 성과를 거두고 있음을 말해주는 것이다.

그러나 여기서 주목해야 할 점은 이 불교연구회의 주도 인물들은 제주불교 활동에 있어 이 시기 전후를 통틀어 그 이름을 찾기 힘든 인물들이라는 점이다.

불교연구회 발기

제주도에서는 여러 종교 중 불교가 아직 발달치 못한 바 黃祥淵, 李大志, 李鍾英, 金致澤, 白庸錫, 尹性鍾씨 외 7인의 발기로 지난 9일 오후 4시에 성내 (현 제주시) 東本願寺에서 발기회를 개최하야 제반협의가 잇슨 후 폐회하얏는대 불원간 창립총회를 개최한다더라.[18]

불교연구회 발기자들은 '제주도에서 여러 종교 중 불교가 아직 발달하지 못하였다.'고 제주불교의 상황을 진단하였다. 법정사 항일운동 이후 침체된 제주불교 상황을 타개해 보고자 하는 의지가 발기문에 드러난다.

그러나 이 불교연구회가 어떻게 움직였는지는 더 이상 알 길이 없다. 황상연 이하 불교연구회 발기자들은 이후의 제주불교 활동에서 전혀 드러나지 않는다. 제주불교 활동에 참여한 많은 신도들이 여타의 기록에 여러 번 등장하는 것과 비교해 볼 때, 이렇게 불교연구회를 주도하여 기사화될 정도의 인물들이 이후의 다른 기록에서는 전혀 발견되지 않는 점이 많은 의구심을 낳게 한다.

그런데 이 움직임 바로 다음 해, 일제의 주도에 의한 제주불교협회가 대대적으로 결성된다. 이러한 점으로 보았을 때 불교연구회 인물들은 제주불교를 통제하던 일제의 의도와는 전혀 다른 방향으로 움직였기 때문에 일회성 움직임을 보이고 사라지는 것은 아닌가 생각된다. 그렇지 않다면 그들도 제주불교협회 활동에 같이 참여하였을 것이다.

제주불교협회에는 제주도지사 등을 비롯한 제주도내의 유력인사들이

---

18 「불교 연구회 발기」『조선일보』(1923. 9. 23).

대거 참여하였다. 그런데도 불교연구회 발기인 7명의 명단은 제주불교협회에서 발견되지 않는다는 점이 특이하다. 또한 당시 제주불교의 구심점이던 관음사 관련 인물들은 전혀 이 불교연구회에 참여하지 않는다는 사실도 이 불교연구회의 성격을 짐작하게 한다.

불교연구회는 비록 연속적 활동을 보이지는 못했지만, 위축되어 있는 제주불교를 살려보고자 했던 제주 불교계의 의지의 표명이었던 것만은 분명하다. 불교연구회의 발기는 바로 법정사 항일운동 이후의 일제의 통제로부터 제주불교를 탈출시키고자 하는 제주사회의 힘겨운 움직임이었던 것이다. 그러나 일제는 제주도의 자발적인 불교연구회의 움직임을 묵살하고 자기들의 주도로 제주불교협회를 결성해냄으로써 제주불교를 일제의 관리 아래에서 활동하게 하였다.

1924년 일제는 관음사 낙성식에서 일본인 도지사가 축사를 함으로써 법정사 항일운동 이후의 억제책에서 적극적인 통제에 의한 제주불교의 관리를 선언한다. 1924년 이후 관음사는 일제 정책의 틀 안에서 활동을 재개하게 된 것이다. 일제의 지원 하에 일제 정책을 따라가는 관음사의 활동은 이후 관음사를 제주불교의 중심사찰로 확고히 자리매김하게 하였다.

1924년 4월 초파일에 행해진 관음사 낙성식 자료는 일제가 정책적으로 관음사를 관리하려 하고 있음을 보여준다. 이와 동시에 관음사도 그간의 항일 이력으로 위축되었던 분위기에서 벗어나 활동 영역을 넓히기 위해 친일성향의 인물들과 연계된 활동을 적극적으로 보여주고 있다. 일제는 관음사 낙성식에서 제주도지사의 축사를 행하며, 관음사는 이회광과 이회명 이하 친일성향의 승려들을 대거 초청하였다. 1924년 관음사 낙성식에 관한 『매일신보』와 『조선불교』의 기사가 있다. 『매일신보』의 기사는 다음과 같다.

제주 관음사 낙성식
제주도 한라산에 설치된 관음사의 실황은 왕년 본보에 소개함과 같이 봉녀관씨의 열성과 안도월씨의 알선으로 다년 건축 중이던 법당은 이번에 낙성을 고하고 음력 4월 초파일 석가모니불의 탄생을 기념으로 성대히 낙성식을 개최한 바 감선월씨의 개회식사가 있은 후 이회명씨의 불교 강연과 박영희씨의 역사 설명과 본사 대표 이사 차승옥씨로부터 창사의 내용 및 내역을 상세 설명하고 前田 島司의 대리로 加藤英造씨가 출석하여 장래 확장에 대한 축사가 있어 관람자 남녀 합 만여 명에 달하여 자못 인산인해를 이루어 본도 개황후 미증유의 대성황을 致.[19]

관음사 낙성식에 참여하는 만여 명의 제주도민은 법정사 항일운동으로 위축되었던 그간의 불교활동에 대한 열망을 보여주는 것이다. 도민의 열망이 모아졌던 이 관음사 낙성식에는 제주도지사였던 마에다 요시쓰구(前田善次)의 축사를 가토 히데조(加藤英造)가 참석하여 대신 하였다. 도지사 마에다 요시쓰구(前田善次)는 결국 제주불교협회의 고문을 거쳐 회장을 역임함으로써 "각종 종교단체에서 친일파가 최고 지도자가 되게 하고 일본인을 고문으로 앉혀 어용화한다."는 일제 정책의 의도를 증명하게 된다. 여기에 친일 성향의 인물들이 관음사 낙성식에 대거 참여하였다는 사실은 다음의 『조선불교』 기사에서 확인할 수 있다.

한라산 灌佛會

제주도는 원래 불교신앙이 다른 대와 다른 곳인대 한라산 백녹담에서 거행한 석가세존탄신일 광경인 바 동일은 경성서 리회광 박사와 본산 대흥사 주지대리와, 나주 다보사 주지 김금담 외에 제산존숙 삼십여원이 참녜하고 도중 남녀신자가 운집하야 제주도에서 일즉 보지 못하든 대성황을 이르웠다더라.

耽羅往復 / 是夢 이회명

- 수월 전에 豫히 受淸이나 因事未由타가 不得己京城을 출발하야 목포에서 慶興丸을 乘하고 제주도 산지포에 착륙하니 是日은 陰삼월 십칠일이엿다.
- 黎明을 乘하야 獨行緩步로 20리 山上하니 亂散縞素는 同聲念佛이오 顯密法

---

19 「제주 관음사 낙성식」『매일신보』(1924. 6. 4).

界는 莊嚴道場也라. 梵宇門戶는 八字打開하고 白紙假封한 內有全鮮界首範
畵士 金剛山 文古山 朴寫松, 계룡산 金普應씨는 繪像泰彩라 參坐證壇하야
寺任 안도월, 오한수, 兩師佐를 余의法嗣法孫으로 建幢設晏하고 佛事云周
하야 法筵告罷하니 釋迦佛聖誕辰日也.

- 본산 대흥사주지(대표並務 甘船月) 首班地 羅州 多寶寺 주지 김금담씨 外
諸山尊宿 三十餘員이 운집하고 신도 千有餘人과 觀衆이 人山人海裏에 無前
難後한 성황을 呈하니 此道場은 卽 한라산이라.

- 上有 백록담하고 其南側에 有 五百阿羅漢天眞石像하야 島中二十萬生靈에
可爲祈福할만한 別乾坤을 化作하얏고, 其北仄에 有異僧峯하니 世尊六十八
代孫인 余의 十代法祖 환성지안선사가 竄此하야 端坐入滅時에 탐라일대에
三日을 山鳴泉渴터니 三百里血海.

- 耽羅野出한 傳古秘訣에 儒裏冠婦千里來를 人莫知解러니 爾時에야 人士解得
日儒는 士요 裏는 心이오 冠婦는 安이요 千里는 重이오 來하야 지안이 重
來라 한 名畵勝地라, 構一律日 此山自古有名山 秀出英蓉碧落間 吞吐風塵經
幾劫 曇晴花雨轉多寶 異僧鳴世遺言久白鹿窺潭洗影間 再到因緣深且重 令行
充飽滿珍還.[20]

『조선불교』는 낙성식을 위해 초빙된 일행들이 한라산에서 관불회를 하
였다는 기사와 함께 이회명이 낙성식에 오게 된 경위와 제주도에서의 활
동 등을 기록해 놓았다.

위 내용에 의하면 1924년 사월 초파일 관음사 낙성식을 위해 경성에서
이회광과 이회명이 참석하였으며 대흥사 주지 대리로 감선월, 다보사 주
지 김금담 등을 비롯하여 당시 최고의 화사(畵師)였던 문고산, 박사송, 김
보응도 함께 하였다. 해남 대흥사를 비롯하여 나주 다보사, 무안 법천사,
금강산 신계사와 유점사, 공주 마곡사, 고성 건봉사, 화순 만연사, 동래 범
어사, 완도 백련사, 전주 위봉사, 양산 통도사의 승려 30여 명도 참석하였
다.[21] 이들 참석자들의 수준은 당시로서는 관음사의 위상을 드러내주는 일

---

20 『조선불교』제3호(조선불교단, 1924. 7. 11).
21 권태연 편역, 「선사(禪師)의 이력」『회명문집』(도서출판 여래, 1991), 363쪽.

이었으며 이는 이회명의 영향력이기도 하였다. 제주불교는 당대 왕성한 활동을 하던 이회명의 영향력에 힘입어 한국불교와 연계되어 활동하게 되었다.[22]

이회광은 이회명의 사형(師兄)이다. 이회광은 일본 정토종의 영향을 받아 설립된 불교연구회의 회장과 명진학교의 교장을 역임하며 한국 최초의 근대적 불교 종단인 원종을 창설하여 초대 종정을 역임한 인물이다. 1910년 일본 조동종과의 연합을 추진하는 등 친일 노선에 서서 활동했다. 이회광의 사제(師弟) 이회명은 건봉사 보안강원에서 이회광으로부터 사교과를 공부하기도 하였다.

이회명은 일제가 1920년 친일파 육성책으로 발족시킨 조선불교대회[23]에서 설교사로 활동했다. 이들 두 사람의 성향만으로도 1924년 제주불교는 〈조선민족운동에 대한 대책〉에서 종교가들 사이에 친일인물을 침투시켜 친일단체를 만들고자 했던 일제의 정책 기조를 쫓아가기 시작하고 있는 양상임을 알 수 있다. 또한 제주불교 인물인 관음사 1대 주지였던 안도월과 2대 주지인 오이화[24]는 바로 이때 이회명에게 건당하여 법사(法嗣)와 법손(法孫)이 된다. 건당(建幢)이라는 것은 수행과 학해(學解)가 높아서 전법사로부터 법맥(法脈)을 이어 받는 것을 말한다.

관음사 낙성식에서 제주도사가 축사를 하는 것은 일제가 문화정치의 기조대로 제주불교를 직접 관리하기로 결정하였기 때문에 이루어진 일이라고 볼 수 있다. 또한 법정사에서의 항일이력으로 활동에 통제를 받던 제주

---

22 이경순, 「이회명과 제주불교협회」『근대제주불교를 읽는다』근대 제주불교사 자료집 출간기념 세미나 자료집(제주불교사연구회, 2002).

23 조선불교대회는 1925년에는 조선불교단으로 확대 개편된 단체로 조선과 일본의 재가 불교신도들이 중심이 되어 조직되었는데 당시 조선과 일본의 불교계 거물들이 두루 망라되어 있었다. (김순석, 「조선불교단 연구(1920-1930)」『한국독립운동사연구』제9집, 1995, 125쪽).

24 오이화는 위 인용문에는 오한수로 나와 있다. 오한수는 법명이고 호적명은 이현, 이화는 법호이다.

불교계로서는 친일 성향의 이회명과의 연계가 일제로부터 불교활동을 보장받는 일이었을 것이다.

일제 당국의 협조 아래 당시 한국불교의 지지와 관심을 받으며 법당 낙성식을 한 관음사는 이후 주도적으로 제주불교를 이끌어 나간다. 관음사 주지 안도월은 법당을 낙성하고 나서 2주간에 걸쳐 전도를 순회하며 포교 활동을 벌였다. 관음사 낙성식에 참여한 만여 명의 제주도민들은 안도월 등에게 큰 힘이 되어 주었을 것이다.

관음사 확장과 포교

제주도 관음사에서는 이미 낙성을 고하고 차제 寺運의 발전에 따라 포교 확장의 필요를 각오하고 당사 주지 안도월 선생이 용진적으로 지난 28일부터 약 2주간 전도를 순회하여 대대적 활동으로 포교 중인 바 지방에서도 환영하는 경향이 자못 期望을 따르리라더라.[25]

이후 관음사는 제주 사회 여러 현안에 적극적으로 참여하였고 관음사 주관의 활동에는 많은 제주도민이 적극적으로 호응하였다.

이상과 같이 1920년대 초 제주불교는 일제의 적극적인 통제 아래 다시 활동을 전개하게 되었다. 앞서 〈조선민족운동에 대한 대책〉에서 살폈듯이 "신명을 바칠 핵심적 친일인물을 물색하고 이들을 귀족·양반·부호·실업가·종교가들 사이에 침투시켜 친일단체를 만든다. 각종 종교단체에서 친일파가 최고 지도자가 되게 하고 일본인을 고문으로 앉혀 어용화한다." 는 정책에 의해 1920년대 중반의 제주불교 활동은 일제의 정책기조대로 관리 통제되기 시작하였다고 볼 수 있다.

---

25 「관음사 확장과 포교」『매일신보』(1924. 8. 31).

II. 제주불교협회 활동

제주불교협회에 관한 자료로는 『회명문집』, 『동아일보』, 『불교』제6호, 『매일신보』등의 제주불교협회 결성 기사가 있다. 그리고 『조선불교』제 10호의 제주불교협회 조직도, 『매일신보』의 포교당 신축 기금 기증자 기사와 『관세음보살개금원문』의 시주자 명단 등에 제주불교협회 참여인물들이 기록되어 있다.

이 명단을 『조선총독부 관보』와 대조하여 이들의 일제 강점기 동안의 활동상을 찾아내 정리함으로써 제주불교협회 참여자들의 성향을 분석할 수 있었다. 관보에 실린 이들은 일제 강점기 내내 제주사회의 행정, 정치, 사법, 의료, 경제계 등의 방면에서 두각을 보였던 인물들이다. 이를 통해 1920년대 제주불교의 현실 인식 양상은 물론, 제주사회의 1920년대 양상까지 살필 수 있었다. 이러한 점은 제주불교사가 곧 제주사의 한 영역임을 확인시켜 주기도 한다.

1. 제주불교협회 결성

1) 제주불교협회 결성

제주불교협회는 협회를 본격적으로 구성하기에 앞서 1924년 11월 16일 17명의 발기인들이 관음사에서 사전 회합을 가졌다. 발기인은 이회명, 김태민, 양홍기, 차승옥, 이태?, 이종실, 김형탁, 문재창, 양창보, 강태현, 이영운, 이춘화, 강행표, 안도월, 안봉려관, 오이화, 오구현 등 17명이다.

제주불교협회

전남 제주에서는 조선불교대회강사 이회명 師 외 당지 유지 제씨의 발기로 지난 11월 17일 오후 7시에 제주공립보통학교내에서 제주불교협회를 조직하였는대 그 목적은 불교진흥, 심신수양, 지방문화발전 등으로 회원이 수십 명에 달한다 하며 발기 씨명은 여좌하다더라.

발기인 : 이회명, 김태민, 양홍기, 차승옥, 이태?, 이종실, 김형탁, 문재창, 양
　　　창보, 강태현, 이영운, 이춘화, 강행표, 안도월, 봉려관, 오이화, 오
　　　구현[26]

다음날인 1924년 11월 17일 이들은 제주공립보통학교에서 대중들과 함
께 제주불교협회를 결성하기에 이른다. 사회발전을 위해서는 불교의 발전
이 무엇보다 필요하다는 인식하에 불교진흥·심신수양·지방문화 발전이
라는 협회 설립의 목적을 표방하였다.

제주불교협회

전남 제주 이회명씨 외 십여인의 발기로 去 십일월 십칠일 하오 칠시에 제주
공립보통학교내에서 제주불교협회를 조직하엿는데 목적은 佛敎振興, 心身修
養, 地方文化發展이라 하며 규칙제정 임원선거도 하엿고 회원은 수십 명이라
고.[27]

이어서 이들은 11월 21일[28] 제주도를 순회하며 제주불교협회의 취지를
알리고 관덕정에서 창립총회를 개최하였다.[29]

총회에서는 제주불교협회 규칙을 통과시키고 임원을 선출하였다. 협회
의 목적과 조직구성, 임원구성 그리고 회원에 대한 규칙을 제정하였으며
정기 총회는 매년 1회, 그리고 월례회는 매월 첫 토요일에 가지기로 하고
입회금도 정하였다.[30] 선출된 임원은 2년 임기로, 회장과 부회장, 총무를

---

26 『조선불교』제10호(조선불교단, 1925. 2. 11).
27 『동아일보』(1924. 11. 30). 같은 내용이 『불교』제6호(조선불교중앙교무원, 1924.
　　12, 66쪽)에도 실려 있다.
28 강태현의 「제주불교의 유래」(『불교』제32호, 조선불교중앙교무원, 1927. 2, 39쪽)
　　에 실린 제주불교협회에 관한 기사는 날짜가 다른 자료들과 다르다. 『동아일보』
　　(1924. 11. 30)와 『조선불교』제10호(조선불교단, 1925. 2. 11)의 날짜가 일치하고
　　있어서 강태현의 날짜가 잘못된 것으로 보았다.
29 강태현, 「제주불교의 유래」『불교』제32호(조선불교중앙교무원, 1927. 2), 39쪽.

각 1인씩 두었으며 평의장, 찬성부, 서무부, 포교부, 성도부, 구제부, 교육부[31]와 고문을 두었다. 임원은 모두 67명으로 구성되었다.

제주불교협회 임원에 관련한 자료는 『매일신보』와 제주 관음사 소장 『관세음보살개금원문』에 남아있다. 『매일신보』의 기사는 다음과 같다.

불교협회 성립

제주도 유지로부터

제주도에서도 시대의 진운에 따라 각자 종교의 관념이 흥기함과 공히 종래 퇴폐하였던 불교라도 이를 확장하는 것이 사회발전상 가장 필요함을 감각하고 유지 이회명 양홍기 김태민 차승옥 김형탁 봉려관 안도월 오이현씨 이외 다수 인사의 발기로 작년 11월중에 창립총회를 개최하여 역원을 아래와 같이 선거하고 규칙 및 취지서는 추후 발표할 터인데 본회는 장차 지방유지의 후원 하에서 완전히 성립될 터이더라.

회장 李晦明 부회장 金泰玟 총무 梁洪基 평의장 趙匡憲 찬성장 李允熙 서무부장 文在昌 포교부장 安道月 성도부장 車升玉 교무부장 康泰鉉 구제부장 蓬廬觀 고문 前田善次 及川源五郎 松田理八 金膺彬 金鍾河 森川萬藏 三根伊之十[32]

『관세음보살개금원문』에도 임원 명단이 수록되어 있다.[33] 회장은 이회명, 부회장은 김태민, 총무는 양홍기였다. 평의장은 조광헌, 평의원은 송석돈 외 8명이었다. 찬성부에는 찬성부장 이윤희와 찬성부 간사로 오중헌 외 23명을 두었다. 서무부에는 서무부장 문재창, 서무부 간사 김형탁 외 3명, 포교부에는 포교부장 안도월과 포교부 간사 오이화 외 3명, 성도부에

---

30 삼보학회, 『한국근세불교백년사』3권(민족사, 1994), 10~12쪽.
31 성도부 구제부 교무부의 명칭은 자료마다 조금 상이하다. 『매일신보』(1925. 1. 8)와 『관세음보살개금원문』(1925. 11, 제주 관음사 소장)에는 성도부 구제부 교육부로 되어있고, 「불교협회규칙」에는 기도부 구휼부 교육부로 되어 있다. 「불교협회규칙」은 『이회명선사실록』의 기록이다. 『관세음보살개금원문』은 제주불교협회가 활동 중인 당시에 작성된 문서라서 여기서는 이 원문의 기록을 택하였다.
32 「불교협회 성립」『매일신보』(1925. 1. 8).
33 제주불교사연구회, 『근대 제주불교사 자료집』(2002), 345~347쪽.

는 성도부장 차승옥과 성도부 간사 고영하 외 1명, 교육부에는 교육부장 강태현과 교육부 간사 양창보 외 1명, 구제부에는 구제부장 봉려관과 구제부 간사 가미미네 라이젠(神峰來善) 외 3명이었다. 고문은 일본인 마에다 요시쓰구(前田善次), 오이카와 겐고로(及川源五郎), 마쓰다 리하치(松田理八), 모리카와 만조(森川萬藏), 미네 이노주(三根伊之十)와 김종하, 김응빈이었다.[34] 『관세음보살개금원문』에는 제주불교협회의 임원 67명 중 회장을 비롯한 25명의 명단이 기록되어 있고, 명단에는 없으나 간사로 같이 참여한 42명이 더 있음도 부기되어 있다.

제주불교협회는 1924년 11월 16일 관음사에서 17명의 발기인이 회합을 가진 후 1924년 11월 17일 제주공립보통학교에서 대중들과 함께 제주불교협회를 결성하였다. 협회 취지를 알리기 위해 제주도를 일주하면서 순회 포교하였고 11월 21일 관덕정에서 제1회 총회를 개최하여 임원을 선출하고 규칙을 제정하였다.

2) 제주불교협회 활동 목적

제주불교협회는 "제주도에서도 시대의 흐름에 따라 종래 퇴폐하였던 불교라도 이를 확장하는 것이 사회발전상 가장 필요"[35]하다는 인식 하에 "불교진흥, 심신수양, 지방문화발전"[36]을 목적으로 표방하였다. 제주불교협회 취지서 전문이 『회명문집』에 실려 있다.

제주도불교협회 취지서

제주도 불교협회를 설립하는 취지의 글

큽니다. 진각(眞覺)의 성품은 곽언(廓焉)하기가 큰 허공과 같고 심연하기가

---

34 『관세음보살개금원문』에는 고문이 9명이라고 되어 있으나 명단은 기재되어 있지 않다. 고문의 명단 중 7명만 알 수 있다.

35 「불교협회 성립」『매일신보』(1925. 1. 8).

36 『동아일보』(1924. 11. 30), 『불교』제6호(조선불교중앙교무원, 1924. 12, 66쪽), 『조선불교』제10호(조선불교단, 1925. 2. 11).

큰 바다와 같기에 횡(橫)으로는 그 가를 다 할 수가 없으며 수(竪)로는 그 끝
을 다할 수가 없습니다.

이러한 진각은 형체나 모양이 없지마는 그러면서도 삼계의 큰 스승이시고 사
생(四生)의 자비한 아버지이기에 이 분을 높여 받들어서 지극한 불교의 교리
가 삼천년을 전하여 왔으며 오늘날은 불교의 문화풍조가 세계를 뒤흔들기에
동서양에 불교가 성하게 파급되는 형편입니다.

불기 2942년 봄에는 미국의 샌프란시스코에서 불교의 큰 모임이 있었고 또
불기 2943년에는 영국 런던에서 불탄일에 관한 법회가 설립되었습니다. 그리
고 일본은 물론이요 우리나라에서도 서울(京城)을 비롯하여 영남과 관북과
산동과 호서지방에 불교의 모임이 곳곳에 출현하여 있습니다.

오직 우리 瀛洲(제주도를 말함) 일대는 이러한 모임이 없었음은 유감이었습
니다. 원래 탐라국은 성스러운 곳이어서 오백개소의 절이 있었던 곳입니다만
근자로 오는 수백 년 동안 그 절들이 대개 연기와 티끌에 매몰되고 말았기에
이십만이 넘는 제주도 사람들의 정신적 지주가 되었던 절과 탑은 각자의 머
리 속에만 아득히 남아 있을 뿐이고 대개는 바람에 넘어지고 비에 씻겨 없어
졌습니다.

현금(現今)은 세계가 모두 불교의 모임을 창설하여서 교리를 연구하고 선포
하는데 힘쓰고 있거늘 어찌 우리 제주도만이 불교를 일으킬 마음을 내지 않
아 잠자코 지내겠습니까?

이러한 뜻에서 제주도 신령스러운 섬 전체를 통일하는 제주불교협회를 조직
했으니 뜻이 있는 여러분께서 특별히 성원하여서 이 회에 많이 들어오시어
제주도의 부처님 광명이 큰 대륙에까지 널리 비추어 주기를 머리를 조아려
정례(頂禮)하면서 축원합니다.

〈갑자년 십월 일에 적음〉[37]

제주불교협회 취지문에는 당대 세계사에 대한 그들의 인식이 들어있다.
미국과 영국의 불교계 소식을 말하면서 "불교의 문화풍조가 세계를 뒤흔
들기에 동서양에 불교가 성하게 파급되는 형편"이라고 하였다. 그리고 국

---

37 권태연 편역, 「제주도 불교협회 취지서」『회명문집』(도서출판 여래, 1991),
   116쪽.

내에서는 서울은 물론 영남, 관북 지방 등에 이르기까지 전국적으로 불교 모임이 만들어져 있는데 제주도에만 모임이 없어서 유감임을 밝혔다. 세계가 모두 불교 모임을 창설하여 교리를 연구하고 선포하는 일에 힘쓰고 있는 상황이므로 제주불교도 그러한 추세를 따라가야 할 것이라고 하여 불교의 발전이 세계사의 흐름에 발맞추어 살아가는 길임을 주장하고 있는 것이다.

19세기 말 청일전쟁 이후 우리나라는 서양문물에 대한 새로운 자각을 갖게 되었다. 중국 중심의 세계관에서 서양을 포함하는 세계 인식으로 확대되는 것이다. 1920년대 한국불교도 이러한 전환기 세계사의 변화에 대해 인식하고 있었다. 한용운은 불교계의 유신과 개혁을 위해 사회진화론을 수용하고 사상과 제도의 개혁을 통한 불교계의 발전과 변화를 추구할 것을 주장하였다. 사회진화론은 실력양성을 바탕으로 한 약육강식의 논리로 당대 우리나라 사회전반에 걸쳐 설득력 있는 논리로 받아들여지고 있었다. 3·1운동 이후 민족운동 진영에서 대두된 독립준비론·실력양성론 등이 그것이다. 여기에 사회주의 운동이 활발해지면서 민족운동의 방향이 나뉘어져 갈 즈음 일본은 이를 이용하여 종교운동, 수양운동, 사교운동, 생활개선운동, 농촌계몽운동 등을 적극 장려하며 민족운동을 문화운동으로 유도하려 하였다. 이러한 일본의 문화정치에 의해 일부 민족주의자들은 친일 노선으로 기울며 민족성 개량, 실력양성, 자치주의로 타협하게 되었다. 실력양성이라는 사회진화론의 영향은 당대 우리나라가 처한 현실 속에서 큰 설득력을 발휘하여 여러 분야에서 성장을 목표로 하는 이론적 토대로 작용하였다.

불교계에 끼친 사회진화론의 영향은 조선불교청년회의 취지에서도 그 일면을 엿볼 수 있다. 조선불교청년회는 사찰령으로 인한 한국불교의 왜곡을 인식하고, 사찰령 철폐만이 불교발전의 관건이며 이것이 곧 민족운동의 일환이라는 비판 의식을 사상적 근간으로 하여 활동하였다.[38]

---

38 김광식,「조선불교청년회의 사적 고찰」『한국근대불교사연구(민족사, 1996), 참고.

조선불교청년회 활동을 했던 이일선은 『조선일보』에 「조선불교 청년제군에게」[39]라는 기고문을 게재하였다. 이 기고문은 1920년 이회광의 매종 행위를 규탄하기 위한 글이다. 글의 내용을 보면, "세계는 새로운 시대, 변화하는 시대를 맞고 있으며, 세상은 활동 잘하는 자의 것이므로 부지런히 애써 구해야 하며, 자주적인 노력으로 적극 참여하는 것만이 오늘의 세상을 살아가는 방법"이라고 하면서 "서양의 물질적 발전과 그를 받아들인 일본의 변화야말로 생존경쟁에서 살아남기 위한 노력의 결과이며 그 노력이 오늘의 힘을 이루고 있다"고 주장하고, 조선사회도 세계사의 변화에 참여해야 하며, 불교계는 이를 주도하여 개화사상을 실천해야 한다고 하였다.[40]

조선불교청년회의 입장을 대변하는 이일선의 기고문은 앞서 살핀 제주불교협회 취지문의 논조와 상당히 유사함을 느낄 수 있다. 1920년대 한국불교는 사회진화론의 영향 아래 실력 양성을 통한 성장을 추구하고 있었는데, 친일성향의 제주불교협회와 민족운동진영의 조선불교청년회가 모두 이 사회진화론에 근거하고 있으면서도 이렇게 서로 다른 입장으로 나뉘고 있음을 볼 수 있다. 이것이 바로 1920년대 한국불교의 모습이라 할 수 있을 것이다.

이러한 한국불교의 모습은 일제 문화정치에 의해 편집되던 한국 사회의 일반적 현상이기도 하였다. 사이토 마코토(齋藤實) 총독이 표방하였던 문화의 발달이라는 구호는 당대 한국 사회에 딱 맞아떨어지는 밑밥이었던 것이다. 당대 한국 사회 일각에서는 한국이 처한 상황이 세계사의 흐름 속에서 낙후되어 있기 때문이라고 판단하고 일본과 같은 성장과 발전을 장차 성취해야 할 목표로 잡았다. 일제는 이러한 일각의 흐름을 교묘하게 이

---

39 이일선, 「조선불교 청년 제군에게」『조선일보』(1920. 7. 1), 「조선불교 청년 제군에게 속(續)」『조선일보』(1920. 7. 2).

40 이 기고문을 분석한 논문이 있다. (한금순, 「이일선과 제주불교연맹」『정토학연구』 제9집, 한국정토학회, 2006).

용하며 문화정치를 펼침으로서 친일의 행로를 밟게 되는 당대 지식인들의 사상적 배경을 마련해 놓았다.

제주불교협회가 목적으로 내건 사회발전을 위한 불교의 발전과 지방문화의 발전이라는 취지는 이러한 1920년대 사회적 흐름의 연속선상에 있다.

2. 제주불교협회 활동

1) 불교 내부에서의 활동

제주불교협회는 설립 후 불과 4, 5개월 만에 남녀 회원이 수천 명에 달하였다고 한다. 이는 조선의 억불정책 속에서 민간신앙과 섞여 생활 속에 밀착된 채 신앙되어 오면서도 그 활동을 표면화시키지 못했던 제주불교의 오랜 염원이 마침내 분출되는 계기를 마련하게 된 때문이라 할 수 있다. 제주불교협회 결성 이후 바로 제주불교포교당 설립이 착수되었으며 산하에 제주불교부인회를 비롯한 단체가 구성되는 등 제주불교협회 활동은 제주불교의 외형적 확장을 가져온다.

이러한 제주불교협회의 성장에는 불교 신자들의 적극적인 활동이 많은 도움이 되었음은 재론할 필요가 없다. 송석돈은 불교협회를 위해 임시포교소를 무상대여하여 늘어나는 회원을 수용할 수 있도록 하였고 양홍기는 협회 사무를 취급할 수 있도록 자기 사무실을 내어주는 등의 협조를 하였다. 나날이 확장되는 교무 업무를 원활하게 수행하기 위해 안봉려관과 안도월은 시가지 중심에 포교당 신축에 나섰고 1925년 4월 28일 낙성하였다.

제주불교의 홍룡

조선 불교대회 법사 이회명씨는 당지 불교 ?설인 봉려관, 안도월 양 화상의 의뢰로 지난 해에 입도하여 제1회 공립보통학교에서 불교 취지를 강연하였는데 박수갈채 중에 관민 유지의 환영을 득하여 제주불교협회를 조직하고 설립 후 불과 4, 5개월에 남녀 회원이 수천에 달하였음으로 당지 부호가 송석돈씨는 임시포교소를 무상대여하고 전 판사 양홍기씨는 자기 사무실에서 협회사무를 취급케 하고 교무를 확장키 위하여 봉려관, 안도월 양 화상은 많은 경비를 들여 중심 시가지에 포교당을 신축하고 4월 28일 佛居를 점하여 낙성식 및 불교협회 정기총회를 개최코자 목하 준비 중인데 교당의 구조는 실로 굉장하여 내선인 중 와서 본 자가 봉려관의 철두철미로 대대 사업은 말할 필요가 없고 또 이회명 법사의 전도 확장함으로 종래 無佛國이던 제주가 有佛國의 신세계를 이루겠다고 예측하는 중이라더라.[41]

제주불교포교당은 교무 업무를 수행하던 중심 공간이었다. 관음사 주지 안도월과 안봉려관이 제주 성내 이도리 1362번지 516평을 매입하여 포교당의 건축을 서둘렀다. 이회명은 제주불교포교당 상량문을 짓는 한편,[42] 대흥사에서 일천 원의 희사금과 범종을 희사 받아 안도월과 함께 제주포교당으로 운반하였다.[43] 포교당이 신축되고 나서는 신도를 모집하는 등 교무 확장에 노력하였다.[44]

그런데 당시 제주불교포교당 건축비 부족분은 제주도 당국의 후원 아래 공개적으로 기부금을 모집할 수 있었다.

기부금 모집허가

제주도 관음사 출장소 포교당 건축비 기부신청은 기위 제출이던 바 당국의 후원하에 동정을 득하야 본월 이일부로 島의 허가를 承하얏는대 금액 및 日割은 여좌하더라.

－. 모집금액은 삼천 원
－. 기일은 대정 십사년 십이월 이일부터 십오년 십월 이일까지[45]

---

41 「제주불교의 흥륭」『매일신보』(1925. 4. 19).
42 권태연 편역, 「제주성내 불교교당 상량문」『회명문집』(도서출판 여래, 1991), 107~108쪽.
43 권태연 편역, 「선사(禪師)의 이력」『회명문집』(도서출판 여래, 1991), 364쪽.
44 「제주불교협회 포교당 신건축」『매일신보』(1925. 4. 10).
45 「제주 관음사 포교당 건축비 기부금 모집허가」『매일신보』(1925. 12. 15).

〈그림 27〉 제주성내포교당 불탄 축하식(1927년)

1925년 12월 30일 거행된 제1회 금강대계회에서 이미 건립된 포교당 건축비 중 338원 50전을 모금해 내기도 하였다.

제주불교 확장 등 기증자 제씨

제주불교협회에서 법사 이회명의 간선하에 신도가 일로 증가되야 지난 陰 십일월 십오일 제일회 금강대계회를 개최하얏는대 參戒者는 백인 이상에 달하얏고 차 본 포교당 건축비에 대하야 다대한 동정으로 損補者가 還至한 바 금액 및 방명은 좌와 여하더라.

김근시씨 금 오십원 … 이하 생략[46]

제주불교포교당은 제주 성내 이도리 1362번지에 일본식과 서양식 건축양식을 절충한(和洋式) 건물로 지어졌다. 이곳에 제주불교협회, 불교부인회, 불교소녀단 등의 간판을 달았다. 회원이 3천 여 명에 달했고 동리별로 30여 명의 대표를 두어 업무를 진행하였다.

---

46 「제주불교 확장 등 기증자 제씨」『매일신보』(1926. 1. 20).

제주성내 이도리 천 삼백 육십 이번지에 위치를 두어 和洋式으로 건축하고 그 내에 불교협회, 불교부인회, 불교소녀단의 간판을 부치고 회원을 모집하니 인원은 삼천여 명이오 동리별로 삼십여 명의 총대를 두고 회무를 착착 진행하니 是誰力인가.[47]

제주불교협회는 산하에 제주불교부인회, 제주불교소녀단 등의 신행단체를 조직하여 계층별로 다양한 활동을 시도하였다. 유치원 설립 계획도 가지고 있었다.

제주불교협회의 현상

제주불교협회는 대정 15년 이회명사의 포교지도에 의해 설립 이래 회원의 분투와 노력으로 현재 3천여 명 회원을 가진 큰 단체로서 그 발전상은 실로 놀라울 정도이다. 이 협회 내에는 불교부인회, 불교소녀단 등도 있어 모두 충실하게 발전되어 나가고 있다. 사업으로서는 아직 착수되지는 않았지만, 우선 가정과 어린이로부터 신앙심을 갖게 하도록 하는 이상 하에, 유치원 설립계획이 늦어도 다음해 봄까지 개원할 결심이다.[48]

제주불교부인회는 1926년 1월 6일 김여옥 등 25명의 발기로 조직되었다.[49]

제주불교부인회 취지서

제주불교부인회를 설립하는 취지의 글

…생략… 전국적으로 유명한 삼신산의 하나인 한라산의 정기를 받고 태어난 우리 제주도 여자들은 동서양의 어떠한 부인단체와도 손을 잡아서 사회면에서 서로 연락을 취해야 할 처지인데도 지금까지 그럴만한 조직이 없었음을 유감으로 느껴서 이제 제주 부인들의 단체로서 불교부인회를 특별히 조직하는 바 우리가 우리를 서로서로 引勸하여서 제주도 전역에 통일적이고 조직적

---

47 강태현, 「제주불교의 유래」『불교』제32호(조선불교중앙교무원, 1927. 2), 40쪽.
48 「제주불교협회의 현황」『조선불교』제36호(조선불교단, 1927. 4).
49 삼보학회, 『한국근세불교백년사』3권(민족사, 1994), 13쪽.

인 훌륭하고 모범적인 단체로서 사회로부터 찬성을 받을 수 있도록 진취되기를 축원합니다.

〈불기 2952년 을축년 십일월 이십이일[50]〉[51]

제주불교소녀단은 1926년 2월경에 김일순 외 11명의 발기로 조직되었다. 보통 회원은 20세 미만의 미혼 여성을 대상으로 하였으나 연령이 초과되거나 혼인하여도 무방하다고 하고 있다. 조직은 서무부, 지육부(智育部), 덕육부(德育部)를 두었으며 임원은 간사장 1인, 전무간사 3인(一部 1인), 상무간사 6인(一部 2인)을 두기로 하였다. 매월 1일에 월례회를 개최하고 1년에 2회 정기총회를 열기로 하였다.

제주불교소녀단 취지서

제주불교소녀단을 조직하는 취지의 글

…생략… 옛말에 이르기를 범의 굴속에 들어가지 아니하면 어떻게 범의 새끼를 잡겠는가 하였다. 이제 우리 소녀들이 개개인으로서 한 단체를 조직하여 좌와 우로는 기울어지고 거꾸러짐이 없고 위와 아래로는 넘어지고 자빠짐이 없어서 현재에서 미래까지 모든 일이 합일되기를 기하려고 제주불교소녀단을 조직하였으니 우리 소녀동무 여러분들은 멀리 있는 이나 가까이 있는 이들을 가리지 말고 모두 참가하여 단체가 장족의 발전이 있기를 머리 숙여 축수하며 바란다.

불기 2953년 병인년 정월[52]

이들은 석가탄신일 등의 기념일에 불교부인회의 헌다식, 소녀단의 찬불창가,[53] 희만(戲鬘), 무도(舞蹈), 유희, 소인극(素人劇) 등의 공연으로 행사

---

50 삼보학회, 『한국근세불교백년사』(민족사, 1994)의 '불교부인회 취지서', '제주불교협회 취지서', '불교소녀단 취지서' 등의 날짜는 모두 음력인 것으로 파악하였다. 이는 양력으로 1926년 1월 6일이다.

51 권태연 편역, 「제주불교부인회 취지서」『회명문집』(도서출판 여래, 1991), 117~118쪽.

52 권태연 편역, 「제주불교소녀단 취지서」『회명문집』(도서출판 여래, 1991), 118쪽.

를 한층 활성화시키는 역할을 하였다.

한라산남에 칠일정진 有島 이래의 미증유사

제주 성내불교당에서는 음 4월 1일부터 始하야 불교부인회 불교소녀단 각 정기총회를 7일까지 次第順了한 후 仍히 불탄축하식은 層空에 高懸千燈과 街口緣門에는 五彩閃電이며 주야 2회에 이회명 법사의 懸河한 설법과 조교사 오이화의 세존 역사와 橋□秀士 江夏友次郎 康泰鉉 梁洪基氏를 위시하야 多士의 濟齊한 讚演이며 불교부인회의 헌다식 소녀단의 찬불창가, 戲鬘, 舞蹈, 유희, 素人劇이며 滿城人海를 成하야 각 사진반의 기증의 촬영이며 開島 이래에 미증유에 대성황으로 경과 하엿더라. (제주)[54]

또한 1927년 4월에 제주불교포교당에서 결혼식이 있었는데 회장인 이회명이 법사로 참석하였고 내빈대표로 부회장인 김태민이 축사를 하였으며 제주불교소녀단이 주악에 맞춰 화혼 창가를 불렀다.[55]

제주불교소녀단은 자체적으로 학예회 행사를 개최하기도 하였다.

제주불교소년 학예회 성황

제주불교소년단[56]에서는 작년 십이월 이십사일 오후 8시부터 제일회 학예대회를 개회하얏는대 그 성적이 자못 양호하야 전에 업는 성황을 이루엇다더라.[57]

제주불교협회는 협회 결성 이후 부인회, 소녀단 등의 산하 단체를 조직

---

53 「제주 불탄 축하식」『매일신보』(1927. 5. 14).

54 「한라산남에 칠일 정진 有島이래의 미증유사」『불교』제36호(조선불교중앙교무원, 1927. 6), 36쪽.

55 「제주불교포교당에서 화혼식 거행순서」『불교』제35호(조선불교중앙교무원, 1927. 5), 51~53쪽.

56 소년단이라고 되어 있으나 제주불교소녀단의 오기일 것으로 판단된다. 제주불교소녀단이 구성되었다는 기록은 보이지 않는다.

57 「제주불교소년 학예회 성황」『매일신보』(1928. 1. 5).

하여 단위별 활동의 극대화를 주도하였다.

제주불교협회 활동은 제주불교의 외형적 성장과 함께 불교 신앙의 내실
을 기하는 노력으로도 나타났다. 부처님 오신 날을 맞아 칠일정진을 실시
하여 설법과 강연 등이 이어졌는데 제주도에서는 지금까지 없었던 일이라
고 하였다.[58]

이외에도 성도일을 기념하여 설법회를 개최하였으며[59] 제주불교포교당
에서 염불정진도 있었다.[60] 이것은 민간신앙과 섞여 신앙되고 있던 제주불
교의 모습을 직시하고 수행 정진을 통해 불교 본연의 모습을 되찾으려는
노력의 일환이었다. 제주불교의 특색에 대해 이은상도 제주불교는 전래의
민간신앙과 혼효된 모습을 보여준다고 말하고 있다.

'濟州漢拏山神祭壇法堂'이란 門板 밑으로 들어서니 堂內에는 熾盛光如來와
獨修禪定那畔尊者의 위패를 모신 小林堂이라는 一堂字가 있다. 이는 예에 의
하야 우리 古敎와 불교의 混淆된 형태어니와 이 당우가 山川堂임은 다시 말
할 것이 없고 속에 '三天堂'이라고도 쓴다함을 들으니 여기 그 본질본색의
요연함을 넉넉히 짐작하겠다.[61]

이러한 제주불교의 특징을 간파한 제주불교협회는 앞서 살핀 바와 같이
미약하나마 전통 불교 신앙 양상을 실천하기 위해 노력하였다. 민간신앙
과 함께 혼재되어 신행되던 조선조의 불교 행태에서 벗어나 고유한 불교
신앙의 모습을 회복하기 위한 이 노력은 그 시도만으로도 큰 의의를 지닌
일이었다.

58 「한라산남에 칠일 정진 有島이래의 미증유사」『불교』제36호(조선불교중앙교무원,
  1927. 6), 36쪽.
59 「불교성도기념」『매일신보』(1927. 1. 18).
60 권태연 편역, 「제주교당 설교 및 염불정진 축원 서」『회명문집』(도서출판 여래,
  1991), 54~55쪽.
61 이은상, 『탐라기행』(조선일보사, 1937), 155~156쪽.

2) 일반 사회 활동

제주불교협회는 불교 내부의 활동뿐만 아니라 제주 사회의 여러 현안에
도 적극적으로 참여하였다. 제주불교협회는 1927년 제주도에 큰 수해가
발생하자 제주도지사였던 마에다 요시쓰구(前田善次)와 함께 용담리 바닷
가에서 대규모 추도회를 개최하였다.

島司가 대추도회
제주 수재에 죽은 이 위해 불교협회도 찬동해
삼백년 이래 처음 되는 큰 수해로 인하여 많은 사람이 죽게 된 제주도의 前
田 島司는 19일 오후 1시경에 관민유지와 불교협회와의 공동으로 용담리 바
닷가에서 성대한 추도회를 개최하였었더라.[62]

1930년에는 해상 조난자들을 추도하기 위한 수륙재를 제주불교협회에
서 주관하기도 하였다.

제주불교협회 수륙재 盛設
해상 조난자 추도
제주불교협회에서는 봉녀관의 주최로 본월 24일 오후 1시부터 해상 조난자
추도식을 당지 산지항에서 거행한 바 관민유지가 다수 참석하여 성황을 보이
고 무사히 폐회하였다.[63]

1935년 제주불교협회는 보통학교 졸업생을 수용할 중등과정의 교육기
관 설립 운영에 나섰다. 1935년 1월말 "제주불교협회에서 현대교육의 발
전상 당지(當地) 중등과정의 교육기관이 출현치 못함을 유감으로 여겨 장
래 청년 자제의 전도(前途)를 개척하고자 간부대표 양홍기씨는 목하 각 방
면을 연락하여 중등과정의 강습소를 시설코자 목하 계획 중이다."[64]라는

---

62 「도사(島司)가 대추도회」『매일신보』(1927. 9. 21).
63 「제주불교협회 수륙재 盛設」『매일신보』(1930. 12. 28).

계획을 발표하고 곧이어 6월에 그 결실을 맺었다.

제주불교협회 중학강습소 경영

6월 10일 경 입학시험

제주불교협회에서 중학강습소를 경영한다 함은 이미 소개하얏거니와 ? 양홍기씨는 최선의 노력으로 당국과 ?한 결과 승낙을 득하고 종래 취학치 못하야 도로에 방황하든 수백의 普校 졸업생을 수용케 되엇다. 목하 개학 예비에 忙殺中인데 래 6월 10일에 입학시험을 보일 것이며 강사는 이미 내정되엇다 한다.[65]

제주불교협회 중학 강습소는 입학시험을 통해 학생을 선발하였으며 강습소의 강사도 내정되었다고 보도하고 있다. 이 중학 강습소의 이름은 명성학원이었다.[66] 그러나 명성학원과 관련된 더 이상의 자료가 현존하지 않아 그 자세한 운영 실태를 알아내기는 어려운 실정이다. 다만 1937년 이 중학원 강당에서 심전개발 강연회가 개최된 자료가 있다.

제주 관음사 주최의 심전개발 대강연회

전남 제주 대흥사 성내포교소 문학연씨는 昨春 이래로 제주 전도를 망라하야 불교선전에 만히 노력하여 오든 바 금번 신춘을 迎하야 관음사 및 성내 불교협회주최로 성내 중학원 강당에서 2월 25일에 「종교는 인류의 대생명이란」題으로 장시간 강연이 잇섯는 바 청중은 오백여 명에 달하고 공전의 대성황리에서 오이화씨의 폐회사로 폐회하였다고 한다.[67]

이상과 같이 제주불교협회는 불교의 외형적 성장과 전통 불교 신앙의 내실화를 위해 노력하였을 뿐만 아니라 제주사회 현안에도 적극적으로 참

---

64 「제주불교협회 중등강습 계획」『매일신보』(1935. 1. 28).

65 「제주불교협회 중학강습소 경영」『매일신보』(1935. 5. 17).

66 김평수의 구술(제주도 토산리, 구술당시 76세, 1998. 1. 27, 필자 채록).

67 「제주 관음사 주최의 심전개발 대강연회」『불교시보』제21호(불교시보사, 1937. 4. 1), 9쪽.

여하여 사회 변화에 주도적으로 나서고 있음을 확인할 수 있다.

3. 제주불교협회 활동의 성과와 한계

1) 제주불교협회의 성과

제주불교협회의 다양한 활동상은 제주불교에 다음과 같은 변화를 가져왔다. 첫째, 사찰 건립의 증가, 둘째, 불교 신앙 활동의 활성화, 셋째, 중앙불교 활동에의 참여 등이 그것이다.

첫째로 제주불교협회 활동 이후 제주 전역에 사찰 건립이 증가하기 시작하였다. 일제는 법정사 항일운동 이후 제주불교에 대한 억압과 통제에 나섰다. 그러다가 1920년대 문화정치로 정책 기조를 바꾼 일제는 무조건적인 통제에서 벗어나 제주불교를 직접 관리하며 이용하는 방법으로 통제의 방향을 바꿨다. 그 결과 제주불교는 제주불교협회의 결성을 전후하여 조금씩 활동 움직임을 보이기 시작하다가 1920년대 후반에 이르러서는 제주도 전지역에서 사찰이 창건되며 활발한 움직임을 드러낸다. 제주불교협회 활동의 여세를 몰아 1925년 관음사 성내포교당 즉 제주불교포교당이 창건되었고, 이어서 하도리 금붕사, 조천리 고관사, 애월리 극락사, 사계리 산방사, 서일과리 원각사, 호근리 용주사 등 7개의 사찰이 계속해서 창건되기에 이른 것이다.[68]

1920년대 제주도내 사찰은 다음의 〈표 IV-2〉와 같이 14개소 정도였던 것으로 파악된다.

---

[68] 창건주와 창건연도의 출처는 『전통 사찰 총서』21(사찰문화연구원, 2006)이다. 『조선총독부관보』의 포교소 설치 신고 연도와는 차이가 있다.

〈표 IV-2〉1920년대 제주도 내 사찰

사찰명	창건주	창설 연도	신고 연도	소재지
진종 대곡파 본원사 제주도포교소				삼도리
대흥사 제주도포교당(관음사)	안봉려관	1908년	1918년	아라리
위봉사 제주도 회천리포교당(만덕사)	마용기	1912년	1933년	회천리
대흥사 제주포교소 불탑출장소(불탑사)	안봉려관 안도월	1914년	1930년	삼양리
대흥사 포교당 산남출장소(법화사)	안봉려관 안도월	1921년 이전	1926년	하원리
백양사 제주포교소(원당사)	하시율	1924년	1924년	삼양리
백양사 제주포교소(무관암)	김진성	1924년	1924년	상효리
관음사 성내포교당(제주불교포교당, 대각사)	안봉려관 안도월	1925년	1925년	이도리
화엄사 제주포교소(금붕사)	김대승각 이성봉	1926년	1928년	하도리
선암사 제주도 조천포교소(고관사)	고계부 강정완	1927년	1931년	조천리
위봉사 제주도포교소(극락사)	변덕립	1928년	1930년	금덕리
위봉사 안덕면포교당(산방사)		1928년	1935년	사계리
위봉사 제주도포교소(원각사)	김대원	1928년	1930년	서일과리
대흥사 서귀면포교당 호근리(용주사)	최혜봉	1929년	1941년	호근리

※ 출처 : 『조선총독부 관보』

위의 〈표 IV-2〉는 사찰 창건기와 『조선총독부 관보』를 통해 1920년대 활동하였던 사찰을 정리한 것이다. 1911년에 창건되었던 법정사는 항일운동 직후 일제에 의해 불살라졌다. 사찰의 실제 창건 연도와 『조선총독부 관보』에 나타나는 신고 일시는 서로 일치하지 않는다. 창건 연도와 신고 일시가 몇 년을 두고 차이나는 경우도 있다. 이러한 현상은 대체적으로 사찰로서의 제반 사항을 모두 갖추고 나서 창건 신고를 하기 때문인 것으로 파악된다. 그리고 항일 이력이 있는 인물의 사찰은 총독부에 신고 할 수 없었던 사정도 있었다. 그리고 월성사의 경우 『조선총독부 관보』에 1931

년 7월 16일 설치 신고를 내는 것으로 보아 이미 그 이전에 창건되었을 것이지만, 연도가 확실하지 않아 1920년대 사찰에는 포함시키지 않았다.

한편 사찰 건립에 따른 봉불식이나 가사 불사 그리고 승려들의 순회 포교는 사찰과 신도의 증가에 일조하였다.

李禪師 순회포교

제주불교협회장 이회명씨는 불교를 선전하기 위하야 안도월 봉려관 현경화 제 화상을 동반하야 대정 모슬포 및 우면 등지에 출장하야 명소인 천지연 폭포를 관람하고 근일에 병설된 상효리 無觀庵을 방문하고 同 주인인 김진성과 악수하야 일층 확장하기로 협의한 후 近嶋 귀사하얏더라.[69]

이회명을 비롯하여 안도월, 안봉려관, 현경화 등의 관음사 승려가 제주도를 순회하며 포교하였다. 1925년 제주불교포교당에 설치한 계단(戒壇)에서는 수계자가 367명에 달하였다.[70] 이러한 노력으로 1927년 제주불교협회는 3천여 명의 회원을 가진 단체로 성장하였다.

제주불교협회의 현상

제주불교협회는 대정 15년 이회명사의 포교지도에 의해 설립이래 회원의 분투와 노력으로 현재 3천여 명 회원을 가진 큰 단체로서 그 발전상은 실로 놀라울 정도이다. 이 협회내에는 불교부인회, 불교소녀단 등도 있어 모두 충실하게 발전되어 나가고 있다. 사업으로서는 아직 착수되지는 않았지만, 우선 가정과 어린이로부터 신앙심을 갖게 하도록 하는 이상 하에, 유치원 설립계획이 늦어도 다음해 봄까지 개원할 결심이다.[71]

제주불교협회는 자체적으로 불교부인회와 불교소녀단을 구성하고 있었다. 이들은 석가탄신일 등과 같은 기념일에 헌다식, 찬불창가와 무도, 소

---

69 「이선사(李禪師) 순회포교」『매일신보』(1925. 7. 1).
70 권태연 편역, 「선사(禪師)의 이력」『회명문집』(도서출판 여래, 1991), 364쪽.
71 『조선불교』제36호(조선불교단, 1927. 4), 69~70쪽.

인극 등을 준비하여 행사를 더욱 알차고 풍부하게 해주는 역할을 담당하
였다.

> …생략… 불탄축하식은 層空에 高懸千燈과 街□緣門에는 五彩閃電이며 …생
> 략… 불교부인회의 헌다식 소녀단의 찬불창가, 戲鬘, 舞蹈, 유회, 素人劇이며
> 滿城人海를 成하야 각 사진반의 기증의 촬영이며 開島 이래에 미증유에 대성
> 황으로 경과 하엿더라. (제주)[72]

둘째, 제주불교협회 활동으로 전통불교 정립을 위한 신앙 활동이 활성
화 되었다. 석가탄신일을 맞이하여 이회명이 설법하고 오이화가 세존의
역사를 강연하는 칠일정진이 실시되었다. 기사에도 나오는 것처럼 이는
제주불교에서 처음 있는 일이었다.

> 한라산남에 칠일정진 有島 이래의 미증유사
> 제주 성내불교당에서는 음 4월 1일부터 始하야 제주불교협회 불교부인회 불
> 교소녀단 각 정기총회를 7일까지 次第順了한 후 仍히 불탄축하식은 層空에
> 高懸千燈과 街□緣門에는 五彩閃電이며 주야 2회에 이회명 법사의 懸河한 설
> 법과 조교사 오이화의 세존 역사와 橋口秀士 江夏友次郎 康泰鉉 梁洪基씨를
> 위시하야 多士의 濟齊한 讚演이며 …생략… (제주)[73]

또한 경전 공부의 모습도 보인다. 법화포교소에서 법화경을 설교하는데
관음사의 오이화와 홍수암이 주도하였다. 매년 삼동 결제를 하고 있었다
는 사실로 보아 이 경전 공부는 정기적으로 행해지던 것이었음을 알 수
있다. 결제라는 것은 승려들이 일정기간 동안 외출하지 않고 수행하는 하
안거(夏安居)와 동안거(冬安居)를 시작하는 의식을 말한다.

---

72 「한라산남에 칠일 정진 有島이래의 미증유사」『불교』제36호(조선불교중앙교무원,
   1927. 6), 36쪽.
73 「한라산남에 칠일 정진 有島이래의 미증유사」『불교』제36호(조선불교중앙교무원,
   1927. 6), 36쪽.

제주포교당의 법화설교

지난 11월 15부터 제주도 좌면 법화포교소에서는 법화경을 계속 설교하얏다
는대 年來로 삼동 결제를 행하는 데에 의하야 금년도 오이화 홍수암 양사의
간선으로써 이와가치 법화종지를 선양케 되엿슴으로 남녀신도가 구름가치 회
집하엿다더라.[74]

석가탄신일을 기념하여 설법은 물론이고 연등을 걸고 각종 행사를 거행
하였다.

제주 불탄 축하식

제주불교협회에서는 사월 팔일 석존탄강축하식을 거행하고자 칠일 오후에 임
시총회를 개최하고 회계? 축하식 거행의 要項을 토의하고 翌 팔일에 신중히
불탄축하식을 거행 하얏다는대 굉장한 緣門의 건설과 찬란한 홍등 휘황은 공
전의 성황을 뭇하얏스며 정오에 법사 이회명씨의 鬪河한 설법과 助敎師 오이
화씨의 석존 역사와 강태현 양홍기씨의 강연이 유한 후 부인회의 헌다와 소
녀단의 ？？한 창가의 여흥으로 무사히 폐회 되얏더라.[75]

또한 불교의 4대 명절 중 하나로 부처님께서 도를 이룬 날을 기념하는
성도일에는 제주불교협회뿐만 아니라 법화포교소에서도 기념식을 행하고
있다. 이는 제주불교협회가 주도하는 활동들이 지역 포교소까지 파급되고
있음을 보여주는 것이다.

불교 성도기념

제주불교협회에서는 본월 십일일은 석가모니불의 성도일인 고로 이를 기념하
기 위하야 당 법사 이회명씨는 성대히 설법회를 개최하고 並히 大行天皇御奉
悼式을 거행하얏더라.[76]

---

74 「제주포교당의 법화설교」『불교』제67호(조선불교중앙교무원, 1930. 1), 71쪽.
75 「제주 불탄 축하식」『매일신보』(1927. 5. 14).
76 「불교성도기념」『매일신보』(1927. 1. 18).

제주교당의 성도기념식 거행

지난 1월 18일 즉 음력 12월 8일에 제주도 좌면 법화포교소에서는 불교친목회 주최로 석존 성도의 기념식을 성대히 거행하엿다더라.[77]

이외에도 법회의 일종인 수륙재[78]와 염불기도회[79] 등을 행하였다.

제주불교협회 수륙재 盛設

해상 조난자 추도

제주불교협회에서는 봉녀관의 주최로 본월 24일 오후 1시부터 해상 조난자 추도식을 당지 산지항에서 거행한 바 관민유지가 다수 참석하여 성황을 보이고 무사히 폐회하였다.[80]

법회 때에는 설법과 강연을 행하였다. 이러한 모습은 제주불교에서 처음 있는 일이라 하였다. 계단(戒壇)을 설치하여 수계식을 행하는데 1925년에는 제1회 금강대계회(金剛大戒會)를 개최하였고 이때 이회명에게서 계를 받은 사람이 367명에 이르렀다. 이는 한국불교 정통의 모습을 갖추기 위한 노력의 일환이었다. 사찰에서 칠일정진을 행하고 경전 공부 및 정기적인 안거 결제를 하는 등의 노력은 제주불교협회 결성 이후 달라진 제주불교의 모습이다.

셋째, 제주불교는 제주불교협회 활동으로 중앙 불교 활동에도 적극 참여하게 되었다. 제주불교협회의 결성은 중앙 불교에서 활동하던 이회명의 주도로 이루어진 것으로 이에 힘입어 제주불교도 중앙 불교 활동에 참여하게 된 것이다. 1928년에는 제주불교협회를 대표하여 강태현, 관음사를

---

77 「제주교당의 성도기념식 거행」 『불교』제57호(조선불교중앙교무원, 1929. 3), 110쪽.
78 불교에서 음식을 수중과 육상에 뿌려 외로운 혼령이나 아귀들에게 베풀어줌으로써 고뇌를 제거하게 한다는 법회.
79 권태연 편역, 「제주교당 설교 및 염불정진 축원 서」 『회명문집』(도서출판 여래, 1991), 54쪽.
80 「제주불교협회 수륙재 盛設」 『매일신보』(1930. 12. 28).

대표하여 안도월, 제주불교포교당을 대표하여 오이화가 조선불교학인대회
에 참여하기도 하였다.[81] 조선불교학인대회는 1928년 3월 14일부터 17일
까지 청년 학승 46명이 각황사에서 불교개혁과 불교발전을 위한 대안을
제기하고 실천하기 위해 결의를 다졌던 대회였다.[82] 또한 안도월은『불교』
의 보통 사우,[83] 오이화는 특별사우가[84] 되어 활동하기도 하였다.

제주불교협회는 법정사 항일운동 이후 일제에 의해 멈춰버린 제주불교
활동을 다시 가능케 해준 원동력이 되었다. 물론 이것은 일제 정책 기조
의 변화와 친일성향의 중앙 불교 인물인 이회명의 활동으로 가능한 것이
었다.

2) 제주불교협회의 한계

제주불교협회는 1920년대 말에 이르러 점차 동력을 잃어간다. 제주불교
전체를 지속적으로 이끌어가는 역량을 보이지 못하게 되는 것이다. 이는
제주불교협회 활동이 제주불교의 자체적 역량보다는 이회명과 제주도지사
마에다 요시쓰구(前田善次)로 대표되는 일제의 동력에 의지하던 협회의
성격에서 비롯된 결과이다. 또한 제주불교협회는 불교단체로서의 성격보
다는 일제가 주도하는 사회단체로서의 성격이 컸기 때문에 제주불교의 저
변으로부터의 지지를 얻지 못한 것에도 그 원인이 있다.

제주불교협회는 탄생부터 이회명에 의지하였다. 이회명은 조선불교대회
의 설교사로 이 조선불교대회는 1920년 일제가 친일파 육성책의 하나로
발족시킨 단체였다. 또한 제주불교협회 고문은 제주도지사 마에다 요시쓰

---

81 「조선불교학인대회 발기인 승낙 개최」『불교』제44호(조선불교중앙교무원, 1928.
2), 쪽 수가 명기되어 있지 않다.

82 김광식, 「조선불교학인대회 연구」『한국근대불교의 현실인식』(민족사, 1998).

83 「사우 제명록(題名錄)」『불교』제52호(조선불교중앙교무원, 1928. 10), 쪽 수가 명
기되어 있지 않다.

84 「사우 제명록(題名錄)」『불교』제50 · 51호(조선불교중앙교무원, 1928. 9), 쪽 수가
명기되어 있지 않다.

구(前田善次)를 비롯한 일본인들이 맡고 있었다. 여기에는 〈조선민족운동에 대한 대책〉에서 '종교가들 사이에 친일인물을 침투시켜 친일단체를 만들던' 일제의 정책 기조가 그 밑바탕에 깔려 있었다.

이것이 바로 1924년 제주불교가 처한 상황이었다. 법정사 항일운동에서 보여준 것처럼 제주불교가 민족 운동의 구심점이 되는 것을 와해시키기 위한 일제의 통제와 관리의 시대가 1920년대 제주불교의 현실이었던 것이다.

제주불교협회 결성 이후 6년여의 공백을 깨고 원당사와 무관암이 포교소 설치를 허가 받지만 이 사찰들은 관음사와 무관한 백양사 포교소였고 또한 육지부에서 내려온 승려가 활동을 주도하였다는 점 등으로 미루어 볼 때 제주불교 활동은 법정사 항일운동의 여파로 여전히 일제의 통제하에 억눌려 있었음을 알 수 있다. 관음사 인물들에게는 관음사 포교담임자로의 허가도 내주지 않는 상황에서 제주불교가 선택할 수 있는 길은 많지 않았다. 일제 당국은 제주불교 활동을 통제하고 관리할 수 있는 인물을 내세워 제주불교 활동을 허가하였고, 이러한 상황에서 관음사 인물들은 이회명에게 의지하는 것만이 제주불교 활동을 되살리는 길이라고 인식하였을 것이다.

제주불교협회를 주도한 일제 당국과 이회명의 연관관계는 『조선총독부 관보』의 기록을 통해서 앞에서 살폈다. 석왕사 소속의 이회명을 대흥사 포교소인 관음사의 포교담임자로 허가하는 일은 일제의 도움이 있지 않고는 불가능한 일이다.

또한 제주불교협회가 얼마나 이회명을 의지하고 있었으며 또한 일제 당국이 제주불교를 어떻게 통제하고 관리하였는지는 이회명에 관한 기록을 통해서 확인할 수 있다. 1926년 이회명의 제자인 정찬종은 경성에 대각원을 창설하고 이회명을 고문으로 추대한 후[85] 1927년 2월 이회명을 모셔가기 위해 제주도에 왔다. 그러자 제주도에서는 이회명이 계속 제주도에 머

---

85 「대각원과 이회명 화상」 『조선불교』제32호(조선불교단, 1926. 12).

물러줄 것을 청하게 된다.

회명법사 願留

제주성내에 본위를 둔 제주불교협회에서는 이회명 대법사의 포교와 불교선전 하에 삼천여 명 회원과 일반전도 민중의 갈앙을 受하는 바 2월 하순경에 師 의 제자인 경성 대각원 주임 정지월법사가 입도시에 회명법사를 봉환하려 함 으로 협회장 도사 前田善次 씨의 지휘를 隨하야 불교 부인회, 불교소년단을 幷하야 3단체가 회동 정식으로 교섭위원 6인을 정하야 재류를 청한즉 사정상 부득이 연임을 승낙하였다는데 만일 회명법사가 아니면 도중 佛日은 昏衢添 夜를 還成하리라는 의지 하에서 3단체와 일반신도는 매일 다과회와 만찬회로 서 迎送의 진력하며 기념촬영까지 있었다더라.[86]

도지사 마에다 요시쓰구(前田善次)의 지휘로 제주불교협회와 불교부인 회 불교소녀단이 모여 교섭위원을 정하고 이회명에게 계속하여 제주도에 머물러줄 것을 청한 결과 이회명은 이를 승낙하게 된다. 이후 이회명은 1927년 5월 8일 석가탄신일 행사를 주관하고[87] 그해 여름 제주도가 수해 로 많은 피해를 입게 되자 8월 24일 제주도 관공서와 연합으로 수륙천도 재를 거행하는 등 활동을 지속하다가 서울로 올라갔다. 제주를 떠난 이회 명은 1946년이 되어서야 다시 제주도를 방문하게 된다.[88]

1921년부터 제주도와 인연을 맺은 이회명은 1924년 관음사 낙성식을 위해 이회광을 비롯한 당시 불교계의 주요 인물들을 제주도에 초청하는 등 제주불교를 위해 막강한 힘을 발휘하였다. 이런 이회명이 제주도를 떠 난다는 것은 제주불교로서는 중심축을 잃어버리는 일이었다. 결국 이회명 이 제주도를 떠난 이후 제주불교협회의 활동은 침체되기 시작한다. 제주 불교협회는 1926년 12월 19일 임시총회를 열어 이회명 후임으로 마에다 요시쓰구(前田善次)를 제주불교협회 회장으로 추천하였다.[89] 마에다 요시

---

86 「회명법사 원류」『불교』제34호(조선불교중앙교무원, 1927. 4), 81쪽.

87 「제주 불탄 축하식」『매일신보』(1927. 5. 14).

88 권태연 편역, 「선사(禪師)의 이력」『회명문집』(도서출판 여래, 1991), 371쪽.

쓰구(前田善次)는 1927년 5월 7일 제4회 정기총회에서 협회장으로 다시 추대되었다.[90] 제주도지사였던 마에다 요시쓰구(前田善次)는 회장으로 추대되었지만 제주불교협회를 대표하여 활동한 것은 1927년 9월 수해로 죽은 사람을 위한 대추도회를 불교협회와 함께 개최한 정도만 확인할 수 있다.[91] 이는 제주불교협회가 이미 일본이 처음 의도하였던 문화정치 정책의 틀 안에 수용되어 통제와 관리가 수월해지자 더 이상 적극적 참여가 필요하지 않았기 때문이라 할 수 있다. 그리고 마에다 요시쓰구(前田善次)는 1928년 7월 21일 군산부윤으로 제주도를 떠난다.[92]

이렇게 이회명과 마에다 요시쓰구(前田善次)가 제주도를 떠나면서 제주불교협회 활동은 침체의 길을 걷기 시작했다. 이는 제주불교협회가 어떤 배경하에 만들어졌는지를 반증하는 것이기도 하다. 1923년 제주도사로 부임한 마에다 요시쓰구(前田善次)는[93] 일제 문화정치의 기조대로 제주불교를 직접 관리하기로 하였고 이에 친일 성향의 이회명과 연계하여 제주불교협회 창설을 허가하게 되었던 것이다.

이회명과 마에다 요시쓰구(前田善次)가 떠나고 난 후 제주불교로서도 활동의 부진을 자각하고 1929년에 들어서면서 임시 불교총회를 소집하기에 이른다.

제주불교 총회

삼월 일일 개최

제주도 불교협회에서는 오래동안 출타 중에 잇든 법사 이회명씨의 직임을 기회로 하야 제반교세를 확장하는 동시에 본 포교당 건축비 경리에 대하야 주지 안도월씨에게 전부를 맛기는 것과 또 일반유지의 기부만 바라고 잇는 것은 회원 체면상 수치라 하야 우면 법화사 교도들을 비롯하야 차를 전반 회원

---

89 「제주불교회장 마에다(前田) 도사(島司)로」 『매일신보』(1927. 1. 3).
90 「제주불교협회 총회」 『조선불교』 제38호(조선불교단, 1927. 6).
91 「도사(島司)가 대추도회」 『매일신보』(1927. 9. 21).
92 '서임 및 사령' 『조선총독부 관보』 제474호(1928. 7. 27).
93 '서임 및 사령' 『조선총독부 관보』 제3239호(1923. 5. 30).

들에게 출금을 구하고 래 삼월 일일에 불교총회를 개최하기로 하고 각히 통첩을 발하얏다더라.[94]

이회명은 1927년에 떠났지만 이회명이 맡았던 사무는 1929년이 되어서야 관음사 주지 안도월에게 이관된다. 그리고 그 때까지도 제주불교포교당 건축비를 다 해결하지 못하였던 듯 유지들의 기부만 바랄 것이 아니라 회원들의 시주가 필요하다고 인식하고 3월에 불교총회를 개최하기로 결의한다. 제주불교협회가 어느 정도 이회명을 의지하던 단체였는지를 다시 한 번 확인할 수 있다.

이러한 제주불교협회의 부진은 1931년 개최된 제주불교임시대회를 통해서도 짐작할 수 있다. 제주불교임시대회는 관음사의 안도월이 주축이 되어 현재 퇴보된 제주불교를 일으켜보자는 의지로 개최되었다. 제주불교협회 활동이 점차 부진해지자 이를 개선해보고자 하는 제주불교의 움직임이 제주불교임시대회로 나타난 것이다.

1924년 탄생한 제주불교협회는 법정사 항일운동 이후 위축되었던 제주불교를 다시 활성화시켰다. 그러나 일제의 정책기조에 의지하여 조직된 제주불교협회의 한계성은 처음 주도하였던 인물들이 제주도를 떠나면서 활동의 침체를 가져왔다.

하지만 이후 제주불교는 제주불교협회의 침체를 오히려 자체적 역량을 발휘할 수 있는 새로운 기회로 전환시켰다. 1920년대를 이끌었던 제주불교협회의 쇠퇴는 1930년대로 들어서면서 제주불교의 자립을 꿈꿀 수 있는 기회로 활용한 것이다.

---

94 「제주불교총회」『매일신보』(1929. 2. 14).

III. 1920년대 제주불교계 활동 인물

제주불교협회 활동 인물들은 크게 두 부류로 나눌 수 있다. 첫째는 제주불교협회를 구성하기 위한 발기인과 제주불교협회 조직을 담당했던 간부들로 직접 제주불교협회 활동을 주도했던 인물들이다. 둘째는 관음사의 불상 개금에 시주하고 제주불교포교당 건축을 위해 기부금을 기증하였던 제주불교협회 동참 인물들이다.

이와 관련해서『매일신보』와 현재 관음사가 소장하고 있는 자료인『관세음보살개금원문』을 통해 180여 명의 활동인물 명단을 확인할 수 있다. 여기에는 제주불교협회 발기인 17명 이외에 1925년 관음사의『관세음보살개금원문』에 75명, 1926년『매일신보』의 제주불교협회 포교당 건립을 위한 기금 기증자 명단에 개인 100명과 회사명 3개소가 기록으로 남아있다. 이들 제주불교협회 활동 인물을 통하여 제주불교협회의 성격을 좀 더 자세하게 밝혀낼 수 있을 것이다.

1. 제주불교협회 주도 인물

1) 제주불교협회 발기인

제주불교협회 발기인은 모두 17명이었다. 발기인들은 1924년 11월 16일 관음사에서 사전에 회합을 가졌다. 승려는 이회명을 비롯하여 안도월, 안봉려관, 오이화 등 4명이 참여하였고, 나머지는 일반인인 김태민, 양홍기 등 13명이었다.

제주불교협회

전남 제주에서는 조선불교대회 강사 이회명 師 외 당지 유지 제씨의 발기로 지난 11월 17일 오후 7시에 제주공립보통학교내에서 제주불교협회를 조직하였는대 그 목적은 불교진흥, 심신수양, 지방문화발전 등으로 회원이 수십 명에 달한다 하며 발기 씨명은 여좌하다더라.

발기인 : 이회명, 김태민, 양홍기, 차승옥, 이태?, 이종실, 김형탁, 문재창, 양
　　　창보, 강태현, 이영운, 이춘화, 강행표, 안도월, 봉려관, 오이화, 오
　　　구현[95]

2) 제주불교협회 조직 참여 인물

『매일신보』와 『관세음보살개금원문』에 제주불교협회 조직 구성에 대한
자료가 실려 있다. 인명 부분만 인용하였다.

불교협회 성립

제주도 유지로부터

…생략… 유지 이회명 양홍기 김태민 차승옥 김형탁 봉려관 안도월 오이현씨
이외 다수인사의 발기로 작년 11월중에 창립총회를 개최하여 역원을 아래와
같이 선거하고 …생략… 회장 이회명 부회장 김태민 총무 양홍기 평의장 조
광헌 찬성장 이윤희 서무부장 문재창 포교부장 안도월 성도부장 차승옥 교무
부장 강태현 구제부장 봉려관 고문 前田善次 及川源五郎 松田理八 김웅빈 김
종하 森川萬藏 三根伊之十[96]

관세음보살개금원문

…생략…

제주불교협회

회장 비구 이회명 / 부회장 신사 김태민 / 총무 신사 양홍기 / 평의장 조광헌
/ 평의원 송석돈 외 8인 / 찬성부장 이윤희 / 찬성부간사 오중헌 외 23인 /
서무부장 문재창　서무부간사 김형탁 외 3인 / 포교부장 안도월　포교부간사
오이화 외 3인 / 성도부장 차승옥　성도부간사 고영하 외 1인 / 구제부장 봉
려관　구제부간사 神峰來善 외 3인 / 교육부장 강태현　교육부간사 양창보
외 1인 / 고문 前田善次　외 8인　/ 포교사 비구 회명일승 / 시회장 홍종시[97]

---

95 『조선불교』제10호(조선불교단, 1925. 2. 11).

96 「불교협회 성립」『매일신보』(1925. 1. 8).

97 제주불교사연구회, 『근대 제주불교사 자료집』(2002), 345~347쪽.

〈표 Ⅳ-3〉 제주불교협회 조직과 임원 명단

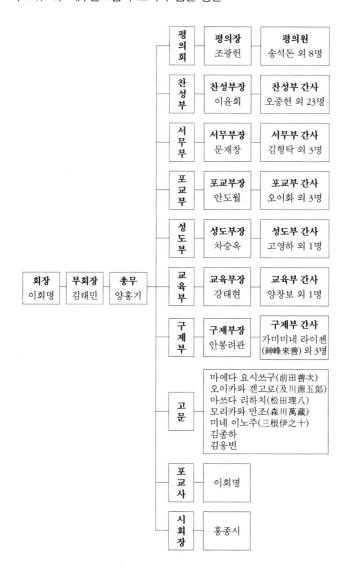

제주불교협회는 회장을 비롯한 간부 25명과 간사 42명으로 구성된 거
대 조직이었다. 제주불교협회의 회장을 비롯한 25명의 명단이 기록으로
남아 있다. 이외에도 간사로 동참한 42명이 더 있음을 추가로 기록해 놓
고 있다.

제주불교협회 조직 구성은 우선 회장과 부회장, 총무, 평의장, 찬성부,
서무부, 포교부, 성도부, 교무부, 구제부와 고문을 두었다. 그리고 각 부마
다 여러 명의 간사가 배치되어 있었다. 회장, 부회장, 총무는 각 1인씩이
었다. 회장은 승려인 이회명이 맡았는데, 제주불교협회에 참여한 승려는
회장 이회명과 포교부장 안도월과 포교부 간사 오이화, 구제부장 안봉려
관 등 모두 4명이었다. 제주불교협회는 불교단체임에도 불구하고 4명의
승려를 제외한 나머지 인물은 모두 일반인으로 구성되어 있다는 특이점이
있다.

부회장은 김태민, 총무는 양홍기였다. 평의장은 조광헌, 평의원은 송석
돈 외 8명이었다. 찬성부에는 찬성부장 이윤희와 찬성부 간사로 오중헌
외 23명을 두었다. 서무부에는 서무부장 문재창, 서무부 간사 김형탁 외 3
명, 성도부에는 성도부장 차승옥과 성도부 간사 고영하 외 1명, 교육부[98]
에는 교육부장 강태현과 교육부 간사 양창보 외 1명, 고문은 일본인 마에
다 요시쓰구(前田善次), 오이카와 겐고로(及川源五郎), 마쓰다 리하치(松田
理八), 모리카와 만조(森川萬藏), 미네 이노주(三根伊之十)와 한국인 김종
하, 김응빈이었다.[99]

제주불교협회 조직은 소수의 승려와 다수의 일반인들이 함께 참여하여
구성되었다. 일본인 제주도지사였던 마에다 요시쓰구(前田善次)와 광주지
방법원 제주지청 판사 오이카와 겐고로(及川源五郎), 대정군수를 역임한
김종하, 제주판관이었던 김응빈이 고문으로, 그리고 제주면장 홍종시는 시

---

98 『관세음보살개금원문』에는 교무부가 교육부로 되어있다.
99 『관세음보살개금원문』에는 고문이 9명이라고 되어 있으나 명단은 기재되어 있지
   않다. 고문의 명단 중 7명만 알 수 있다.

회장으로 참여하고 있다. 이는 바로 제주불교협회 결성이 〈조선민족운동에 대한 대책〉에서 "각종 종교단체에서 친일파가 최고 지도자가 되게 하고 일본인을 고문으로 앉혀 어용화한다."는 일제 통치 정책의 일환에 의한 것으로 제주불교협회가 일제의 주도에 의해 탄생되었음을 말해주고 있는 것이다. 제주불교는 법정사 항일운동 이력 때문에 일제의 의도적 주도가 없이는 아무런 활동도 할 수 없을 정도로 통제받고 있었다.

일제의 의도에 의해 구성된 제주불교협회는 순수한 불교단체가 아니었다. 조직 구성의 임원들을 살펴보면 회장과 포교부장과 포교부 간사 그리고 구제부장 4명만이 승려였다. 그 외에는 일반인 그것도 제주도지사와 조선총독부 판사를 비롯한 일본인과 친일 성향의 제주도 유지들이 대거 참여하였다. 이는 제주불교협회의 성격이 일제가 주도하는 사회단체였음을 분명히 보여주는 것이다. 동참인물의 분석을 통하여 이를 더 명확히 할 수 있다.

2. 제주불교협회 동참 인물

1) 관세음보살 개금 불사 동참 인물

『관세음보살개금원문』은 1925년 제주불교협회가 제주불교포교당에 봉안한 관세음보살상을 개금하면서 남긴 발원문이다. 『관세음보살개금원문』에는 이회명과 관음사 승려인 안봉려관, 안도월, 오이화를 비롯한 75명의 명단이 실려 있다.

우선 『관세음보살개금원문』의 내용은 다음과 같다.

觀世音菩薩改金願文

月照長空에 影落千江之水ᄒ고 佛現娑婆에 智投萬物之機ᄒ시나 今此 濟州道
ᄂ 淸康熙四十一年 壬午에 牧使 李衡祥이 毁佛寺 廢僧尼ᄒ 以後 百九十年
以來 淸光緖二十七年 辛丑은 距今 二十五年前 本島 禾北里 乙丑生 安氏 信女

ᄂ 願地有種이 忽生其芽ᄒ야 佛日을 挽回나 跘踞乏弱에 百障이 多端으로 經過多年에 投削髮於 海南郡 大興寺 宥藏老尼ᄒ야 入島誓願인바 信師 己卯生 安氏ᄂ 嶺南 山清人으로 寅緣이 際會ᄒ야 偶然 入島ᄒ니 卽 癸丑 早春也라. 同志 盡力ᄒ야 安氏 로 安其寺於 漢拏山中 腰ᄒ야 奉安觀音佛像하고 以祝安島之全力ᄒ니 其功이 安在오 自此로 雨以時ᄒ고 風以 調ᄒ야 安島民樂함을 以何 明智로 安知卒然? 德가 余自金剛山 乾鳳寺로 四年前 辛酉 冬에 拜探 喚醒志安老師 入寂 三兆之異顯勝處以來 昨年 甲子 十月 十五日 三重入島라가 本島 五萬戶 二十萬人衆에 但深山單寺난 現今時局에 風潮所愧라. 城市에 佛氏聖化를 廣布宣傳이 爲可宜키로 寺衆官民當地人士에 合意的 組織 濟州佛敎協會ᄒ야 全 十一月 二十五日에 第一期 總會를 觀德亭에 開設ᄒ니 佛佛之言이 老幼? 둪이라. 城內二徒里 一千三百六十二番地에 濟州佛敎布敎所를 乙丑 四月 佛誕日에 落成ᄒ야 假安釋迦尊相타가 全 八月 二十四日에 海南郡 大興寺로서 觀音尊像을 入島奉安ᄒ니 二百二十七年前 改金ᄒ 文徵이 現矣라. 今日 緣會에 拘衣新金ᄒ야 今 九月 二十四日 起始로 十月 初一日 點眼ᄒ니 蓮龕這裏에 儼然 光相이 爲誰而安此焉이신고 有願誠祝ᄒ시난 全島 人士에 皆應必遂之無上大福田歟인저.

世尊應化 二千九百五十二年 乙丑 陰十月 初一日

金剛山 衲 晦明 日昇

漢拏山 息 利化 漢秀[100]

위 인용문 『관세음보살개금원문』은 이회명과 오이화의 이름으로 조성된 발원문으로 제주불교포교소 낙성을 기념하여 소원이 성취되고 모두에게 크나큰 복전이 되기를 기원함과 동시에 관세음보살상을 개금하게 된 연유를 설명하고 있다. 안봉려관의 출가와 안도월의 입도 및 관음불상 봉안에 관한 연혁 이외에도 불교를 널리 선전하기 위해 성내에 사찰의 식구와 관민 등 제주도 인사들이 합의하여 제주불교협회 제1기 총회를 열었음

---

100 『관세음보살개금원문』은 제주 관음사가 소장하고 있다. 원문이 『근대 제주불교사 자료집』(제주불교사연구회, 2002, 345~347쪽)에 수록되어 있다. 또 『회명문집』(권태연 편역, 도서출판 여래, 1991, 55~56쪽)에도 수록되어 있는데 여기에는 명단은 생략되어 있다. 본 인용문은 관음사 소장의 원문이다.

도 기록하고 있다. 당시 제주도 인구는 5
만호 20만여 명이었음도 기록되어 있다.

〈그림 28〉 관음사 목조
관음보살좌상

　제주불교협회는 1925년 4월에 제주불
교포교소를 낙성하였다. 제주불교포교소
에 봉안된 관음존상은 해남군 대흥사에
서 이운하여 봉안하였는데 227년 전에
개금한 불상이었다. 제주불교포교소에서
1925년 음력 9월 24일부터 새로 개금하
여 10월 초하루에 점안하였다.

　『관세음보살개금원문』에는 개금불사에
참석한 사람들의 명단이 기록되어 있는데, 연화질, 대흥사 식구, 제주불교
협회 간부, 대시주자 명단 등 4개의 부류로 나뉘어 기록되어 있다.

　우선 연화질(緣化秩) 명단은 다음의 〈표 IV-4〉와 같다.

〈표IV-4〉 관세음보살 개금 불사 연화질 명단

연화질(緣化秩)			비고
직책	신분	성명	
증명	비구	회명 일승	증명(證明) : 법회의 가장 큰 어른으로 법회가 원만히 치러지도록 선악(善惡)을 관찰하는 법사.
회주	비구	이화 한수	회주(會主) : 법회를 주관하는 법사.
송주	비구	금해 수일	송주(誦呪) : 송주는 다라니를 암송하다의 뜻으로, 법회 의식을 진행하는 법사.
지전	비구	운개 정옥	지전(知殿, 持殿) : 불전(佛殿)의 청결, 향이나 등의 일체를 관리하는 소임.
종두	사미	한일	종두(鐘頭) : 종치는 소임.
봉다	사미	용준	봉다(奉茶) : 부처님께 차 공양 올리는 소임.
시자	사미	의술	시자(侍者) : 어른 스님을 시봉하는 이.
별좌	비구니	봉려관	별좌(別座) : 부처님이나 스님들에게 공양할

			음식을 만드는 소임.
도감	비구	도월 정조	도감(都監) : 사찰에서 재정이나 곡식, 또는 큰 불사에 총체적인 일을 관리 감독하는 소임.
공사	비구니	경우	공사(公事) : 대중을 위해 밥을 짓거나 채공 등의 일을 맡은 이.
화주	비구니	경화	화주(化主) : 사찰의 비용을 마련하는 소임.
대중	신사	오일화, 장불신, 강영봉	대중(大衆) : 신도 신사(信士) : 남자 신도
	신녀	강정선화, 남정진각, 김계생, 김심안, 강혜법, 문임화	신녀(信女) : 여자 신도

※출처 : 『관세음보살개금원문』

　연화질(緣化秩) 명단에는 개금불사에서 맡은 소임이 함께 기록되어 있다. 개금불사의 법사로 법회의 가장 큰 어른 역할인 증명의 소임은 제주불교협회 회장인 이회명이 맡았고, 개금불사를 주관한 회주는 관음사의 오이화였다. 그리고 제주불교협회에 임원으로 참여한 안봉려관과 안도월을 비롯한 관음사 승려들의 명단이 이어지고 있다. 안봉려관은 음식을 만드는 소임인 별좌를 맡고 있었고, 관음사 주지인 안도월은 총체적인 일을 관리 감독하는 소임인 도감을 맡고 있었다.

　다음으로 대흥사 주지 취운을 비롯한 대흥사 식구들의 명단이 실려 있다. 내용은 다음의 〈표 Ⅳ-5〉와 같다.

〈표Ⅳ-5〉 관세음보살 개금 불사 대흥사 소속 명단

직책	신분	성명	비고
주지	비구	취운 혜오	주지(住持) : 사찰의 사무를 주관하는 소임.
감무	비구	선월	감무(監務) : 주지를 보좌하여 사찰 사무를 감독하는 소임.
법무	비구	태환	법무(法務) : 사찰의 모든 법적인 사무를 맡은 소임.
감사	비구	원담	감사(監事) : 사찰의 모든 사무를 감시하는 소임.

※출처 : 『관세음보살개금원문』

대흥사 식구들의 명단이 실려 있는 것은 관음사의 본사였던 대흥사가 불사에 힘을 보탰음을 나타내는 것이다.

다음으로 제주불교협회 임원들 명단이 이어지는데 이 임원 명단은 앞의 〈표 IV-3〉과 같다. 마지막으로 대시주자 명단은 다음과 같다.

大施主秩

대본산 대흥사중 일동 / 신사 임인생 송택훈 신녀 을묘생 김대명화 신녀 을사생 김응해 신녀 계사생 방수선 신사 무오생 박성훈 신사 갑오생 현종식 / 비구 진하승자 / 신녀 병신생 한광명 신사 무오생 김만수 신사 무오생 김용구 신녀 계미생 홍묘련화 신사 무신생 신재남 동자 을축생 고희준 신녀 기해생 안만옥 동녀 계해생 전옥순 신녀 병신생 김정안 신사 기해생 김해색 신녀 을미생 신평숙 동자 경신생 송택목 / 비구니 경우 / 신사 갑오생 양홍기 신녀 경오생 김청련화 신사 계미생 이봉훈 신녀 정해생 정?비 신녀 경자생 현목련 신녀 임진생 김명화 신사 을사생 오윤행 신녀 기해생 오선화 신사 경오생 차승옥 신녀 정묘생 윤덕하 신사 갑진생 차윤홍 신녀 기해생 차정숙 신사 기묘생 고영하 동자 갑인생 고윤학 동자 경신생 고윤탁 동자 경신생 이태구 동자 무오생 백영휴 / 경성부 수송동 완옥궁 상궁청 신녀 을사생 정씨 보살행 / 제주불교협회 회원 일동 일천칠백팔십삼인 및 다소 결연 동참 신도 일동 일백육십오인 / 신녀 경오생 고정자

제주도 성내 이도리 제주불교포교소
조선 제주도 성내 제주불교협회[101]

여기에 성명이 기록되어 있는 사람은 75명이다. 이외에도 제주불교협회 회원 1,783명이 동참하였고 그 외에도 신도 165명이 동참하였음이 기록되어 있다. 관세음보살상 개금을 위하여 2천여 명의 인원이 동참하고 있었음을 알 수 있다. 이는 1925년 제주불교협회 활동의 규모를 말해주는 것이다.

---

101 『관세음보살개금원문』(제주 관음사 소장, 1925).

2) 제주불교포교당 건축비 시주자

1925년 음력 11월 15일[102] 제주불교협회는 제1회 금강대계회를 개최하였다. 이날 367명이 계를 받았다. 금강대계회에 참석한 100여 명이 제주불교포교당의 건축비 모금에 참여하였다. 이때 시주한 100명의 인명과 회사 3개소의 명단과 금액이 기록으로 남아있다.

제주불교 확장 등 기증자 제씨

제주불교협회에서 법사 이회명의 간선하에 신도가 일로 증가되야 지난 陰 십일월 십오일 제일회 금강대계회를 개최하얏는대 參戒者는 백인 이상에 달하얏고 且 본 포교당 건축비에 대하야 다대한 동정으로 損補者가 還至한 바 금액 및 방명은 좌와 여하더라. …생략…[103]

이어서 제주불교포교당의 건축비 모금에 참여한 시주자 명단과 시주금이 기록되어 있다. 제주불교협회가 금강대계회에서 모금한 기부금의 시주자는 100명이고 시주금은 50원에서 1원까지 모두 103건으로 시주금액은 338원 50전이다.

시주자 성명과 시주금액을 읽기 쉽게 하기 위해 〈표 IV-6〉으로 작성하였다.

〈표 IV-6〉 제주불교포교당 건축비 시주자 명단 및 시주금

시주자 성명	시주 금액	비고
金根蓍	50원	1명
高珝柱 李允熙	20원	2명
梁洪基 金泰玟 唐芝洙 李奉薰 崔致敬 文在昌 孫禎謨	10원	7명
崔元淳 崔允淳 金永璿 前田善次 宋錫敦 李萬榮 及川源五郎	5원	11명

---

102 일제시대 기록의 날짜는 음력과 양력을 혼용하고 있다. 양력으로 환산하면 1925년 12월 30일이다.

103 「제주불교 확장 등 기증자 제씨」 『매일신보』(1926. 1. 20).

馬場五郎 朴相賢 金敬洙 文在翼		
三根伊之十	4원	1명
鄭商鍾 高奉玉 松瀨政一 石橋松一 原守三 梁炳讚 崔永源 田中勇 金瀛熙 高榮廈 高碩鍾모친	3원	11명
金景壽 金平寬 黑崎峰三 金斗奎 李壽鎭 洪寶玉 朴增好 車升玉 李知珩 三共商會 高昌球 大成印刷所 洪鍾時 金正學 康錫宗 吳南昊	2원	16명
金今順	1원 50전	1명
佐仲方一郎 日隈藤吉 石井啓介 金斗辰 愼金石 孫宗權 吳達寧 梁致祐 金瑞俊 文在煥 朴燦宅 金根益 神崎吉郞聯 市來政治 洪淳熙 木村代嗣 洪奉珠 岩崎茂祐 伊藤伊外作 黃得龍 高龍準 古賀龜太郎 石井榮太郎 金泰壽 鄭洪朝 田口象太郎 木澤友次朗 河野正一 崔俊弘 任基鎬 橋木財治 石井米一 江夏友次郎 梅林虎次郎 村田嘉藤治 文昌憲 文公謙 玄圭倬 金行好 高昌珉 濟州本願寺 朴明善 立野角三助 垣內準三 黑田政一 松鴻雄一 竹森末藏 玄景昊 金昌五 高性諿 朱性信 洪平圭 洪首陽	1원	53명
합계	338원 50전	103건

※출처 : 『매일신보』

　시주자는 50원을 낸 사람에서 1원을 낸 사람까지 있다. 시주금액은 총액 338원 50전이었다. 이 시주금이 당시 어느 정도의 화폐가치를 가지고 있는지 확인하기 위해 1924년의 물가를 찾아보았다.[104]

---

104 한국은행 경제통계시스템(http://ecos.bok.or.kr/)에서 제공하는 화폐가치 계산 프로그램은 쌀을 기준으로 화폐가치를 계산하고 있다. 1924년의 1원은 2008년에 7,549원으로 환산되고 쌀 80kg의 가격 17.3원은 130,599원으로 환산된다. 2008년 쌀 80kg은 159,957원이다. 1924년의 물가로 당시 화폐 가치를 짐작해 보기 위해 1924년의 물가를 찾아보았다. 『조선총독부 관보』의 물가 자료에 의하면 쌀이 0.39원/한 되(1.8kg), 돼지고기 0.38원/375g, 소고기 0.46원/375g, 감자 0.04원/375g, 배추 0.35원/3.75kg이다. 청주 2.12원/1.8L, 조선 탁주 0.34원/1.8L, 석유 0.5원/1.8L, 석탄 1.76원/3.75kg, 청량음료 0.24원/1병이다.(국가통계포털: http://www.kosis.kr).

『조선총독부 관보』의 물가자료에 의하면 1924년 쌀 80kg 한 가마는 17.3원이다. 돼지고기 375g이 0.38원, 청주 1.8L가 2.12원, 석유 1.8L가 0.5원 등이다. 임금으로 화폐 가치를 확인하기 위해 『조선총독부 관보』의 임금 자료도 살펴보았다. 1924년 집 짓는 목수의 월급은 2.18원, 양복 재봉공은 2.22원, 구두공 2.96원 정도였다.[105] 화폐가치는 통용되는 당시의 가치이기 때문에 같은 항목을 가지고 단순 비교하는 것은 의미가 없을 것이다. 화폐 가치는 쌀을 기준으로 하고 있으나 쌀이 물가의 척도가 되면서 국가에서 가격을 관리하기 때문에 이로써도 실생활에서 느낄 수 있는 정확한 화폐 가치를 단정지어 말할 수는 없다. 다양한 물품의 가격을 통해 시주금의 가치를 추정할 수 있을 것이다.

제주불교포교당은 1925년 4월 28일 이미 낙성되어 있었고 부족한 건축비를 추후 모금하였다. 제주불교협회는 포교당 건축비 기부금 모집을 제주도 당국으로부터 허가 받았다. 기부금 모집 금액은 3천 원이었고 기부금 모집 허가 기간은 1925년 12월 2일부터 1926년 10월 2일까지였다.

제주 관음사 포교당 건축비 기부금 모집 허가

제주도 관음사 출장소 포교당 건축비 기부신청은 기위제출이던 바 당국의 후원 하에 동정을 득하야 본월 이일부로 島의 허가를 承하얏는대 금액 및 日割은 여좌하더라.

一. 모집금액은 삼천 원
一. 기일은 대정 십사년 십이월 이일부터 십오년 십월 이일까지[106]

금강대계회에서 모금한 338원 50전은 10개월 동안 모집하려고 계획하였던 건축비 기부금의 1/10에 해당하는 금액이었다.

이상 제주불교협회 관련 자료 중 제주불교협회 발기인 명단, 제주불교협회 조직 담당 인물, 관세음보살 개금불사 동참자, 제주불교포교당 건축

---

105 국가통계포털: http://www.kosis.kr
106 「제주 관음사 포교당 건축비 기부금 모집 허가」『매일신보』(1925. 12. 15).

비 시주자 기록 등을 살펴보았다. 여기에서 살펴본 기록에 의하면 성명이 남아 전해지는 제주불교협회 참여인물은 모두 180여 명이다. 이외에 『매일신보』 등의 기사에서도 소수이지만 제주불교협회 참여자들의 이름을 찾아볼 수 있다.[107]

Ⅳ. 1920년대 제주불교의 친일 성격

제주불교협회 참여 인물들의 제주사회에서의 활동상은 『조선총독부 관보』에서 찾아볼 수 있다. 정확한 성명을 알 수 있는 제주불교협회 참여 인물 180여 명 중 『조선총독부 관보』에 기록되어 있는 인물은 모두 46명이다. 이들은 『조선총독부 관보』에 기재될 정도의 무게감을 지닌 제주도의 행정, 사법, 경제계 등 제주도내의 주요 인사들이었다. 이들 46명의 활동상은 다음의 〈표 Ⅳ-7〉에서 살펴볼 수 있다.

〈표 Ⅳ-7〉 『조선총독부 관보』에 나타난 제주불교협회 활동 인물

연번	성 명	관 보 내 용	직 종
1	마에다 요시쓰구 (前田善次)	조선총독부 도사 겸 조선총독부 경시, 제주도농회장(濟州島農會長)	도지사 경시 제주도농회장
2	이시하시 마쓰이치 (石橋松一)	제주도농회(濟州島農會) 부회장, 제주도속(濟州島屬)	도 공무원 제주도농회 부회장
3	김종하	조선총독부 전라남도 대정군 군수	대정군수
4	김정학	제주읍장	제주읍장
5	이양우	제주읍장, 제주면장	제주읍장, 제주면장

---

107 『매일신보』(1926. 9. 29), "제주불교협회에서는 중요간부 이양우…". 이양우는 1919년 제주면장을 지냈다. 홍종시가 제주면장의 자리를 이었다.(안용식, 송해경, 우광식, 『일제하 읍, 면장 연구』(한국국정관리학회, 2009, 114쪽).

6	현경호	제주읍장, 제주읍 어업조합 이사, 제주목재주식회사 이사, 제주금융조합 감사, 제주도어업조합 감사	제주읍장 어업조합 이사 금융조합 감사 목재주식회사 이사
7	홍종시	제주금융조합 조합장, 제주산업조합 조합장, 제주면장, 제주읍장, 제주읍 어업조합 조합장, 제주전기주식회사 이사	제주면장 제주읍장 금융조합 조합장 어업조합 조합장 산업조합 조합장 전기주식회사 이사
8	이윤희	제주운송합자회사 대표, 제주전기주식회사 이사, 제주주조주식회사 감사역, 전라남도 도회의원(道會議員) 2선, 제주산업조합 감사, 소화운송주식회사 이사, 일본적십자사 공로 유공장 받음.	도회의원 운송합자회사 대표 전기주식회사 이사 주조주식회사 감사 산업조합 감사 운송주식회사 이사
9	양홍기	변호사, 전라남도 도회의원(道會議員) 2선, 제주산업조합 감사, 제주전기주식회사 이사	도회의원 변호사 산업조합 감사 전기주식회사 이사
10	최원순	조선총독부 판사, 제주공립소학교 기구기계 구입비 기부로 포상, 변호사, 제주전기주식회사 이사, 제주통운주식회사 이사 감사역, 제주금융조합 감사, 제주상선주식회사 감사, 제주산업조합 감사, 제주세무서 관내 소득조사위원, 소화운송주식회사 이사, 제주목재주식회사 이사	판사 변호사 세무서소득조사위원 전기주식회사 이사 통운주식회사 이사 상선주식회사 감사 운송주식회사 이사 목재주식회사 이사
11	고창구	조선총독부 도(道) 순사	순사
12	다구치 쇼지로 (田口象次郎)	제주경찰서 순사	순사
13	김태민	의원(醫員), 소화운송주식회사 이사 및 감사, 삼일해운주식회사 대표	의사 운송주식회사 이사 해운주식회사 대표
14	최치경	의생	의사

15	마쓰다 리하치 (松田理八)	조선총독부 도립의원 의관(醫官)	의사
16	안도월	관음사 포교담당자	승려
17	오이화	관음사 포교당 포교담당자, 해륜사 포교당 포교담당자, 대정포교당 포교담당자	승려
18	이회명	관음사 포교담당자, 법화사 포교담당자	승려
19	현목련	위봉사 김녕포교당 설립자	승려
20	강행표	임산물 매각 허가	임산물 매각허가
21	고석종	제주상선주식회사 이사, 고량부 삼성시조제사 재단 이사	상선주식회사 이사
22	김경수	구우면 한림리 서변(西邊) 백원포(白源浦) 어업권자	어업권자
23	김근시	제주상선주식회사 대표, 제주면업주식회사(난곡면업주식회사) 대표, 제주주조주식회사 이사, 제주도해녀어업조합 이사, 소화운송주식회사 대표, 제주도어업조합 감사, 제주도해조주식회사 대표, 제주산업주식회사 감사, 제주수산주식회사 대표	해녀어업조합 이사 어업조합 감사 상선주식회사 대표 면업주식회사 대표 주조주식회사 이사 운송주식회사 대표 해조주식회사 대표 산업주식회사 감사 수산주식회사 대표
24	김두규	임산물 매각허가	임산물 매각허가
25	김영희	제주목재주식회사 대표, 남선상사주식회사 대표, 제주산업 조합 감사, 일본적십자사 공로 유공장 받음, 조선해면기업주식회사 이사	목재주식회사 대표 상사주식회사 대표 해면기업주식회사 이사
26	김창오	주식회사 제주해운상회 이사, 제주상운주식회사 이사	주식회사해운 이사 상운주식회사 이사
27	대성인쇄소	상호 사용자 주소 성명 : 제주면 3도리 68번지 한창호	인쇄업
28	오중헌	연동리 임산물 매각허가	임산물 매각허가

29	이만영	멸치 어장 중면리 사용두염막중간 지선(沙龍頭塩幕中間地先) 어업권 자	멸치어장 어업권자
30	이봉훈	임산물 매각허가	임산물 매각허가
31	임기호	임기호 활판인쇄소 사장	인쇄업
32	차승옥	임야조사위원회 1926년 공시 불복 신청 사건 (신좌면 선흘리 / 산 142, 141 / 임야 / 제주면 3도리 차 승옥)	임야
33	최윤순	제주면업주식회사 이사, 제주전기 주식회사 이사, 제주통운주식회사 대표 이사, 제주상선주식회사 이 사, 소화상회 주인, 제주주조주식 회사 이사, 반도상회 주인, 호남어 업합자회사 유한책임사원 및 출자, 난곡면업주식회사 이사, 제주세무 서 관할 소득조사위원, 제주목재주 식회사 감사역, 정의면 오조리 어 류양식업, 대정면 하모리 어업권	면업주식회사 이사 전기주식회사 이사 통운주식회사 대표 상선주식회사 이사 주조주식회사 이사 상회 주인 면업주식회사 이사 세무서소득조사위원 목재주식회사 감사 어류 양식업 하모리 어업권
34	홍봉주	임산물 매각허가	임산물 매각허가
35	홍평규	임산물 매각허가	임산물 매각허가
36	에나쓰 도모지로 (江夏友次郞)	제주산업조합 감사, 제주도 생활필 수품 소매상업조합 감사	산업조합 감사 소매상업조합 감사
37	고가 가메타로 (古賀龜太郞)	제주상사주식회사 감사역	상사주식회사 감사
38	바바 고로 (馬場五郞)	제주금융조합 이사, 서귀금융조합 이사, 모슬포 금융조합 이사	금융조합 이사
39	우메바야시 도라지로 (梅林虎次郞)	한라산국유림 내 등 각지의 임산물 매각허가	임산물 매각허가
40	미네 이노주 (三根伊之十)	주식회사 조선식산은행 지배인	식산은행 지배인

41	이시이 에타로 (石井榮太郎)	제주면업주식회사 이사, 제주전기 주식회사 감사역, 제주주조주식회 사 이사, 주식회사 조일구락부 이사	면업주식회사 이사 전기주식회사 이사 주조주식회사 이사 조일구락부 이사
42	이와자키 시게 (岩崎茂祐)	개발상사 합명회사 사원 및 출자, 임산물 매각허가	임산물 매각허가
43	쓰보우치 준조 (垣內準三)	임산물 매각허가	임산물 매각허가
44	무라타 가토지 (村田嘉藤治)	제주도 생활 필수품 소매상업조합 이사, 제주주조주식회사 감사	소매상업조합 이사 주조주식회사 감사
45	김응빈	양반 기로(耆老)로 서민의 사표	제주 판관
46	오이카와 겐고로 (及川源五郎)	광주지방법원 제주지청 판사	판사

※출처 : 『조선총독부 관보』

앞의 〈표 IV-7〉은 46명의 직종과 『조선총독부 관보』에 기록된 각 인명의 활동 내용이다. 제주불교협회 참여 인물 중 『조선총독부 관보』에 기록되어 있는 인물은 국적별로 보면 한국인이 32명, 일본인이 14명이다. 직종별로는 도지사와 도 공무원,[108] 순사, 면장, 읍장, 군수, 도회의원, 도 평의원, 판사 등 공직자를 비롯하여 의사, 승려들이 있고, 각종 회사의 대표 이사 등 간부급 경제계 인물들이다.

이들을 자세히 살펴보면 우선 한국인의 경우 면장, 읍장, 군수, 도회의원, 도 평의원, 순사, 판사, 변호사 등의 공직자, 그리고 의사 및 경제계 인사들이다. 경제계 인사들은 주식회사인 상선(商船), 면업(棉業), 주조(酒造), 운송(運送), 해조(海藻), 산업(産業), 수산(水産), 목재(木材), 해면(海綿), 해운(海運), 상운(商運), 전기(電氣), 통운(通運)을 비롯하여 어류양식업, 인쇄업, 어업합자회사의 대표 및 이사, 감사 등의 직함을 가지고 있다.

---

108 제주도농회 부회장 이시하시 마쓰이치(石橋松一)는 도속(島屬)이면서 부회장으로 부지사 정도의 직함이었던 것은 아닌가 생각된다. 마에다 요시쓰구(前田善次)가 제주도농회장이면서 도지사였다.

이들은 임산물 매각허가, 어업권 등을 가지고 경제활동을 하는 인물들이다. 이외에 어업조합, 해녀어업조합, 금융조합,[109] 산업조합의 간부가 있다. 이들 대부분 사회 기간산업 분야에서 활동하고 있기 때문에 『조선총독부 관보』에 그들의 여타 활동이 기록되어 전하는 것이다.

그외에 일본인으로는 제주도 도지사와 부지사에 해당하는 제주도농회 부회장, 조선총독부 판사, 의사 그리고 상사(商事), 면업(棉業), 주조(酒造), 전기, 조일구락부 등의 회사와 산업조합, 소매상업조합, 금융조합, 식산은행 등의 간부 그리고 임산물 매각 허가자[110] 등이 있다.

직업 분포에서 보듯이 이들은 제주사회의 중점적인 분야를 점유하고 있는 인물들이다. 다음의 〈표 IV-8〉은 제주불교협회 인물들을 활동 분야별로 분류해 놓은 것이다.

〈표 IV-8〉 제주불교협회 인물의 활동 분야

분야	역할
행정	도사(도지사), 제주도농회장, 제주도농회부회장, 도속(島屬)(도 공무원), 제주면장, 제주읍장, 대정군수
정치	도회의원, 도 평의원
경찰	도 경시, 경찰서 순사, 총독부 도 순사
법조	변호사, 판사
금융	금융조합 이사, 식산은행 지배인

---

109 일제 강점기에 농민들에게 돈을 융통하여 주던 조합. 주로 농민들의 착취를 일삼았으며 뒤에 '농업 협동조합'으로 바뀌었다. http://krdic.daum.net

110 임산물 매각 허가는 일제의 〈조선민족운동에 대한 대책〉에서 보았던 "국유림의 일부를 불하해 주는 한편 입회권(入會權: 수목채취권)을 주어 회유 이용한다."의 일환으로 시행된 것이라 볼 수 있다. 이러한 모습은 1920년대 한국인으로서는 친일의 길을 걷지 않고는 이미 불가능한 일이었다고 할 수 있다. 일본은 친일인물과 친일단체를 만들어 민족운동을 무력화하려는 정책을 이미 시행하고 있었다. 이러한 인물들의 활동은 〈조선민족운동에 대한 대책〉의 친일인물과 친일단체 육성책의 시행이라고 연관하여 생각할 수 있다.

의료	도립의원 의관, 의생, 의원
조합	금융조합, 산업조합, 소매상업조합, 어업조합, 해녀어업조합 등의 조합장, 이사, 감사
경제	면업주식회사, 목재주식회사, 상사주식회사, 상선주식회사, 상운주식회사, 운송주식회사, 인쇄업, 전기주식회사, 조일구락부, 주조주식회사, 통운주식회사, 해면기업주식회사, 해운주식회사, 해조주식회사, 멸치어장 어업권자, 어류양식업 등의 대표, 감사, 이사
기타	승려
	세무서 소득조사 위원

※출처 : 『조선총독부 관보』

〈표 IV-8〉에서 활동 분야별 제주불교협회 활동 인물들을 살펴보았다. 제주불교 협회 활동 인물 중에 『조선총독부 관보』에도 기록되는 이들 46 명은 제주도의 정치, 행정, 경찰, 법조, 금융, 경제, 사회 등 다양한 분야에서 활동하던 인물들이었다.

이 제주불교협회의 결성으로 제주불교는 본격적으로 일제의 관리 하에 활동하게 되는데, 제주불교협회의 이러한 특성은 제주불교협회 조직 구성에서 간부를 지낸 주요 인물들의 활동을 통해서도 확인해 볼 수 있다. 제주불교협회 임원의 직업은 다음의 〈표 IV-9〉와 같다.

〈표 IV-9〉 제주불교협회 임원의 직업

제주불교협회의 직위		성명	직업
회장		이회명	승려
부회장		김태민	의사, 운송주식회사 이사, 해운주식회사 대표
총무		양홍기	전라남도 도회 의원(道會 議員), 변호사
평의장	평의장	조광헌	
	평의원	송석돈 외 8인	
찬성부	찬성부장	이윤희	전라남도 도회 의원(道會 議員)

	찬성부 간사	오중헌 외 23인	
서무부	서무부장	문재창	
	서무부 간사	김형탁 외 3인	
포교부	포교부장	안도월	관음사 승려(1대 주지)
	포교부 간사	오이화 외 3인	관음사 승려(2대 주지)
성도부	성도부장	차승옥	
	성도부간사	고영하 외 1인	
교육부	교육부장	강태현	1928년 제주불교협회 대표
	교육부 간사	양창보 외 1인	
구제부	구제부장	봉려관	관음사 승려(창건주)
	구제부 간사	가미미네 라이젠(神峰來善) 외 3인	
고문		마에다 요시쓰구(前田善次)	제주도지사
		오이카와 겐고로(及川源五郎)	광주지방법원 제주지청 판사
		마쓰다 리하치(松田理八)	도립의원 의사
		김응빈	제주판관
		김종하	대정군수
		모리카와 만조(森川萬藏)	
		미네 이노주(三根伊之十)	조선식산은행 지배인
포교사		이회명	승려
시회장		홍종시	제주면장, 금융 조합 이사 등

※출처 : 『매일신보』, 『관세음보살개금원문』, 『조선총독부 관보』

　제주불교협회 조직 임원의 직업을 살펴보면 승려는 4명이고 나머지는 당시 제주도지사를 비롯한 제주도의 지역 유지들이었다. 지역 유지들의 구성을 보면 제주불교협회가 온전한 불교단체라기보다는 일제가 주도하는 사회단체로서의 성격이 더 강했음을 확인시켜준다. 제주도지사와 도회의원, 판사, 변호사, 도립의원 의사, 제주면장 등이 제주불교협회 조직의 부장 등으로 참여하였다. 이는 제주불교를 통제하고 관리하기 위한 일제의 정책적 의도를 잘 보여주는 증거라고 할 수 있다.

　초창기 제주불교의 항일이력으로 일제는 제주불교에 대한 통제의 필요성을 절감하고 있었다. 이러한 때 친일인사가 종교계의 주도권을 잡을 수 있는 일제 통치 정책이 시행되면서 제주도지사 마에다 요시쓰구(前田善次)가 솔선하여 참여하여 제주도 유지들의 대거 참석을 유도하였다. 이들의 참여는 제주불교협회가 사회단체로서 활동할 수 있는 틀이 되었고 불교 내적으로도 제주사회에서 제주불교의 위상을 향상시키는 계기가 되었을 것이다. 제주불교는 이후 제주불교협회를 통해 그 위상이나 규모가 한층 커지게 되었다.

위에 나타난 인물들의 성향을 좀 더 자세히 살펴보면 다음과 같다. 제주불교협회 회장을 역임했던 이회명은 근대 제주불교의 성장에 큰 기여를 한 인물이다. 이회명의 사형(師兄)인 이회광[111]은 당대 한국불교계의 최고 실력자로 친일불교의 대표적 인물이다. 이회명 역시 일본 조동종 계열 사찰에서 계를 받았으며 1920년 일제의 친일파 육성책에 의해 발족한 단체인 조선불교대회 설교사로서 활동하는 등 일본불교에 대해 호의를 지니고 있었던 인물이다. 이회명의 제주도에서의 활동은 1921년 9월 29일부터 25일간 법화사에서 진행된 동안거 설법을 시작으로 하여 1924년 11월에는 제주불교협회 회장으로 협회의 구성을 주도하고 이어 1927년 서울로 올라가기까지 제주불교협회 포교당 건설, 제주불교부인회, 제주불교소녀단 등의 구성 등 다양한 방면에서 활약했다.

이회명 외에 제주불교협회에 참여한 승려는 관음사의 안봉려관과 주지 안도월 그리고 후일 관음사 2대 주지가 되는 오이화 등이다. 이들은 모두 관음사 승려들인데, 관음사는 법정사 항일운동 이후 일제의 통제 하에 놓여있던 제주불교 활동의 재개를 위해 공식적으로 움직일 수 있는 유일한

---

111 이회광은 1908년 근대 불교 최초의 교단인 원종의 종정, 사찰령에 의해 만들어진 삼십본산 주지회의원의 원장을 역임하는 등 불교계의 최고실력자로 군림했던 인물이다. 이회광은 친일불교의 대표적 인물로 1910년 일본 조동종과의 연합 동맹을 몰래 체결하였다가 한용운 등의 임제종(臨濟宗)과 대립하기도 하였고, 1920년에도 일본 임제종에 조선불교를 종속시키려는 음모를 꾀하기도 했다.

사찰이었다. 관음사는 일제의 통제가 강화되기 이전에 이미 사찰 설치 허가를 받고 있어 제한적이기는 하나 제주불교의 공식적 활동은 대부분 관음사를 통해서만 인정받을 수 있는 상황이었던 것이다. 제주불교협회는 일제의 주도에 의해 구성되었지만 불교계에서는 관음사의 노력에 힘입은 바가 컸음을 짐작할 수 있다.

한편 제주불교협회의 임원을 맡아 활동한 일반인들의 성향을 살펴보면 다음과 같다. 제주불교협회 임원들은 제주도의 행정, 정치, 사법, 경제 등 사회 각 분야의 지역 유지들로 여타 제주불교 활동에도 두각을 나타내던 인물들이었다. 제주도의 최고 행정 책임자인 제주도지사 마에다 요시쓰구(前田善次)를 비롯하여 광주지방법원 제주지청 판사 오이카와 겐고로(及川源五郎), 도회의원인 양홍기, 이윤희, 제주면장인 홍종시와 대정군수인 김종하, 제주판관을 역임한 김응빈, 그리고 도립의원 의사 등 공직자와 경제계 인사들이 제주불교협회의 임원으로 참여하였다.

제주불교협회 고문과 회장을 역임했던 일본인 마에다 요시쓰구(前田善次)는 1923년 5월 24일 조선총독부 제주도사 겸 제주도경찰서장으로 임명된 인물이다.[112] 그는 제주불교협회 창설에서부터 관여하여 고문으로 활동하면서 제주불교포교당 건축비로 5원을 시주하였다.[113] 1927년 5월 7일 제4회 정기총회에서 제주불교협회장으로 추대되었다.[114] 오이카와 겐고로(及川源五郎)는 1922년부터 조선총독부 판사로서 광주지방법원 제주지청 판사를 시작하여[115] 1926년 7월까지 근무한[116] 인물로 제주불교협회의 고문이었다.

부회장 김태민은 조선총독부 의원으로 삼일해운주식회사 대표였다.[117]

---

112 '서임 및 사령'『조선총독부 관보』제3239호(1923. 5. 30).
113 「제주불교 확장 등 기증자 제씨」『매일신보』(1926. 1. 20).
114 「제주불교협회 총회」『조선불교』제38호(조선불교단, 1927. 6).
115 제주도,『조선총독부 관보 중 제주록』(경신인쇄사, 1995), 107쪽.
116 제주도,『조선총독부 관보 중 제주록』(경신인쇄사, 1995), 146쪽.
117 제주도,『조선총독부 관보 중 제주록』(경신인쇄사, 1995), 35쪽, 288쪽.

총무 양홍기는 변호사와 전라남도 제주도구 도회의원을 역임하였다.[118] 찬성부장 이윤희도 전라남도 제주도구 도회의원을 역임하였다.[119] 시회장 홍종시는 제주면장과 제주읍장을 지냈고 주임관(奏任官) 대우자였다.[120] 제주지방 금융조합 조합장 등을 역임하였다.[121]

제주불교협회의 이러한 인물 구성은 제주불교협회의 친일적 성격을 그대로 드러내주는 것이다. 또한 제주불교협회 조직 구성에 일반인들의 비중이 큰 것은 제주불교협회가 순수한 불교단체라기 보다는 일제가 주도하는 사회단체로서의 성격이 짙었다는 점을 말해주는 것이기도 하다.

이와 같이 제주사회 유지들이 주도하던 제주불교협회의 활동은 일제 문화정치의 일환으로 시행된 정책의 결과였다. 다수의 제주도 지역 유지들과 일본인이 고문으로 참여하는 불교협회의 모습은 바로 "신명을 바칠 핵심적 친일인물을 물색하고 이들을 귀족·양반·부호·실업가·종교가들 사이에 침투시켜 친일단체를 만든다. 각종 종교단체에서 친일파가 최고 지도자가 되게 하고 일본인을 고문으로 앉혀 어용화 한다."는 〈조선민족운동에 대한 대책〉의 정책적 수행의 결과임을 알 수 있다. 즉 친일파 육성을 위한 일제의 정책 기조가 실행되면서 제주불교협회에는 제주도의 친일 인사로써 군수, 면장, 도회의원, 변호사, 판사 등의 행정, 정치, 법조계 인물들은 물론 교통, 전기, 주조, 금융, 어업, 해운 등 다양한 경제 분야의 인물들까지 모두 참여하게 된 것이다. 물론 이러한 현상이 가능했던 것은

---

118 제주도, 『조선총독부 관보 중 제주록』(경신인쇄사, 1995), 119쪽, 236쪽.

119 제주도, 『조선총독부 관보 중 제주록』(경신인쇄사, 1995), 236쪽.

120 제주도, 『조선총독부 관보 중 제주록』(경신인쇄사, 1995), 201쪽. 일제시대 지방 관리의 직제는 칙임관 주임관 판임관으로 나뉘어 있었다. 일제시대의 주임관은 군수와 도사(島司) 이상의 관리로 총독이 임명하였다. 이중 주임관의 임용은 원칙적으로 고등문관시험 합격자로 하되 법관 중에서도 임용하게 되어 있었다. 홍종시는 아마 시험을 치른 것이 아닌 채로 임명되어 이에 준하는 대우를 하였다는 뜻인 것으로 보인다.

121 제주도, 『조선총독부 관보 중 제주록』(경신인쇄사, 1995), 76쪽, 77쪽, 109쪽, 201쪽.

제주도사였던 마에다 요시쓰구(前田善次)의 참여가 큰 견인차 역할을 하였다.

제주불교는 1918년에 법정사 항일운동으로 제주도민들의 국권 수호 의지를 결집한 이력이 있으며, 이러한 제주불교의 항일의식은 제주도민들에게 큰 반향을 일으킨 바여서 제주불교의 관리와 통제는 일제의 당면 과제였음에 틀림없다. 1918년 법정사 항일운동 이후 제주불교의 첫 활동은 바로 제주불교협회 결성이다. 이는 바로 제주불교로서는 항일이력으로 통제되었던 활동을 재개할 수 있는 기회였고, 일제로서는 제주불교를 통제할 수 있는 단체를 구성할 수 있는 기회였던 것이었다.

다음의 〈표 Ⅳ-10〉은 제주불교협회 임원들이 제주불교협회에서 어떤 활동을 보여주는지를 정리한 것이다. 제주불교협회 임원,[122] 제주불교협회 발기인,[123] 관세음보살 개금불사,[124] 제주불교포교당 건축비 시주금,[125] 직업[126] 순으로 정리하였다.

〈표 Ⅳ-10〉 제주불교협회 임원들의 불교 활동

연번	성명	제주불교협회 임원	제주불교협회 발기인	관세음보살 개금불사	제주불교포교당 건축비 시주금	직업
1	이회명	회장 / 포교사	발기인	동참		승려(관음사)
2	마에다 요시쓰구 (前田善次)	고문 / 회장		동참	5원	제주도지사

---

122 「불교협회 성립」『매일신보』(1925. 1. 8),『관세음보살개금원문』(1925, 제주 관음사 소장).

123 『조선불교』제10호(조선불교단, 1925. 2. 11).

124 『관세음보살개금원문』(1925, 제주 관음사 소장).

125 「제주불교 확장 등 기증자 제씨」『매일신보』(1926. 1. 20).

126 직업은 『조선총독부 관보』를 통해 찾았다. 『조선총독부 관보』에 기재되지 않은 인물들의 출처는 따로 주를 달았다.

3	김태민	부회장		동참	10원	의사
4	양홍기	총무	발기인	동참	10원	변호사, 도회의원
5	조광헌	평의장		동참		
6	송석돈	평의원		동참	5원	임시포교소무 상대여
7	이윤희	찬성장		동참	20원	도회의원
8	오중헌	찬성부 간사		동참		경제계
9	문재창	서무부장	발기인	동참	10원	
10	김형탁	서무부 간사		동참		
11	안도월	포교부장	발기인	동참		승려(관음사)
12	오이화	포교부 간사	발기인	동참		승려(관음사)
13	차승옥	성도부장	발기인	동참	2원	경제계
14	고영하	성도부 간사		동참	3원	
15	강태현	교육부장	발기인	동참		
16	양창보	교육부 간사	발기인	동참		
17	봉려관	구제부장	발기인	동참		승려(관음사)
18	가미미네 라이젠 (神峰來善)	구제부 간사		동참		
19	김종하	고문		동참		대정군수
20	김응빈	고문		동참		제주판관
21	오이카와 겐고로 (及川源五郎)	고문		동참	5원	광주지방법원 제주지청판사
22	모리카와 만조 (森川萬藏)	고문		동참		
23	마쓰다 리하치 (松田理八)	고문		동참		도립의원 의사
24	미네 이노주 (三根伊之十)	고문		동참	4원	조선식산은행 지배인
25	홍종시	시회장		동참	2원	제주읍장

※출처 :『매일신보』,『관세음보살개금원문』,『조선총독부 관보』등

제주불교협회에 일본인 또는 친일인사들이 대거 참여하게 되는 것은 일

제의 계획된 의도에 의한 것이었고, 제주불교로서는 항일 인사들의 활동으로 위축되어 있던 일제 강점기 제주불교 활동을 다시 점화시킬 수 있는 기회이기도 하였다. 실제적으로 제주불교협회의 활동은 제주사회에서 제주불교의 위상을 향상시키는 원동력이 된 것이 사실이다.

그러나 제주불교협회는 불교계가 필요로 했던 순수한 불교단체가 아니라 일제가 주도하는 사회단체로서의 특성 때문에 제주불교협회를 주도하였던 이회명과 제주도지사 마에다 요시쓰구(前田善次)가 제주도를 떠나자마자 부진을 면치 못하게 된다. 이는 제주불교가 활동을 재개하기 위해 일제의 힘에 의지하기는 하였으나 제주불교계 저변으로부터의 확고한 지지를 얻지는 못했음을 보여주는 것이다.

제5부
넘어진 자리에서 일어서

- 1930년대 제주불교연맹 활동과
  제주불교 활동

I. 1930년대 제주불교 동향과 활동

1930년대 제주불교는 제주불교의 독자적 활동의 장을 마련하기 위한 노력과 그 결실의 시기였다고 할 수 있다. 1930년대에 이르러 제주불교는 제주도내의 불교계 인물들이 불교활동 전면에 나서 활동함은 물론, 심전 (心田)개발운동의 영향으로 불교활동의 활성화 시기를 맞이하였다. 항일 이력으로 인한 일제의 통제에서 벗어나기 위해 1920년대 이회명과 일제가 주도한 불교활동에 적극 협조하며 얻어낸 결과가 1930년에 이르러서 비로소 나타나는 것이다.

1930년 제주불교 인물로는 처음으로 안도월이 관음사 포교담임자로 허가된다. 그리고 곧바로 1931년 안도월이 주도한 제주불교임시대회가 열리고 여기에서 촉발된 제주불교의 자주적 활동 노력은 1939년 제주불교연맹에서 오이화가 제주불교활동을 주도하게 되면서 결실을 맺게 되었다. 1930년대는 관음사 창건 이후 가장 왕성한 사찰의 증가를 가져온 시기로, 불교활동을 위한 순수 불교단체의 구성은 물론, 전통불교사상을 실천하기 위한 노력을 위시하여 서로 다른 본사를 갖고 있는 사찰들의 통합 활동 등 제주불교 인물들이 주체적으로 움직이며 제주불교를 활성화시킨 시기였다.

1930년대에 주목할 만한 인물은 단연 안도월과 오이화이다. 이들은 관음사 1대, 2대 주지를 역임한 인물들로서 관음사 창건시기부터 활동해 왔다. 1920년대 제주불교협회 활동 당시에는 이회명을 도와주는 역할로 참여하다가 1930년대에 이르러서는 독자적으로 제주불교 활동을 주도해 나가려는 노력을 보여준다.

한편 1930년대는 심전개발운동에 의해 육지부 본사의 승려들이 활발하게 제주도 활동을 펼치던 시기이기도 하다. 대흥사에서는 문학연과 조희영, 백양사에서는 이일선, 이세진 등 당대 실력을 인정받던 인물들이 제주도 활동을 시작하였다.

1. 사찰 창건 증가

제주불교는 1930년대에 들어 사찰과 신도의 급격한 증가를 가져온다. 1918년 제주 법정사 항일운동의 여파로 일제의 통제를 받아 활동이 정지되었던 제주불교는 1924년 제주불교협회를 결성, 제주불교를 효과적으로 통제 관리하기 위해 초대된 친일 성향의 이회명을 회장으로 하고, 일본인인 제주도지사를 참여시키며 일제의 적극적 관리하에 운영되었다. 그러다 보니 제주불교협회는 이회명과 제주도지사가 제주도를 떠나는 1920년대 말에 이르러서는 부진한 활동상을 보일 수밖에 없었다.

이에 1931년 관음사 주지 안도월이 제주도 전체를 아우르는 불교 활동을 추진하면서 제주불교는 다시 활성화되기 시작하였다. 그리고 1936년부터의 심전개발운동은 제주불교 활동을 더욱 풍부하게 해주었다. 1918년 제주 법정사 항일운동으로 사찰 설치 신고조차 불가능했던 시대와는 달리, 일제 주도의 제주불교협회 시기에 비로소 하나둘 시작된 사찰 창건은 1930년대 들어서 본격적으로 증가하기 시작하는 것이다. 이는 제주불교협회의 활동으로 이전과 달리 불교활동이 비교적 자유로워진데도 그 까닭이 있고, 제주불교협회에서의 활동 경험으로 제주도 자체적인 역량을 결집시킬 수 있었던 데도 그 원인이 있을 것이다.

일제 강점기 사찰 수는『조선총독부 관보』를 통해 파악 가능하다. 이는 사찰령의 규제 때문이다. 그러나 당시 모든 사찰이 설치 허가를 받은 것은 아니었다. 사찰령의 규정을 피하기 위해 만들어진 선학원 계열의 월정사, 강창규의 서산사 등 항일운동과 연관이 있는 사찰들은 총독부에 신고하지 않고도 활동하고 있었다.

그렇지만 일제 강점기 동안은 기본적으로 총독부에 설치를 신고하는 것이 정해진 수순이었다. 제반 시설을 갖추고 난 후 설치 신고를 하는 것으로 파악되는데 이 때문에 대부분 사찰 창건 연도가 신고 연도보다 앞서게 된다. 1945년 말 활동하고 있던 제주불교의 사찰 수는 82개소로 조사되었

〈그림 29〉 대흥사 제주포교소 불탑출장소 석존강탄기념

다. 근대 제주 사찰 총 개수는 부록 2로 정리하였다.

조선총독부 신고 사찰을 연대별로 정리한 내용은 아래의 〈표 V-1〉와 같다. 장소를 이전하여 신고한 사찰은 이전 해당 연도의 설치 사찰 수에 포함하였기 때문에 일련번호는 53이다.

〈표 V-1〉 조선총독부 신고 사찰 현황(연대별)

연대별		신고 연도별		포교소 명칭	소재지	사찰명 및 비고	연번
연대	수	연도	수				
1910년대	2 개소	1917년	1	진종대곡파 본원사 제주도포교소	삼도리	일본 사찰	1
		1918년	1	대흥사 제주도포교당	아라리	관음사	2
1920년대	4 개소	1924년	2	백양사 제주포교소	삼양리	원당사	3
				백양사 제주포교소	상효리	무관암	4
		1926년	1	대흥사포교당 산남출장소	하원리	법화사	5
		1928년	1	화엄사 제주포교소	하도리	금붕사	6
1930년대	31 개소	1930년	1	대흥사 제주포교소 불탑출장소	삼양리	불탑사	7
			2	위봉사 제주도포교소	서일과리	원각사	8

		3	위봉사 제주도포교소	금덕리	극락사	9
	1931년	1	대흥사 제주포교소 고산출장소	고산리	월성사	10
		2	선암사 제주도 조천포교소	조천리	고관사	11
	1932년	1	법주사 제주포교당	조천리	양진사	12
	1933년	1	백양사 고내포교당	고내리	고내사	13
		2	위봉사 제주읍 회천리포교당	회천리	만덕사	14
	1934년	1	백양사 동명리포교당	동명리	극락사	15
		2	위봉사 애월면포교당	고내리	월주사	16
	1935년	1	백양사 제주도 서귀포교당	서귀리	이전(상효리에서)	17
		2	백양사 함덕포교당	함덕리	외꼴절	18
		3	위봉사 안덕면포교당	사계리		19
1930년대	1936년	1	백양사 한림포교당	옹포리	월계사	20
		2	법주사 제주도 동홍포교당	동홍리		21
		3	위봉사 상귀리포교당	상귀리	귀이사	22
		4	위봉사 제주읍 도평포교당	도평리	서관음사	23
		5	위봉사 해안리포교당	해안리		24
	1937년	1	법주사 서귀포 신효포교소	신효리	이전(동홍리에서)	25
		2	백양사 북촌포교당	북촌리		26
		3	백양사 토산포교당	토산리	관통사	27
		4	위봉사 성산포교당	성산리	일광사	28
		5	본문법화종 대본산 본능사 제주도포교소	서귀리	일본 사찰	29
	1938년	1	백양사 제주포교당	일도리	성광사	30
		2	봉은사 애월면 구엄리포교당	구엄리		31
		3	실상사 제석암포교당	이도리	제석사	32
		4	위봉사 제주표선포교당	토산리	봉주사	33
		5	본문법화종 조선 본능사 중문포교소	중문리	일본 사찰	34
	1939년	1	대흥사 김녕포교당	서김녕리	백련사	35

			2	대흥사 해륜포교당	용담리	해륜사	36
			3	백양사 김녕포교당	동김녕리	금중사	37
1940년대	15 개소	1940년	1	기림사 고내리포교소	고내리	고운사	38
			2	기림사 사계리포교당	사계리		39
			3	기림사 하원포교당	하원리	원만암	40
			4	대흥사 판포포교당	판포리	통천사	41
			5	백양사 사계포교당	사계리		42
		1941년	폐지	본문법화종 조선 본능사 중문포교소	중문리	일본 사찰	43
			1	기림사 귀덕포교당	귀덕리	귀덕사	44
			2	대흥사 서귀면포교당	호근리	용주사	45
			3	위봉사 평대포교당	평대리		46
			4	위봉사 하례포교당	하례리		47
			5	위봉사 한동포교당	한동리		48
		1942년	1	위봉사 인성포교당	인성리	이전(사계리에서)	49
			2	위봉사 금등포교당	금등리	이전(한동리에서)	50
		1943년	1	동일과리포교당	동일과리	이전(회천리에서)	51
			2	대흥사 제주 청수포교당	청수리		52
		1944년	1	대흥사 말사 관음사 대정포교소	하모리	대정사	53

※출처 : 『조선총독부 관보』

　『조선총독부 관보』의 제주도 사찰 신고 현황은 1945년 3월 14일 기록까지 있다.[1] 1944년 9월 15일 포교소 설치를 신고한 대흥사 말사 관음사 대정포교소가 마지막 기록이다. 『조선총독부 관보』에 신고 기록을 남기고 있는 제주도 사찰은 모두 53개소이다. 이 가운데 장소 이전을 신고한 사찰 5개소와 폐지 신고 사찰 1개소[2]를 제외하면 1945년까지 조선총독부에

1 '포교소 설치 신고'『조선총독부 관보』제5430호(142권, 482면)(1945. 3. 14).

신고하고 활동한 사찰은 47개소가 된다. 장소 이전 신고를 한 사찰은 기존의 사찰이 없어진 것으로 보았다. 이외에도 일본 사찰 3개소가 설치되어 있었다.

〈표 V-1〉에서 볼 수 있듯이 1928년까지 총독부에 신고하고 활동하였던 제주도 사찰은 일본 사찰 1개소를 포함하여 6개소뿐이다. 그러던 것이 1930년대에 들어서면서 제주도 전지역에서 사찰이 신고된다. 1930년대에 총독부에 신고한 사찰은 일본 사찰 2개소 포함 31개소이다. 이 중 2개소는 장소 이전 신고 사찰로 1924년 상효리에 창건된 무관암이 서귀리로 이전하였고 1936년의 법주사 동홍리포교소가 신효리로 이전 신고하였다. 따라서 1930년대에 새로 사찰 설치를 신고한 곳은 29개소라 할 수 있다. 이러한 사찰의 증가 현상으로 볼 때 1930년대 제주불교는 1908년 관음사 창건 이후 가장 왕성한 활동의 시기를 맞이하였던 것으로 보인다.

1930년대 신고 사찰을 연도별로 살펴보면, 1930년부터 1936년까지 17개소, 1937년부터 1939년까지 일본 사찰 2개소를 포함한 12개소가 신고하였다. 1930년부터 1936년까지 신고한 17개소의 사찰은 관음사의 안도월이 주도하던 제주불교의 독자적 활동 흐름 속에서 창건된 사찰로 볼 수 있고, 1937년부터 1939년까지의 12개소는 심전개발운동의 영향 아래 있었던 사찰로 파악된다.[3]

이처럼 이 시기에 제주불교가 활성화되면서 1930년대 이전부터 1936년까지 신고 사찰은 모두 24개소에 이른다. 제주시의 삼도리, 아라리, 동쪽 지역의 삼양(2개 사찰), 회천, 조천(2개 사찰), 함덕, 하도, 서쪽 지역의 도평, 해안, 상귀, 고내(2개 사찰), 금덕, 동명, 옹포, 서일과, 고산 그리고 서귀포 지역의 서귀, 상효, 하원, 사계, 동홍 등 제주도 전역에서 사찰이 활동을 펼친다. 1920년대에 제주시 방면에 3개소, 서귀포시에 2개소, 동쪽

---

2 1938년 중문리의 일본 사찰이 1941년에 폐지 신고를 한다.

3 1936년 8월에 심전개발운동이 제주도에서 시작되었기 때문에 1937년 이후를 심전개발운동의 영향을 받은 것으로 생각하였다.

지역인 하도리에 1개소만 신고하였던 것과 비교하면 1930년대는 제주도 전역에 걸쳐 골고루 사찰 창건이 이루어지고 있음을 보여주고 있다.

1930년까지 9개소에 불과했던 사찰이 6년 사이에 이렇게 증가한 것은 안도월이 관음사를 대표하며 제주불교의 역량을 결집시켰고, 안도월이 주도한 제주불교임시대회를 통하여 제주불교가 독자적으로 활동할 수 있는 분위기가 조성된 결과라 하겠다.

1917년부터 1939년까지 총독부에 설치 신고한 사찰은 모두 35개소였다.[4] 이후 1940년대에는 12개소가 사찰 설치를 신고한다.[5]

그러나 1945년까지 총독부에 신고하지 않고 활동한 제주도의 사찰은 39개소가 더 있었다. 이 중 창건연도와 활동연도를 파악할 수 있는 사찰만도 17개소에 이른다. 다음의 〈표 V-2〉는 총독부에 신고하지 않은 사찰이다.[6]

〈표 V-2〉 조선총독부 미신고 사찰 현황

연번	창건 연도	사찰명	출처
1	1911년	법정사	『매일신보』 등
2	1925년	제주불교포교당(이도리, 대각사)	『매일신보』(1925. 4. 10)
3	1930년	원천사(수산리, 최청산 창건)	제주교무원 「연혁철」
4	1934년	백양사 명월성포교지부	『매일신보』(1935. 3. 15)

---

4 〈표 V-1〉의 연번은 이전 신고 2개소까지 포함하였기 때문에 37번까지 나타난다.
5 〈표 V-1〉의 연번은 폐지 신고한 일본 사찰 1개소와 이전 신고한 3개소까지 포함하여 53번까지 나타난다.
6 제주교무원 「연혁철」(1951, 한국불교태고종 제주종무원 소장)은 1930년 창건을 기록하고 있다. 원천사의 창건주 최청산은 『불교시보』제20호(불교시보사, 1937. 3. 1, 8쪽)에 활동을 기록으로 남기고 있다. 『불교시보』제30호(불교시보사, 1938. 1. 1, 16쪽)에는 법주사 수산포교당의 국방헌금 기사가 있는데 이 법주사 수산포교당이 바로 원천사인 것으로 보인다. 최청산은 1930년에 극락사에서 사미계를 내리는 법사로 활동하기도 하였다.(제주교무원, 「교도책임자명부(이력서철)」, 1951, 한국불교태고종 제주종무원 소장).

5	1934년	제주선원 월정사(제주읍 오라리)	『불교시보』제39호(1938. 10)
6	1936년	도림사(금성리 1149-3번지, 오춘송)	제주교무원 「사찰등록철」
7	1937년	대흥사 제주 관음사 평대리출장포교소	『불교시보』제33호(1938. 4)
8	1938년	선암사 고산포교당	『불교시보』제30호(1938. 1)
9	1939년	금천사(어도리 3291번지, 강동은 창건)	제주교무원 「사찰등록철」
10	1942년	선광사(남원리)	『불교시보』제90호(1943. 1)
11	1942년	위봉사 신흥리포교당	『불교시보』제85호(1942. 8)
12	1943년	서산사(동일리)	제주교무원 「교도책임자명부」
13	1944년	월광사(독지동)	제주교무원 「연혁철」
14	1944년	관음사 혜광포교당(법환리, 오한일)	제주교무원 「총무국」
15	1945년	용문암(하도리)	제주교무원 「연혁철」
16	1945년	광룡사(상대리)	제주교무원 「총무국」
17	1945년	두수암(신산리)	제주교무원 「사찰등록철」

※출처 : 『매일신보』, 『불교시보』, 제주교무원 자료 등

1930년대 활동 사찰 중에는 총독부에 설치 신고를 하지 않은 사찰 7개소가 더 있었다. 그렇다면 신고 사찰 35개소를 포함한 1930년대의 제주도 사찰은 42개소가 된다.

1940년에서 1944년까지 총독부에 신고한 사찰은 12개소이고, 신고하지 않은 8개소가 더 있었다. 1940년대의 사찰은 제주불교연맹 활동에 영향 받은 사찰로 판단된다.

이외에 일본에도 제주도 사찰이 있었다. 이들 일본 내의 제주도 사찰은 1930년대 제주불교 활동의 일환으로 이루어진 것이었다. 제주도 인물인 유종묵, 오한일은 제주도와 일본에서 각각 활동 기록을 남기고 있다.

이상에서 살펴본 바와 같이 1930년대 제주도의 사찰 증가 현상은 1930년대에 이르러 활성화된 제주불교의 단면을 잘 보여준다. 그런데 이와 반대로 제주도에서 활동한 일본 사찰은 3개소뿐으로 제주도에서 일본 사찰이 이렇다 할 활동을 전개하지 못하는 것은 제주도의 독특한 특징임을 이미 살핀 바 있다.

1930년대 제주도 사찰현황은 『제주도세요람』에서도 살펴볼 수 있다. 제주도청의 자료인 『제주도세요람』은 1935년, 1937년, 1939년 발행한 각 3권이 현재 전해진다. 제주도의 연혁부터 교통, 위생, 사회사업, 교육, 종교, 농업, 상공업, 임업, 수산, 재정 및 금융경제, 관공서 등 제주도 전반에 걸쳐 기록해 놓았다.

다음의 〈표 V-3〉은 『제주도세요람』(1935년, 1937년, 1939년)과 『조선총독부 관보』의 자료이다. 포교소 수에 있어 자료마다 조금씩 차이가 있긴 하나 대체적으로 근소한 차이이다. 〈표 V-3〉을 보면 당시 제주도청에서는 1938년에 30개소의 사찰을 파악하고 있었고, 『조선총독부 관보』도 1938년 제주도 사찰을 30개소로 기록하고 있다. 『제주도세요람』은 제주도에서 조사한 통계를 기록해 놓은 것이고, 『조선총독부 관보』는 사찰의 신고 절차에 의한 기록이다.

〈표 V-3〉 1930년대까지 사찰 수의 비교

연도별	제주도세요람(3권)	조선총독부 관보
	포교소 수	포교소 수(조선사찰)
1918년	자료 없음	1
1924년	자료 없음	3
1926년	자료 없음	4
1930년	8	8
1931년	9	10
1932년	13	11
1933년	14	13
1934년	14	15
1935년	15	18
1936년	25	23
1938년	30	30

※출처 : 『제주도세요람』, 『조선총독부 관보』

1930년대에 이르러 제주불교는 사찰의 증가와 더불어 신도수도 대폭 증가하였다. 『제주도세요람』에는 각 종교별 포교소 개수와 함께 포교자 및 신도수가 통계로 잡혀 있다. 1935년, 1937년, 1939년 발행한 『제주도 세요람』각 3권을 토대로 1930년부터 1938년 사이의 각 종교별 상황을 비교해 볼 수 있다. 다음의 〈표 V-4〉는 『제주도세요람』을 토대로 한 1930년 대 종교현황 통계이다.

〈표 V-4〉 1930년대 종교 현황

연도	불교			천주공교			조선야소교장로회			제칠일안식일야소재림회		
	포교소	포교자	신도수	포교소	포교자	신도수	포교소	포교자	신도수	포교소	포교자	신도수
1930년	8	2	4,068	2	2	402	13	3	995	2	1	31
1931년	9	3	4,573	2	2	458	13	4	934	2	1	26
1932년	13	8	5,379	2	2	420	14	4	897	3	1	20
1933년	14	9	5,112	2	2	665	14	4	2,700	3	1	20
1934년	14	8	4,166	3	6	743	16	4	1,267	3	1	27
1935년	15	13	5,394	3	5	574	16	3	783	3	1	12
1936년	25	13	5,611	3	4	530	16	6	1,150	3	1	55
1938년	30	25	6,458	3	4	453	21	24	1,346	2	1	33
증가율	275%	1150%	59%	50%	100%	13%	62%	700%	35%	0%	0%	6%

※출처 : 『제주도세요람』

〈표 V-4〉를 통해 다른 종교에 비해 불교의 확장세가 눈에 띄게 두드러짐을 알 수 있다. 불교는 포교소 수가 8개소에서 30개소로 22개소가 늘어나 백분율로 계산하면 275% 증가하였고, 천주교는 2개소에서 3개소로 1개소가 늘어나 50% 증가, 조선야소교장로회는 13개소에서 21개소로 8개소가 늘어나 62% 증가,[7] 제칠일안식일야소재림회는 2개소에서 더 이상 늘

---

7 〈표 V-4〉의 조선야소교장로회의 1933년 신도수를 보면 2,700명이다. 1932년은 897명이고 1934년은 1,267명이다. 갑작스런 증가와 감소가 1년 단위로 나타나고

어나지 않았다. 신도수는 불교가 4,068명에서 6,458명으로 59% 증가, 천주교는 402명에서 453명으로 12% 증가, 조선야소교장로회는 995명에서 1,346명으로 35% 증가, 제칠일안식일야소재림회는 31명에서 33명으로 6% 증가한 것으로 나타난다.

제주불교계에 있어 심전개발운동으로 활성화된 분위기는 사찰의 창건은 물론이고 법당과 요사 등 건축물의 건립을 비롯하여 봉불식, 탱화 조성 등 사찰에 필요한 품목의 설비 및 부대시설을 갖추는 일 등으로 확대 시행되었다. 법당 건물과 기타 필요한 부속건물을 건축하고 봉불식을 거행할 뿐 아니라 탱화 등도 조성한다. 여기에는 신도들의 도움이 큰 힘이 되었음을 기록을 통해 볼 수 있다.

다음의 〈표 V-5〉는 법당 건축 및 사찰의 설비 현황이다.

〈표 V-5〉 심전개발운동 이후(1937년 이후) 법당 건축 및 설비 현황

연번	포교소 명칭	일시	건축 및 설비 내용
1	위봉사 성산포교당	1937년 4월 8일	창설 / 봉안식
2	표선리포교당	1937년 5월 5일	봉불식 / 신설
3	법주사 신효포교소	1937년 5월	법당 요사 신설
4	대흥사 고산리포교당 월성사	1937년 7월 25일	봉불식
5	백양사 북촌포교소	1937년 9월	법당 객실 요사 신설
6	관음사 대판 대각포교당	1937년 10월 2일	봉불식
7	관음사 평대포교소	1937년 11월경	포교소 마련
8	안덕면 산방사	1937년 12월	가사불사
9	관음사 평대포교소	1938년 2월 11일	봉불식
10	백양사 서귀포포교당	1938년 3월 10일	가사불사
11	위봉사 성산포포교당	1938년 4월 8일	봉불식
12	화엄사 하도리포교당	1938년 5월	법당 신축

있는데 원인을 찾지 못하였다. 일제시대 종교 전반에 대한 연구가 뒤따른다면 더욱 의의가 있을 것으로 생각되나 차후의 연구로 남겨둔다.

13	백양사 고내봉포교소 보광사	1938년 8월 2일	지장탱 조성
14	제주선원	1938년 9월 16일	낙성 창립식
15	동김녕포교당	1938년 10월 1일	봉불식
		1938년 7월 15일	법당 요사 신설
17	기림사 하원리포교당 원만암	1938년 10월 이전	관음존상과 금종 봉안
18	백양사 제주읍포교당	1939년 2월 13일	봉불식
19	대흥사 용담리 해륜사	1939년 4월 8일	개원 봉불식
20	백양사 토산포교당	1939년 4월 이전	수백원 출자로 교당유지
21	백양사 한림포교소	1939년 9월 이전	법당 신축
24	화엄사 하도리포교당	1939년 9월 이전	낙성식

※출처 : 『매일신보』, 『불교시보』, 『불교』 등

사찰의 증가는 곧 신도수의 증가를 의미하는 것이라고 볼 수 있다. 신도의 증가는 신도들의 조직을 활성화시켰다. 〈표 V-6〉은 신도 조직 현황이다.

〈표 V-6〉 심전개발운동 이후(1937년 이후) 신도 조직 현황

연번	조직 일시	조직명
1	1937년 1월 27일	선암사 조천포교소 지장계
2	1937년 12월 1일	위봉사 성산포교소 부인회
3	1938년 11월 15일	법주사 신효포교소 불교옹호회
4	1939년 음력 2월	제주 성내 대흥사포교당 관음회
5	1942년 4월 8일	위봉사 남원면 신흥리포교당 불교부인회

※출처 : 『불교시보』

불교옹호회, 부인회 등 신도들의 조직도 활성화되었는데 선암사 조천포교소 지장계, 위봉사 성산포교소 부인회, 법주사 신효포교소 불교옹호회, 제주 성내 대흥사포교당 관음회, 위봉사 남원면 신흥리포교당 불교부인회 등이 활동하였다.

1930년대 제주불교의 이러한 외형적 확장은 심전개발운동에 힘입은 바

가 크다. 원래 심전개발운동을 추진한 일제의 의도는 식민통치를 위한 정신 계몽에 있었다. 그러나 한국불교는 이 운동을 포교 기회의 확대와 사찰 정화를 위한 계기로 삼았다. 그 결과 일제의 심전개발운동은 불교계에서는 포교의 활성화로 나타났다. 제주도에서도 심전개발운동이 실시되어 대규모 대중 집회가 사찰 중심으로 이루어지면서 불교활동이 좀 더 자유로워질 수 있었다. 이러한 상황이 신도들의 적극적인 참여를 유도해 낼 수 있었던 것이다.

일제의 통제하에 활동을 억제 당하였던 1920년대 초의 상황을 거쳐, 일제가 주도하는 제주불교협회 활동을 통해서나마 불교활동의 재개를 시도했던 제주불교는, 1931년 제주불교임시대회를 통해 제주도 자체적인 활동의 가능성을 시험하였고, 여기에서 얻은 자신감이 심전개발운동 시기와 맞물리면서 사찰과 신도수의 증가는 물론 불교활동 자체도 활성화되는 양상을 맞이한 것이다.

2. 신앙양상 변화

1930년대 제주불교는 사찰과 신도의 증가라는 외형적 성장의 시기였을 뿐만 아니라 신앙의 내용면에 있어서도 전통불교사상을 정립하기 위해 노력을 기울인 시기였다.

조선조의 억불 상황을 거치며 그간의 제주불교는 민간신앙과 밀착된 형태로 흘러오고 있었다. 1930년대 심전개발운동 시기에 들어 불교활동이 활발해지면서 제주불교는 경전을 공부하는 등 불교 본래의 신앙 모습을 찾아가기 시작하였다. 심전개발운동 포교사들은 시국 강연과 함께 법화산림, 미타산림, 정토산림, 관음산림 등을 시행하였다. 산림이라는 것은 대중을 모아놓고 불교 경전을 공부하는 신앙 양상을 말한다. 주로 많은 시간을 들여 많은 대중을 상대로 시행하기 때문에 대작불사 즉 대형 불사라고 한다. 심전개발운동으로 포교사들의 대규모 집회인 대작불사가 이뤄지면

〈그림 30〉 대시주 니대승각
성봉화상 기념비(금붕사)

서, 그 영향으로 평상시의 법회를 통해서도 불교 교리를 설교하거나 정기 설교회를 마련하고 경전강습을 여는 등 전통불교 정신을 파급시키려는 노력이 실천된다. 제주불교로서는 이 시기가 신앙 양상의 변화를 꾀하는 기회였던 것이다.

1936년 10월에 금붕사 이성봉이 주관하는 법화산림 대작불사가 있었다. 법화산림은 법화경을 강설하는 것을 말한다. 이성봉은 법화경을 인쇄하여 배포하고 제주도 전역을 대상으로 법화산림을 시행하였다. 이 법화산림은 45일 동안 대흥사 원당포교소, 백양사 원당포교소, 선암사 조천포교소, 법주사 포교소, 백양사 함덕포교소, 대흥사 고산포교소, 백양사 한림포교소 등 제주도 전역에서 실시된 대규모의 행사였다.

이성봉은 법화산림 대작불사의 이유를 불교의 근본정신을 민중에게 전하고자 함에 두었다.

제주도 법화산림 대작불사

화엄사 재적 이성봉 師는 고 자기 모친 천도를 위하야 법화경 20여부를 인출하여 제주전도 각 대본산 중요포교소에다 배포하고 舊 10월 1일 설교사 이성봉 최청산 김신산 이학암 제씨를 초대하야 각 소를 巡說하는 바 이 기회를 이용하야 제주 재래불교라는 것이 근본정신을 背하고 민중의게 問卜, 점술, 팔양경, 옥?경 등으로 종지를 삼아오든 패종 미신을 타파하고 근본정신을 주입하야 교단 체면 오손된 것을 부활키 위하야 각처 다수 신도를 집회하고 좌기 제씨는 열렬한 대작불사를 의순 진행하엿다고 한다.[8]

---

8 「제주도 법화산림 대작불사」『불교시보』제20호(불교시보사, 1937. 3. 1), 8쪽.

제주불교가 민간 신앙의 성격을 많이 띠고 있어서 전통불교의 근본정신과 다르기 때문에 미신적 요소를 타파하고 불교의 근본정신을 부활시키기 위해 법화산림 불사를 마련하고 있음을 말하고 있다. 제주불교에서 공공연히 행해지고 있던 문복(問卜), 점술(占術)과 같은 미신으로부터 벗어나 불교의 근본정신을 지키자 했던 대규모 산림이 법화산림 대작불사였다.

법화산림 대작불사는 1936년 10월 1일에 시작하여 11월 21일까지 45일 동안 모두 7회에 걸쳐 마련되었고 한 포교소에서 7일 동안씩 시행되었다. 법화산림 대작불사의 전모를 〈표 V-7〉로 살펴본다.

〈표 V-7〉 1936년 제주도 법화산림 대작불사 실시 현황

차수	일시	설교	장소
제1회	1936년 10월 1일	문학연	대본산 대흥사 원당포교소
	1936년 10월 2일	이성봉	
	1936년 10월 3일	최청산	
	1936년 10월 4일	문학연	
	1936년 10월 5일	김신산	
	1936년 10월 6일	최청산	
	1936년 10월 7일	문학연	
제2회	1936년 10월 8일	문학연	대본산 백양사 원당포교소
	1936년 10월 9일	최청산	
	1936년 10월 10일	이성봉	
	1936년 10월 11일	김신산	
	1936년 10월 12일	이학암	
	1936년 10월 13일	최청산	
	1936년 10월 14일	문학연	
제3회	1936년 10월 15일	문학연	대본산 선암사 조천포교소
	1936년 10월 16일	최청산	
	1936년 10월 17일	이성봉	
	1936년 10월 18일	김신산	
	1936년 10월 19일	이학암	

	1936년 10월 20일	최청산	
	1936년 10월 21일	문학연	
제4회	1936년 10월 22일	문학연	대본산 법주사 포교소
	1936년 10월 23일	최청산	
	1936년 10월 24일	김신산	
	1936년 10월 25일	이성봉	
	1936년 10월 26일	이학암	
	1936년 10월 27일	최청산	
	1936년 10월 28일	문학연	
제5회	1936년 10월 29일	최청산	대본산 백양사 함덕포교소
	1936년 10월 30일	김신산	
	1936년 11월 1일	이성봉	
제6회	1936년 11월 5일	문학연	대본산 대흥사 고산포교소
	1936년 11월 6일	김신산	
	1936년 11월 7일	이학암	
	1936년 11월 8일	이성봉	
	1936년 11월 9일	최청산	
	1936년 11월 10일	김신산	
	1936년 11월 11일	문학연	
제7회	1936년 11월 15일	문학연	대본산 백양사 한림포교소
	1936년 11월 16일	이학암	
	1936년 11월 17일	김신산	
	1936년 11월 18일	이성봉	
	1936년 11월 19일	최청산	
	1936년 11월 20일	이학암	
	1936년 11월 21일	문학연	

※출처 : 『불교시보』

법화산림 대작불사에 참여한 설교사는 김신산, 문학연, 이성봉, 이학암, 최청산 등 5명이다. 문학연이 열 세 번의 설교를 담당하고, 최청산 열 한 번, 김신산 여덟 번, 이성봉 일곱 번, 이학암이 여섯 번의 설교를 하였다.

표에서 보는 것처럼 산림이란 대규모로 진행되는 불사이다. 이러한 불사가 수차례에 걸쳐 시행되었다는 것은 당시 제주불교 활동이 얼마나 크게 활성화되어 있었는지를 보여주는 것이다.

일제 당국이 정신계몽을 목적으로 실시한 심전개발운동을 불교계는 불교 포교의 기회로 활용하였는데, 그 내용은 심전개발을 위한 시국 강연과 함께 불교포교를 위한 불사가 마련되어 있는 것을 보면 알 수 있다. 1930년대에 실시된 법회 및 재일(齋日)은 〈표 V-8〉과 같다.

〈표 V-8〉 1930년대 제주불교 법회 및 재일 실시 현황

일시	불사 내용
1936년 10월 45일간	화엄사 제주포교당 법화산림 대작불사
1936년 10월 7일간	법주사 제주 조천포교당 법화산림
1936년 11월 7일간	대흥사 제주 성내포교소 미타 정토산림 법회
1937년 1월 7일간	선암사 제주포교소 관음기도
1937년 1월 7일간	위봉사 고내리교당의 염불기도회
1937년 3월 7일간	서귀포 백양사포교당 법화산림
1937년 12월	산방사의 정토산림
1937년 12월	삼양리 백양사포교당의 백일 기도
1938년 2월	구좌면 관음사 출장포교소 월 2회 정기 설교와 경전 강습
1938년 3월 7일간	백양사 서귀포교당의 가사불사
1938년 8월	표선포교소의 백중절 기원제 (우란분 법회 거행)
1938년 7월	원당사의 예수제와 위령법요식 거행
1939년 2월	제주 성내 대흥사포교당 열반절 기념
1939년 2월	제주 성내 대흥사포교당 관음산림

※출처 : 『불교시보』

1936년 10월 법주사 제주 조천포교당에서 7일간의 법화산림이 있었고,[9] 1936년 11월에는 대흥사 제주 성내포교소에서 문학연 포교사를 법주(法

---

9 「법맥 상속식」『불교시보』제20호(불교시보사, 1937. 3. 1), 8쪽.

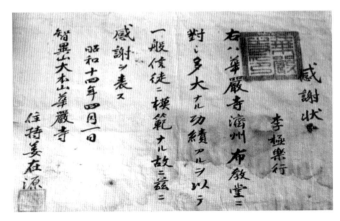

〈그림 31〉 감사장(화엄사 제주포교당 이극락행)

主)로 하여 일주일간의 미타정토산림[10]이 행해졌다. 1937년 3월 서귀포 백양사포교당 법화산림에는 김해운, 송재술, 문학연, 최청산, 이학암 등의 포교사가 참여하였고 7일간의 법화산림에 매일 3, 4백 명의 신도가 출석 하였다.[11] 1937년 12월에는 안덕면 산방사에서 정토산림이,[12] 1939년 2월 에는 조희영 포교사의 주도로 대흥사 제주 성내포교당에서 관음산림이 마 련되었다.[13] 이외에 염불기도회,[14] 백일기도,[15] 관음기도[16] 등과 성탄 법 회,[17] 우란분 법회,[18] 예수재,[19] 열반재[20] 등 불교의 재일에 법회를 열었다.

---

10 「대본산 대흥사 제주성내 포교소 미타산림 법회」『불교시보』제20호(불교시보사, 1937. 3. 1), 8쪽.

11 「제주 서귀포 백양사포교당 법화산림 대성황」『불교시보』제21호(불교시보사, 1937. 4. 1), 9쪽.

12 「산방사의 가사불사」『불교시보』제31호(불교시보사, 1938. 2. 1), 12쪽.

13 「동교(同敎) 관음산림」『불교시보』제47호(불교시보사, 1939. 6. 1), 16쪽.

14 「고내리교당의 염불기도회」『불교시보』제25호(불교시보사, 1937. 8. 1), 15쪽.

15 「제주도 삼양리 백양사포교당의 백일 기도 회향」『불교시보』제31호(불교시보사, 1938. 2. 1), 9쪽.

16 「대본산 선암사 제주포교소 관음기도」『불교시보』제34호(불교시보사, 1938. 5. 1), 7쪽.

17 「대본산 백양사 제주도 서귀포포교당의 석존강탄(降誕) 기념식 거행」「대흥본산

불교의 재일은 재가 불자들이 출가 수행자들과 같이 계를 지키는 날이다.[21] 또한 대흥본산 소속 제주 관음사 평대리포교당에서는 월 2회 정기설교, 경전강습[22] 등과 같은 정기적인 경전 공부 모임을 개최하는 등 전통불교를 포교하기 위한 노력이 다양하게 전개되었다.

그러나 이러한 양상이 이전과는 분명히 다른 제주불교의 모습인 것은 사실이지만, 단시일 안에 제주불교의 획기적인 변화를 완성해 낸 것은 아니었다. 민간신앙적 행위가 사찰내에서 거행되는 제주불교의 신앙양상에 대해서는 1945년에 이르기까지도 계속적으로 반성하고자 하는 노력이 이어진다.

II. 제주불교임시대회

1931년 제주불교임시대회는 관음사의 안도월 등 제주불교계의 인물들이 제주불교 혁신을 위해 개최한 대회이다. 친일 인사 이회명과 제주도지사 마에다 요시쓰구(前田善次)가 제주도를 떠나면서 이들의 관리로 이루어졌던 제주불교협회 활동이 부진해지자 안도월과 제주불교의 인물들이

제주교당 성탄봉축」「제주도 성산포교소의 성탄 봉축회」『불교시보』제36호(불교시보사, 1938. 7. 1), 7쪽.

18 「제주 표선포교소의 백중절 기원제」『불교시보』제39호(불교시보사, 1938. 10. 1), 15쪽.

19 「원당사의 예수제와 위령법요식 거행」『불교시보』제41호(불교시보사, 1938. 12. 1), 12쪽.

20 「제주성내 대흥사포교당 열반절 기념」『불교시보』제47호(불교시보사, 1939. 6. 1), 16쪽.

21 불교의 재일은 출가재일 열반재일 탄신일 성도재일을 비롯하여 10재일 등에 재가 불자들이 출가 수행자들처럼 계를 지키도록 하는 제도이다.

22 「제주도 구좌면 관음사 출장포교소 출현」『불교시보』제33호(불교시보사, 1938. 4. 1), 10쪽.

〈그림 32〉 조선총독부
관보(포교담임자 변경
신고-안도월)

제주불교의 자주성을 회복하기 위해 그동안 축적된 역량을 결집시켜 제주불교임시대회를 성사시켰다.

1930년 4월 15일 대흥사 제주포교소 즉 관음사의 포교담임자가 이회명에서 안도월로 바뀌게 되는데 이는 당시의 제주불교로서는 획기적인 일이었다. 1908년 창건된 관음사는 1930년에 이르러서야 제주불교계 인물이 사찰령 시행 이후 처음으로 포교담임자로 임명되어 사찰 운영의 책임을 맡게 되었다.

포교담임자 변경

계출일 : 1930. 4. 15
종파 및 포교소 : 선교양종 대본산 대흥사 제주도포교소
소재지 : 제주면 아라리 387번지
구담당자 : 이회명
신담당자 : 해남군 삼산면 구림리 대흥사 안도월[23]

이는 일제가 처음으로 관음사 인물의 활동을 공식적으로 허가한 것으로 제주불교는 이 날을 위해 이회명과 일제 당국에 의지하며 1920년대 활동을 이어왔다고 할 수 있다. 안도월의 포교담임자 취임으로 제주불교는 그동안의 일제 통제로부터 벗어나 비교적 자유로운 활동을 전개할 수 있다는 자신감까지 얻게 되었다.

23 '포교담임자 변경 신고' 『조선총독부 관보』제1048호(86권 664면)(1930. 7. 2).

관음사 주지 안도월은 관음사가 창건되자 김석윤과의 인연으로 용화사 영봉 화상과 함께 제주도에 들어온 이후 관음사 1대 주지로 활동하였다. 안도월은 1924년 이회명의 제자로 건당하여 친일 사회단체인 제주불교협회에서 활동하면서도 제주불교의 중심인 관음사의 역할에 대해 고민하고 있었다. 그러다가 이회명과 일본인 제주도지사가 제주를 떠나면서 제주불교협회 활동이 침체에 빠지자 안도월은 제주불교협회에서 벗어나 독자적인 제주불교 활동의 활성화를 이뤄내기 위해 전면에 나섰다.

그 결과 1931년 11월 29일 제주불교 포교 사업의 혁신을 목적으로 한 제주불교임시대회가 개최되었다. 이 대회는 제주불교협회와는 달리 제주불교계의 인물인 관음사의 안도월과 오일화가 주도했다. 이는 1920년대 제주불교 상황과 크게 달라진 점으로, 이 시기에 들어 제주불교는 일제의 관리에서 벗어나 자체적으로 활동할 수 있다는 자신감을 가지게 된 것으로 파악된다. 제주불교임시대회는 일제의 주도로 활동하던 불교협회 활동에서 벗어나 제주도 토착 불교세력들을 구심점으로 다시 한 번 불교활동의 활성화를 추진하고자 했던 움직임으로 제주불교의 자생적 활동을 처음으로 보여준다는 데에 큰 의의가 있다. 1920년대 제주불교를 주도했던 제주불교협회는 1931년에도 여전히 존속하고 있었지만, 그럼에도 불구하고 안도월은 제주불교협회와는 무관하게 제주불교임시대회를 개최하였다. 대회의 전개사항을 보면 각지의 포교소 상황을 점검 하는 등 제주불교 전반의 체계적인 개선책을 마련하기 위해 애쓰고 있음을 알 수 있다.

제주불교임시대회 개최

제주불교포교소의 중요 간부 안도월, 오일화 양 법사의 간선으로 당지 포교사업을 일층 혁신코자 본월 29일 오후 1시에 임시 불교대회를 개최하여 포교사 안도월씨 사회로 당지 불교상황 및 회규를 낭독한 후 제반 사무를 협의키 위하여 임시 의장은 허응대씨로 선거하였다. 동 허응대씨는 중망에 의하여서 의장석에 취하고 현하 불교의 퇴보됨을 규창하고 장래 교무를 쇄신할 정신으로 제반 실행은 재차 대회에서 결정하기로 보류하였는데 협의사항은 아래와 같다.

　　일. 신사업에 관한 건

　　이. 포교에 관한 건

　　삼. 교육에 관한 건

　　사. 역원 선거에 관한 건

　　오. 당지에 있는 각 포교소 상황 조사에 관한 건[24]

　제주불교임시대회는 당대 불교가 퇴보되었다고 스스로 진단하고 이를 개선하기 위한 포교사업의 혁신 필요성을 제기하였다. 대회에서 안도월은 당면한 불교 상황과 회규를 낭독하였다. 법정사 항일운동과 친일 성향의 불교협회 활동을 낱낱이 지켜본 안도월로서는 일제의 간섭하에 전개되는 불교 활동에 대한 반성과 그로 인해 침체된 제주불교 상황에 대해 그 누구보다도 절실한 안타까움을 지니고 있었을 것이다. 제주불교임시대회의 임시의장인 허응대도 불교가 퇴보됨을 소리 높여 말하고 교무 쇄신을 위해 나설 것을 주장하였다.

　제주불교임시대회를 위해 이들이 새로운 회규를 마련하였다는 것은 제주불교협회를 대신할 새로운 틀을 만들어보고자 하는 강력한 의지를 대변하는 것이다. 이 제주불교임시대회의 탄생은, 1937년까지도 제주불교협회가 존재하고 있었지만, 제주불교임시대회가 열리는 1931년경에 이르러 제주불교협회는 이미 제주불교계를 대표하는 단체로서의 기능을 상실하고 있었음을 뜻한다. 이는 제주불교계의 저변으로부터 신뢰를 얻지 못하였던 제주불교협회의 특징을 다시 한 번 확인시켜 주는 것이다.

　제주불교임시대회에서 협의한 사항은 5개 조항이다. 첫째, 신사업에 관한 건, 둘째, 포교에 관한 건, 셋째, 교육에 관한 건, 넷째, 역원(役員) 선거에 관한 건, 다섯째, 당지(當地)에 있는 각 포교소 상황 조사에 관한 건 등이 그것이다.

---

24 「제주불교 임시대회 개회」 『매일신보』(1931. 12. 6).

첫째, 신사업에 관한 건은 당시 불교가 퇴보하고 있다는 인식하에 신사업으로 새로운 불교활동을 추진한다는 것이다. 이는 제주불교협회를 벗어나 새로운 틀 속에서의 불교활동을 주도하고자 하는 의지를 보여주는 것으로, 제주도 인물과 제주도 사찰이 전면에 나서는 새로운 불교활동의 필요성을 제기하였던 것이다.

다음으로 둘째, 포교에 관한 건, 셋째, 교육에 관한 안건이 협의되었다. 이 조항에 대해서는 협의를 통해 어떤 결과를 도출해 내었는지 전해지지 않지만, 포교와 교육은 불교활동에 있어서 가장 기본적이고 중요한 사항이다. 어떤 틀을 새로 마련하던지 간에 포교와 교육을 중점으로 하겠다는 의지로 보인다.

넷째, 역원선거에 관한 건에서는 제주불교임시대회를 통해 새로운 기구를 구성해내고자 하는 의지를 표출하고 있다. 새로운 활동을 담당할 역원을 선출하여 제주불교협회를 대체할 새로운 제주불교 대표 기구를 준비하고자 한 것이다.

다섯째, 각 포교소의 상황 조사에 대한 안건이 협의되었는데, 이것은 제주도 전체 사찰을 대상으로 새로운 기구를 구성하고자 했던 대회의 성격을 보여준다. 친일 단체인 제주불교협회가 존속하고 있는 상황에서 제주도 전체 사찰을 대상으로 새로운 조직을 만들어낸다는 것은 일제에 대한 도전에 가까운 일이었다.

이 임시대회가 이후 어떤 결과를 맺었는지는 더 이상 전해지지 않는다. 그러나 새로운 기구를 구성해내지는 못하였지만 제주불교임시대회 개최가 갖는 의미는 매우 크다. 이 대회는 관(官) 주도의 제주불교협회 활동의 한계성을 뛰어넘어 사찰 고유의 활동을 불교계에서 주도한다는 자신감을 회복하였기에 가능한 것이었다. 제주도 불교인물들이 주축이 되어 제주불교 활동을 이끌어 나갈 수 있다는 것을 이 대회를 통해 천명한 것이다.

제주불교 자체적으로 사찰별 고유 활동을 전개 할 수 있다는 자신감은 1930년대 제주불교가 활성화 되는 모습에서 찾을 수 있다. 제주불교협회 시기에는 제주불교협회에 의지한 활동이 주를 이루었지만 1930년대에 들어서는 각 사찰별 활동이 활성화된다.

제주불교임시대회는 제주불교협회와는 별도로 제주불교를 통합할 새로운 기구의 조직을 희망하였다. 제주불교임시대회를 통해 이러한 의욕이 표면화되었고 이후 제주도 토착 세력들이 중심이 되는 불교활동이 가능해졌다.

1936년 안도월이 입적하고 1936년부터 일제의 심전개발운동이 제주도에서도 실시되면서 제주불교는 여전히 일제 정책의 큰 흐름을 따라가는 상황이 계속되었다. 그러나 제주불교임시대회를 주관한 관음사와 안도월의 자신감은 이후 제주불교 활동을 위한 밑거름이 되었다. 안도월의 의지는 관음사 2대 주지 오이화에게 이어져 1939년 제주불교연맹에서 제주불교 인물들이 주도적으로 나서서 활동하는 결실을 맺게 된다. 1930년대 제주불교는 제주불교 인물들이 중심이 되고 제주불교 현안을 중시하는 등, 사찰령에 의한 현실적인 한계 속에서도 독자적인 행보를 걷고자 부단히 노력했던 모습을 보여주고 있다.

III. 제주불교의 심전개발운동

1929년 세계 대공황은 일본 경제에 큰 타격을 주었고 이는 식민지 조선에도 곧바로 영향을 끼쳤다. 일본의 공황은 특히 농업 부문에서 극심했는데 조선의 미곡 과잉 생산과 대미 생사(生絲) 수출 감소에 의한 양잠업의 파탄으로 일본 농업은 위기를 맞게 되었다. 조선의 농촌은 1910년대 토지조사사업으로 토지가 상품화되면서 소작농화가 진행되어 영세농 계층이 증가하였다.

이에 총독부는 농민 계몽이라는 명분 하에 농촌진흥운동을 실시하였다. 농촌진흥운동은 1932년부터 총독부를 비롯한 관련 행정기관은 물론이고

학교, 금융조합, 경찰관서 등 공공기관이 총동원되어 관민일체의 운동으로 실시되었다. 농촌진흥운동은 식량 부족과 농촌 부채 등의 경제적인 어려움을 개선시키면서 노동에 대한 자부심과 자립정신, 황국신민으로서 감사하는 태도 등을 확립시키는 것을 목표로 하였다.

이와 더불어 천황에게 충성을 다하는 황국신민을 양성하기 위한 정신 계몽 방법으로 심전(心田)개발운동을 전개하였다.[25] 1935년부터 구체화된 심전개발운동은 국체 관념을 명확히 할 것, 경신숭조(敬神崇祖) 사상과 신앙심을 함양할 것, 보은·감사·자립 정신을 양성할 것을 원칙으로 시행되었다. 이 심전개발운동의 확산을 위해 일제는 조상숭배라는 조선의 전통을 이용함과 동시에 신앙심 함양이라는 구실로 종교계를 적극적으로 이용하였다. 이 심전개발운동에 대해 한국불교계는 불교본연의 정신을 살리고 포교 기회를 확대하며 사찰의 증설 또는 사찰 정화를 추진할 기회로 판단하여 적극 호응하게 되었다. 심전개발운동의 정신 교육은 주로 중일전쟁이라는 시대 상황에 맞추어 실시되었는데, 불교계는 국방헌금을 바치거나 군인들을 위한 기원제를 행하는 등의 협조로 불교 포교와 병행하는 활동을 보여주었다.

제주도의 심전개발운동은 1936년 8월 제주도에 파견된 문학연 포교사에 의해 대흥사 말사를 대상으로 한 지방 순회포교의 일환으로 시작되었다.

> 대본산 대흥사에서는 춘기를 이용하여 지난 5월 중에 전남 일대 말사소재 지방을 순회포교를 행하고 금번 하기를 이용하여 포교사를 제주에 파견하야 제주 전도를 순회하야 심전개발 포교를 하얏는데 일시 장소 및 연제 연사 씨명은 좌와 여하다. ···생략···[26]

이 순회포교는 8월 1일부터 12일까지 행해졌다. 문학연의 제주도에서의

25 한긍희, 「1935~1937년 일제의 '심전개발'정책과 그 성격」『한국사론』35(국사편찬위원회, 1996).
26 「대본산 대흥사 순회포교 상황」『불교시보』제14호(불교시보사, 1936. 9. 1), 8쪽.

순회 포교의 일시 및 연제, 장소 등은 〈표 V-9〉와 같다.

〈표 V-9〉 대흥사 말사 소재 지방 순회포교 제주도 포교 현황

일시	강사	연제	장소	청중	주최
1936년 8월 1일 오후 8시	문학연	신앙은 생활의 힘	한림면 고산포교소	50명	고산포교소
1936년 8월 3일 오후 8시	문학연	불교의 정신	서귀면 법화사	50명	법화포교소
1936년 8월 5일 오후 8시	문학연	심전개발과 신앙	서귀면 서귀포 공립 보통학교	600명	법환리 불교회
1936년 8월 7일 오후 8시	문학연	심전은 석존의 경작	표선리 송남석 별정 (別亭)	150명	관음사 신도측
1936년 8월 9일 오후 8시	문학연	종교와 신앙	조천공립보통학교	400명	법주사 포교당
1936년 8월 12일 오후 8시	문학연	심전개발은 정신생활	사립 화북보통학교	300명	화북 불교회

※출처 : 『불교시보』

　제주도에서 처음 실시된 심전개발 강연을 통해 심전개발운동의 내용과 규모 등의 특성을 살펴볼 수 있다. 대흥사 포교사 문학연의 순회 포교 연제는 '신앙은 생활의 힘', '불교의 정신', '심전개발과 신앙', '심전은 석존의 경작', '종교와 신앙', '심전개발은 정신생활' 등이었다. 처음 행해지는 심전개발 강의여서 그랬는지 심전의 의미에 대한 강연이 주를 이루고 있다. 심전개발과 불교와의 관계, 그리고 신앙이 생활에 주는 힘 등을 강연 내용으로 하였다. 고산포교소, 법화사, 서귀포공립보통학교, 표선리 송남석 별정 (別亭), 조천공립보통학교, 화북보통학교 등에서 강연이 열렸다. 강연을

주최하는 곳은 해당지역 불교회인데 강연 장소로는 학교가 이용되었다. 승려가 주관하는 불교 행사임에도 불구하고 공공기관에서 강연이 이루어진다는 점은 바로 심전개발운동의 기본적인 성격을 보여주는 것이다. 심전개발운동은 일제가 정책적으로 추진하는 사업으로 불교계를 넘어 공공기관의 협조가 뒷받침 되어야 가능한 일이었다는 뜻이다. 청중은 50명에서 600명에 이르렀는데 고산은 50명, 서귀포는 600명 등인 것으로 보아 마을별 인구수에 따른 참여 비율인 것으로 생각된다.

문학연은 이어 9월 15일과 16일 양일에 제주도청에서 심전개발 강연을 실시했는데 기사에 의하면 이 강연에 7천여 명이 참여하였다.

> 금번 제주도청에서 9월 15, 6일 양일간 전제주도, 중견청년지도강습회를 개최한 바 회원은 도청원, 각 읍원, 13면 직원, 어업조합원, 해녀조합원, 및 중견청년 기타 관계 단체원, 합 칠천여 명을 망라하야 島司로부터 대흥사포교사 문학연씨를 초빙하야 양일간 심전개발에 대한 대강연이 유하엿다는데 관민간 대환영을 밧고 앞으로 전도 각읍 각면을 대동 순강 예정이라고 한다.[27]

도청과 각 읍면의 소속 직원을 비롯하여 어업조합 등의 기타 단체 소속원들이 이틀 동안 무려 7천여 명이나 참여하였다. 이 강연은 단순히 불교계 행사가 아니라 제주도 전역에서 참가한 중견청년들의 지도강습회였다. 제주도지사가 문학연을 초빙하였고, 장소가 도청이라는 점에서부터 참가자들의 면모와 규모에 이르기까지 일제가 주도하는 심전개발운동의 면모를 살펴볼 수 있다.

그러나 이렇게 일제가 의도하는 정책을 선전하는 것만이 심전개발운동은 아니었다. 불교계는 심전개발운동을 포교 확대의 기회로 활용하였다. 실제적으로 대규모 대중집회가 심전개발운동으로 활성화되면서 불교계로서도 대규모의 불사를 실행할 수 있었다.

---

27 「문학연씨 초청 대강연」『불교시보』제15호(불교시보사, 1936. 10. 1), 11쪽.

이 심전개발운동은 점점 확대되어 제주도에서도 여러 차례의 대형 불사가 시행되기에 이른다. 관음사와 불교협회에서 주최하고 제주성내 중학원 강당에서 열린 '종교는 인류의 대생명'이라는 주제의 심전개발 강연회에는 5백여 명의 인원이 참석하였다.

제주 관음사 주최의 심전개발 대강연회

전남 제주 대흥사 성내포교소 문학연씨는 昨春 이래로 제주 전도를 망라하야 불교선전에 만히 노력하여 오든 바 금번 신춘을 迎하야 관음사 및 성내 불교 협회 주최로 성내 중학원 강당에서 2월 25일에 「종교는 인류의 대생명이란」題으로 장시간 강연이 잇섯는 바 청중은 오백여 명에 달하고 공전의 대성황리에서 오이화씨의 폐회사로 폐회하였다고 한다.[28]

이외에도 1937년 12월에 제주도 화엄사포교소에서 송종수의 시국인식과 심전개발 강연[29]이 있었고, 1938년 7월 서귀포 정방포교당 이일선은 서귀면 보목리 동창학우회 주최로 서귀면 보목소학교 강당에서 '심전개발을 주지로 불교사상을 보급'하기 위한 대강연을 실시하였다.[30] 1938년 7월과 8월에는 중앙불전 순강대가 강연을 실시했다.

중앙불전 순강대의 순강 상황

일시	장소	청중	연제	강사
7월 30일	한림항	200인	圓覺의 대도	신상보
			생활과 종교	나방우
8월 1일	서귀포 공립소학교	200인	불교의 인생관	백석기

---

28 「제주 관음사 주최의 심전개발 대강연회」『불교시보』제21호(불교시보사, 1937. 4. 1), 9쪽.

29 「제주도 화엄사포교소의 보국적성(報國赤誠)」『불교시보』제31호(불교시보사, 1938. 2. 1), 9쪽.

30 「이일선 사(師)의 초강(招講)」『불교시보』제37호(불교시보사, 1938. 8. 1), 14쪽.

31 「중앙불전 순강대의 순강 상황」『불교시보』제38호(불교시보사, 1938. 9. 1), 9쪽.

			신앙의 위력	나방우
8월 2일	법화사	60인	불교란 무엇	나방우
8월 5일	관덕정	300인	자아의 탐구	신상보
			暗夜의 등대	나방우[31]

중앙불전은 중앙불교전문학교를 말한다. 중앙불전 순강대의 강연은 학생 승려들의 순회강연이었다. 여기에는 시국 관련 강연은 없고 불교 관련 강연이 주를 이루었지만 이 또한 심전개발운동의 일환이었다. 심전개발운동에 기댄 불교계의 이러한 활동은 1939년에 이르러 제주불교연맹이 결성되면서 하나로 통합되었다. 제주불교연맹은 심전개발운동의 영향으로 결성되어 1939년 7월 16일부터 8월 3일까지 18일 동안 19회에 걸쳐 총 40강의 강연을 행하였다.

문학연은 1937년까지 활동하고 제주도를 떠난다.[32] 문학연의 활동은 심전개발운동을 포교 기회로 활용하였던 불교계의 의중이 반영된 것이다. 문학연은 심전개발운동 강연 이외에도 불교 포교사로서의 본연의 임무인 제주도 법화산림 대작불사와[33] 제주 성내포교소 미타산림 법회[34] 그리고 서귀포 백양사포교당 법화산림[35] 등을 설하였다. 제주도 법화산림 대작불사는 금붕사 이성봉의 주도하에 제주도 전역에 걸쳐 45일 동안 실시되었던 대규모의 불사로 전통불교정신을 심어주기 위해 마련된 것이었다. 또한 제주 성내포교소 미타산림 법회는 문학연을 법주(法主)로 하여 1936년 11월 11일부터 17일까지 7일간 행해졌다. 서귀포 백양사포교당 법화산림

---

32 「대흥사포교사 문학연 화상 목포포교사로 영전」「교계소식」『불교시보』제30호(불교시보사, 1938. 1. 1), 15쪽.

33 「제주도 법화산림 대작불사」『불교시보』제20호(불교시보사, 1937. 3. 1), 8쪽.

34 「대본산 대흥사 제주성내 포교소 미타산림 법회」『불교시보』제20호(불교시보사, 1937. 3. 1), 8쪽.

35 「제주 서귀포 백양사포교당 법화산림 대성황」『불교시보』제21호(불교시보사, 1937. 4. 1), 9쪽.

은 1937년 3월 18일부터 일주일간 설해졌으며 매일 3백에서 4백여 명이 출석하는 성황을 이루었다. 다음의 〈표 V-10〉은 제주도의 심전개발운동 강연 현황이다.

〈표 V-10〉 제주도의 심전개발운동 강연 현황

연번	심전개발 강연 상황	연도
1	대본산 대흥사 순회포교 상황(문학연의 심전개발 강연)	1936년 8월
2	문학연씨 초청 대강연(제주도청)	1936년 9월
3	제주 관음사 주최의 심전개발 대강연회(문학연)	1937년 2월
4	제주도 화엄사포교소(송종수의 시국인식과 심전개발 강연)	1937년 12월
5	이일선 사(師)의 초강(招講)(심전개발 주지의 불교사상)	1938년 7월
6	중앙불전 순강대의 순강 상황(4회)	1938년 7월~8월
7	제주불교연맹 제1회 순강(제주도 전역 순회 강연)	1939년 7월~8월

※출처 : 『불교시보』

1936년부터 1939년까지 제주도에서 이루어진 심전개발운동은 일제의 정신계몽 운동과 불교계의 포교 확대를 위한 활동이 맞물리면서 성황리에 이루어졌음을 알 수 있다.

Ⅳ. 제주불교연맹

1. 제주불교연맹 결성

1939년 결성된 제주불교연맹은 1930년대 제주불교 활동의 결정체로서 본산이 없는 제주도에서 제주불교를 대표하는 단체였다. 제주불교연맹은 제주불교를 대표하는 통일 기구로서 1920년대와는 달리 제주불교 자체적 인 활동의 장을 마련하였다.

심전개발운동이라는 일제의 정책은 불교계의 대중 집회를 가능하게 하였고 불교계는 이를 활용하여 포교의 규모를 확장해 나갔을 뿐만 아니라 전통불교 사상을 확립하기 위한 활동 또한 적극적으로 실행할 수 있었다. 1936년 문학연의 강연으로부터 시작된 제주도의 심전개발운동을 통해 탄생된 제주불교연맹은 그동안 사찰별로 분산되어 있던 불교 활동을 큰 틀 안에 끌어안으며 체계화된 활동을 해나가게 된다. 제주불교연맹 결성 과정을 보면 다음과 같다.

제주불교연맹 결성

소화 14년 4월 2일 제주도 경찰서 집회로 도내 각 불교당 실임자 2인식 집합하야 시국 좌담회가 잇슨 다음 도내 불교연맹결성에 대한 조희영씨의 설명이 유한 바 만장일치 가납으로 하오 2시 반에 성내 대홍사포교당에서 전제주도 불교연맹결성회를 개최하니 강령 및 역원씨명은 여좌하다.

　〈강령〉
ー. 제주불교의 통제
ー. 신앙보국의 실천
ー. 대중불교의 실현
　〈역원씨명〉
집행위원장 오이화 …이하 생략…[36]

1939년 4월 2일 제주도 경찰서 집회로 도내 각 사찰 실무자 2인씩 집합하여 시국 좌담회가 열렸는데, 여기에서 도내 불교연맹 결성에 대한 조희영의 설명이 있었다. 그리고 곧바로 오후 2시 반에 성내(현 제주시) 대홍사포교당에서 만장일치로 제주도 불교연맹 결성회를 개최하였다.

그러나 이 제주불교연맹의 결성은 이전의 제주불교협회와 마찬가지로 일제 당국의 관리 하에서 이루어졌다. 일제 강점기 내내 일제 당국의 관리를 벗어난 대규모의 독자적 활동은 어느 분야를 막론하고 불가능했다고

---

36 「제주불교연맹 결성」『불교시보』제47호(불교시보사, 1939. 6. 1), 16쪽.

보아야 하는 것이 보편적일 것이다. 제주도 전역을 대상으로 한 제주불교 통합이라는 대규모 연맹 결성은 일제 당국의 적극적인 의지가 있어야만 가능한 것이었거나 원활한 활동을 보장받는 것이었음은 일제 강점기 일반적인 정책 상황을 통해 짐작해 볼 수 있다.

제주불교연맹 결성을 위한 회의 장소는 사찰이 아닌 제주도 경찰서였으며, 이때 각 사찰 실무자가 두 사람씩 참여하였다.

일제의 주도에 의해 불교연맹이 결성될 수 있었다는 사실은 시국좌담회와 조희영의 불교연맹 결성에 관한 설명에서도 잘 드러난다. 조희영은 제주불교연맹 결성이 일제의 정신 계몽을 목적으로 하는 심전개발운동의 일환으로 시국좌담회를 통해 당면한 문제점을 공유하고, 심전개발운동에서의 불교계의 역할을 제시하는데 목적이 있다고 선언했다.

또한 제주불교연맹 결성 과정만이 아니라 이들이 정한 강령을 살펴보면 이 제주불교연맹 결성에 일제의 입김이 작용했음이 더욱 분명히 드러난다. 제주불교연맹은 '제주불교의 통제(統制), 신앙보국(信仰報國)의 실천, 대중불교의 실현'을 강령으로 내세웠다. 이는 '국체(國體) 관념의 명징(明徵)', '경신숭조(敬神崇祖) 사상 및 신앙심을 함양할 것', '보은·감사·자립 정신의 양성'이라는 심전개발운동의 원칙에 충실한 내용이었다. 불교활동을 통해 보국(報國)을 실천할 것을 내세운 제주불교연맹은 제주불교 전체를 통합 관리하는 기구로서 일제의 필요에 의해 결성되고 있으며 그 목적이 심전개발운동의 성공에 있음을 그대로 드러내고 있는 것이다.

여기에 불교계는 '대중 불교의 실현'으로 심전개발운동을 이용하여 사찰 정화와 발전을 도모하려 했다. 이는 당시 전국적인 심전개발운동에서 한국불교계가 선택했던 운동의 방향과 동일한 양상을 보여준다. 연맹은 심전개발운동의 취지에 맞춰 활동을 전개하면서 제주불교의 통합 활동을 주도하는 역할을 수행했다.

제주불교연맹의 조직 구성을 살펴보면 집행위원장을 중심으로 서무부, 재무부, 포교부, 교육부, 음악부, 수양부, 체육부의 부서를 두고 검사위원

〈표 V-11〉 제주불교 연맹 조직과 임원

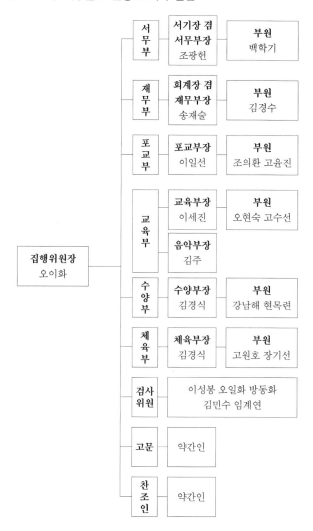

서무부	서기장 겸 서무부장 조광헌	부원 백학기
재무부	회계장 겸 재무부장 송재술	부원 김경수
포교부	포교부장 이일선	부원 조의환 고윤진
교육부	교육부장 이세진	부원 오현숙 고수선
	음악부장 김주	
수양부	수양부장 김경식	부원 강남해 현묵련
체육부	체육부장 김경식	부원 고원호 장기선
검사위원	이성봉 오일화 방동화 김민수 임계연	
고문	약간인	
찬조인	약간인	

집행위원장 오이화

※출처 : 『불교시보』

과 고문, 찬조원을 두었다. 부장은 모두 승려이고 부원은 승려와 신도들로 구성된 것으로 파악된다. 심전개발 운동이 시작되면서 제주도에 내려와 활동을 시작하는 이일선 이세진 등은 포교부장과 교육부장을 맡아 제주불교연맹 활동의 핵심을 이루었다.

제주불교연맹 조직 구성은 승려들이 주도하였다. 이는 1924년의 제주불교협회 조직 구성 임원이 승려와 제주도사는 물론 제주도 행정계 인물들까지 포함되었던 것과 대조되는 점이다. 제주불교연맹은 불교활동을 위하여 불교계에 의해 조직된 단체였다고 할 수 있다.

제주불교연맹 참가 승려들의 가장 큰 특징은 대흥사, 백양사, 화엄사, 기림사, 위봉사 등 제주도 포교소의 포교사들이라는 점이다. 불교계는 본사별로 각기 독자적으로 활동하는 것이 특징이다. 그런데 제주불교연맹은 이례적으로 서로 다른 포교소의 인물들이 함께 활동하는 조직체로 구성되었다는 점에 의의가 있다. 그리고 무엇보다도 관음사의 오이화가 이 단체에서 집행위원장을 맡았다는 점이 제주불교사에 있어서 큰 의미를 가진다. 이는 1908년 관음사의 창건으로 근대 제주불교 활동이 시작된 이후 처음으로 공식적인 불교단체 대표에 제주불교 인물이 선정된 경우이기 때문이다. 1930년에야 안도월이 관음사 포교담임자로 허가 받을 수 있었고, 이제 1939년에 와서 제주불교 인물인 오이화가 비로소 제주불교를 대표할 수 있게 된 것은 제주불교사에 있어 큰 의의가 있다.

제주불교연맹은 일제의 심전개발운동을 위해 결성되기는 하였으나 불교계로서는 서로 다른 본사의 사찰들과 포교사들이 동참하여 제주불교 통합을 위한 활동을 전개했다는 점을 그 성과로 주목할 수 있다. 또한 제주도 인물들이 이 연맹에서 주축이 되고 있다는 점 또한 제주불교로서는 큰 의의를 가지는 것이다.

2. 제주불교연맹 활동

서로 다른 본사에 소속되어 있던 포교사들이 제주불교연맹을 통해 이루어낸 제주불교 통합 활동은 '제주불교연맹 제1회 전도 순회강연'에서 더욱 명료하게 나타난다.[37] 연맹 결성 이전에는 심전개발 강연이 개별적으로 시행되고 있었으나, 연맹 결성 이후에는 대부분의 활동이 제주불교연맹으로 통합되어 제주도 전역에 걸쳐 실행된다. 대흥사 포교당 소속의 조희영과 오이화, 백양사 포교당 소속의 이일선과 이세진이 제주불교연맹을 통해 함께 활동하는 것이다. '제주불교연맹 제1회 전도 순회강연'에 나타난 제주불교연맹의 활동 상황은 다음과 같다.

순회강연은 1939년 7월 16일부터 8월 3일까지 18일 동안 19회에 걸쳐 총 40강의 강연이 제주도 전역에서 행해졌다. 7월 25일은 강연이 없었고, 8월 1일에는 두 차례의 강연이 열렸는데 오후 1시 판포[38]향사, 그리고 9시 반에 한림서소학교에서 행해졌다. 강연 시간은 주로 저녁 9시대에 이루어진다. 저녁 9시라면 대부분 생업이 끝날 시간이다. 여름철이라 더위를 피한 시간대를 고려하였다고 볼 수도 있고, 자발적인 참여가 아니라면 생업이 끝난 시간에 동원되는 것일 수도 있다.

〈표 V-12〉를 통해 제주불교연맹 제1회 전도 순회강연 현황을 살펴보면 다음과 같다.

〈표 V-12〉 제주불교연맹 제1회 전도 순회강연 현황

강연 명칭	일시	장소	청중 인원
순회강연 1회	1939. 7. 16	삼양소학교	약 100여 명

---

37 「제주불교연맹 제1회 순강기」『불교시보』제51호(불교시보사, 1939. 10), 16쪽.

38 원문은 판해(板海)라고 되어 있다. 제주도에 판해라는 지명이 없으며 강연이 제주도를 한 바퀴 순회하며 이루어졌다는 점으로 보아 고산과 한림 사이에 있는 판포(板浦)일 것으로 생각하였다.

순회강연 2회	1939. 7. 17	조천소학교	약 50명
순회강연 3회	1939. 7. 18	김녕향사	약 60명
순회강연 4회	1939. 7. 19	평대간이학교	35명
순회강연 5회	1939. 7. 20	세화소학교	200명
순회강연 6회	1939. 7. 21	성산포유치원	60명
순회강연 7회	1939. 7. 22	표선소학교	200명
순회강연 8회	1939. 7. 23	남원공회당	400명
순회강연 9회	1939. 7. 24	신효소학교	300명
순회강연 10회	1939. 7. 26	서귀북소학교	300명
순회강연 11회	1939. 7. 27	법환서당교사	300명
순회강연 12회	1939. 7. 28	중문면 면화매소전정(棉花賣所前庭)	200명
순회강연 13회	1939. 7. 29	안덕소학교	100명
순회강연 14회	1939. 7. 30	모슬유치원	60명
순회강연 15회	1939. 7. 31	고산서당교사	300명
순회강연 16회	1939. 8. 1	판포향사	150명
순회강연 17회	1939. 8. 1	한림서소학교	200명
순회강연 18회	1939. 8. 2	애월면회의당	150명
순회강연 19회	1939. 8. 3	하귀소학교	300명

※출처 : 『불교시보』

순회강연 대상 지역은 제주도 전역이었다. 제주읍의 삼양에서 시작하여 동부지역의 조천, 김녕, 평대, 세화, 성산포를 거쳐 표선, 남원, 신효를 지나 서귀포에 이르고 다시 서부지역으로 이어져 법환, 중문, 안덕, 모슬포, 고산, 판포, 한림, 애월을 지나 하귀에까지 이른다. 제주도 전체 읍면 마을을 대상으로 제주도를 한 바퀴 순회하는 대규모 강연활동임을 알 수 있다.

순회강연의 청중은 적을 때는 35명에서 50여 명, 많을 때는 400여 명까지 참석하였는데 주로 200여 명에서 300여 명 정도 참석하는 곳이 대부분이었다. 순회강연 장소는 사찰이 아닌 소학교나 향사, 공회당 등을 이용했다. 불교계가 심전개발운동을 펼치고 있지만 이는 불교계 자체만의 행사가 아니라 일제 당국의 지원 아래 공공장소를 사용하는 공공의 행사로 개최되고 있음을 알 수 있는 부분이다.

강연 제목을 통해서도 제주불교연맹의 설립 목적이 심전개발운동의 실천과 맞물려 있음을 엿볼 수 있다. 다음의 〈표 V-13〉은 순회강연의 연제별 성격으로 구분한 것이다.

〈표 V-13〉 제주불교연맹 제1회 전도 순회강연 연제별 현황

강연명칭	강연횟수	연사	연제	구분
순회강연 1회	제1강	오이화	제1성	심전개발 강연 1
	제2강	김경식	신앙보국	심전개발 강연 2
순회강연 2회	제3강	조희영	우리의 믿음	불교 강연 1
	제4강	이일선	심전개발과 불교	심전개발 강연 3
순회강연 3회	제5강	오이화	인생에 대한 종교의 힘	불교 강연 2
	제6강	이일선	사변과 오인(吾人)의 각오	심전개발 강연 4
순회강연 4회	제7강	조희영	심전이란?	심전개발 강연 5
	제8강	이일선	사변과 불교	심전개발 강연 6
순회강연 5회	제9강	조희영	인생과 신앙	불교 강연 3
	제10강	이일선	동아건설과 오인(吾人)의 각오	심전개발 강연 7
순회강연 6회	제11강	이일선	사변과 불교	심전개발 강연 8
	제12강	조희영	심전개발과 신앙생활	심전개발 강연 9
순회강연 7회	제13강	이일선	사변과 오인(吾人)의 각오	심전개발 강연 10
	제14강	조희영	인생과 종교	불교 강연 4
순회강연 8회	제15강	이세진	가정교육과 신앙	불교 강연 5
	제16강	조희영	사변과 총후(銃後)의 사명	심전개발 강연 11
순회강연 9회	제17강	이세진	불교의 인생관	불교 강연 6
	제18강	조희영	사변과 총후의 임무	심전개발 강연 12
순회강연 10회	제19강	이세진	교육과 신앙	불교 강연 7
	제20강	조희영	인생과 종교	불교 강연 8
	제21강	오이화	심무가애(心無罣碍)	불교 강연 9
순회강연 11회	제22강	이세진	자연과 인생	불교 강연 10
	제23강	이일선	비상시국과 불교	심전개발 강연 13
순회강연	제24강	이세진	시심마(是甚麼)	불교 강연 11

12회	제25강	이일선	사변과 불교	심전개발 강연 14
순회강연 13회	제26강	조희영	우리의 급선무	심전개발 강연 15
	제27강	오이화	보국상(報國上)의 불교	심전개발 강연 16
순회강연 14회	제28강	이세진	아시하수(我是何誰)	불교 강연 12
	제29강	이일선	비상시국과 오인(吾人)의 신념	심전개발 강연 17
순회강연 15회	제30강	조희영	사변과 오인(吾人)의 각오	심전개발 강연 18
	제31강	이일선	생사에 초탈하자	불교 강연 13
순회강연 16회	제32강	조희영	심전개발의 목적	심전개발 강연 19
	제33강	이일선	신사회 건설의 정신	심전개발 강연 20
순회강연 17회	제34강	이일선	사변과 불교	심전개발 강연 21
	제35강	조희영	인생과 종교	불교 강연 14
순회강연 18회	제36강	이세진	교육과 신앙	불교 강연 15
	제37강	이일선	동아의 건설과 오인(吾人)의 신념	심전개발 강연 22
	제38강	오이화	생사일여	불교 강연 16
순회강연 19회	제39강	이일선	현사회의 동향과 불교	심전개발 강연 23
	제40강	오이화	심전개발과 보국	심전개발 강연 24

※출처 : 『불교시보』

　일제가 실시한 심전개발운동은 중일전쟁 시국에 종교계를 이용하여 일제가 의도하는 정신 계몽을 이뤄내기 위한 것이었다. 그러나 불교계는 심전개발운동을 이용하여 포교의 활성화를 이뤄내는데 주안점을 두었다. 또한 마음 밭(心田)을 가꾼다는 불교 본래의 뜻에 따라 불교계의 정화를 시도하려 하였다.

　〈표 V-13〉의 제주불교연맹 순회강연에서는 이러한 심전개발운동의 면모가 잘 드러난다. 제주불교연맹의 순회강연 내용을 주제별로 나누어 보면 불교 관련 강연이 16회, 심전개발 강연이 24회임을 알 수 있다. 연제만으로 강연의 내용을 짐작하기는 어려우나 각 차수별 강연 제목을 살펴보면 하루 2회의 강연 중 대체적으로 한 번은 심전개발운동 관련 내용 또한 번은 불교적인 내용으로 구성되고 있어 일제 당국과 불교계의 의도가 모두 반영되고 있음을 알 수 있다.

　제주불교연맹 전도 순회강연에 참여한 연사는 모두 5명이다. 제주불교연맹 집행위원장인 오이화, 대흥사 본사에서 내려온 조희영, 백양사 제주포교소의 이일선과 이세진, 그리고 김경식 등이 그들이다.

　첫 강연과 마지막 강연은 집행위원장인 오이화가 맡았다. 오이화는 모두 6회에 걸쳐 강연을 진행하였는데 첫 강연에 이어 '인생에 대한 종교의 힘', '심무가애(心無罣碍)',[39] '보국상(報國上)의 불교', '생사일여', '심전개발과 보국' 등을 제목으로 한 강연을 하였다. 포교부장인 이일선은 '심전개발과 불교', '사변과 오인(吾人)의 각오', '사변과 불교', '동아건설과 오인(吾人)의 각오', '비상시국과 불교', '생사에 초탈하자', '신사회건설의 정신', '현사회의 동향과 불교' 등 14회에 걸쳐 강연을 하였다. 교육부장 이세진은 '가정교육과 신앙', '불교의 인생관', '교육과 신앙', '자연과 인생', '시심마(是甚麽)',[40] '아시하수(我是何誰)',[41] '교육과 신앙' 등의 제목으로 7회 강연을 하였다. 서기장인 조희영은 '우리의 믿음', '심전이란?', '인생과 신앙', '심전개발과 신앙생활', '사변과 총후(銃後)의 사명', '우리의 급선무', '사변과 오인(吾人)의 각오', '심전개발의 목적', '인생과 종교' 등의 제목으로 12회 강연하였다. 김경식은 '신앙보국'을 제목으로 1회의 강연을 하였다.

　다음의 〈표 V-14〉는 순회강연의 연사별 현황이다. 개별적으로 어떤 강연을 하였는지 살펴볼 수 있다.

〈표 V-14〉 제주불교연맹 제1회 전도 순회강연 연사별 현황(가나다 순)

연사	횟수	강연명칭	담당강연	일시	연제
김경식	1	순회강연 1회	제2강	1939. 7. 16	신앙보국

---

39 심무가애(心無罣碍) : 마음에 걸림이 없다는 뜻으로 반야심경의 구절이다.
40 시심마(是甚麽) : 이 무엇인고 라는 뜻으로 불교경전에 나오는 어구이며 참선의 화두로도 삼고 있다.
41 아시하수(我是何誰) : 나는 누구인가라는 뜻으로 참선의 화두이다.

오이화	1	순회강연 1회	제1강	1939. 7. 16	제1성
	2	순회강연 3회	제5강	1939. 7. 18	인생에 대한 종교의 힘
	3	순회강연 10회	제21강	1939. 7. 26	심무가애(心無罣碍)
	4	순회강연 13회	제27강	1939. 7. 29	보국상(報國上)의 불교
	5	순회강연 18회	제38강	1939. 8. 2	생사일여
	6	순회강연 19회	제40강	1939. 8. 3	심전개발과 보국
이세진	1	순회강연 8회	제15강	1939. 7. 23	가정교육과 신앙
	2	순회강연 9회	제17강	1939. 7. 24	불교의 인생관
	3	순회강연 10회	제19강	1939. 7. 26	교육과 신앙
	4	순회강연 11회	제22강	1939. 7. 27	자연과 인생
	5	순회강연 12회	제24강	1939. 7. 28	시심마(是甚麼)
	6	순회강연 14회	제28강	1939. 7. 30	아시하수(我是何誰)
	7	순회강연 18회	제36강	1939. 8. 2	교육과 신앙
이일선	1	순회강연 2회	제4강	1939. 7. 17	심전개발과 불교
	2	순회강연 3회	제6강	1939. 7. 18	사변과 오인(吾人)의 각오
	3	순회강연 4회	제8강	1939. 7. 19	사변과 불교
	4	순회강연 5회	제10강	1939. 7. 20	동아건설과 오인(吾人)의 각오
	5	순회강연 6회	제11강	1939. 7. 21	사변과 불교
	6	순회강연 7회	제13강	1939. 7. 22	사변과 오인(吾人)의 각오
	7	순회강연 11회	제23강	1939. 7. 27	비상시국과 불교
	8	순회강연 12회	제25강	1939. 7. 28	사변과 불교
	9	순회강연 14회	제29강	1939. 7. 30	비상시국과 오인(吾人)의 신념
	10	순회강연 15회	제31강	1939. 7. 31	생사에 초탈하자
	11	순회강연 16회	제33강	1939. 8. 1	신사회 건설의 정신
	12	순회강연 17회	제34강	1939. 8. 1	사변과 불교
	13	순회강연 18회	제37강	1939. 8. 2	동아의 건설과 오인(吾人)의 신념
	14	순회강연 19회	제39강	1939. 8. 3	현사회의 동향과 불교
조희영	1	순회강연 2회	제3강	1939. 7. 17	우리의 믿음
	2	순회강연 4회	제7강	1939. 7. 19	심전이란?
	3	순회강연 5회	제9강	1939. 7. 20	인생과 신앙
	4	순회강연 6회	제12강	1939. 7. 21	심전개발과 신앙생활

5	순회강연 7회	제14강	1939. 7. 22	인생과 종교
6	순회강연 8회	제16강	1939. 7. 23	사변과 총후(銃後)의 사명
7	순회강연 9회	제18강	1939. 7. 24	사변과 총후의 임무
8	순회강연 10회	제20강	1939. 7. 26	인생과 종교
9	순회강연 13회	제26강	1939. 7. 29	우리의 급선무
10	순회강연 15회	제30강	1939. 7. 31	사변과 오인(吾人)의 각오
11	순회강연 16회	제32강	1939. 8. 1	심전개발의 목적
12	순회강연 17회	제35강	1939. 8. 1	인생과 종교

출처 : 『불교시보』

　순회강연 내용을 살펴보면 각 연사의 개별적 특징을 알 수 있다. 집행위원장이었던 오이화는 제주불교연맹이 주도하는 전도 순회강연에서 처음과 마지막 강연을 맡았다. 이를 통하여 오이화가 명실공히 제주불교단체의 대표로서 제주불교연맹을 이끌고 있음을 알 수 있다. 관음사 주지였던 오이화의 이러한 위상 변화는 창건 이후 제주불교 활동의 중심축이었던 관음사가 이 시기에 이르러서야 비로소 제주불교 활동을 주도하게 되었음을 말해준다. 이일선은 14회에 걸쳐 강연을 맡으면서 이 행사를 주도하다시피 하였다. 그의 연제를 통하여 조선불교청년회에서 사회발전과 불교발전의 필요성을 역설하던 기상이 여전히 살아 있음을 엿볼 수 있다. 이세진은 전통강원의 강사였던 만큼 '시심마(是甚麼), 아시하수(我是何誰)'와 같은 불교 전래의 화두를 내세워 불교 강연을 하고 있다. 심전개발 강연을 위해 내려온 조희영은 주로 심전개발 강연을 하면서 신앙과 접목시키려는 노력을 보여주었다.

　그리고 이들은 강연이 없는 날에도 행사에 참석하여 사회를 보았다. 이일선은 17회, 조희영은 16회, 오이화는 10회, 이세진은 8회 사회를 맡았다. 이는 곧 제주불교연맹의 임원으로서 순회강연을 주도하였음을 보여주는 역할수행이다.

3. 제주불교연맹 활동의 의의와 한계

제주불교연맹은 일제의 심전개발운동을 실천하기 위한 단체로 조직되었다는 한계에도 불구하고 1930년대 제주불교 활동의 결정체였다. 제주불교연맹의 의의는 네 가지로 요약할 수 있다. 첫째, 제주불교연맹은 근대 제주불교 활동 이후 처음으로 불교계만의 불교활동을 위한 단체로 구성되었다. 둘째, 제주불교 자체 인물이 제주불교를 주도하였다. 셋째, 제주불교연맹은 제주불교의 통합 활동을 이끌어 내었다. 넷째, 제주불교연맹은 민간신앙과 혼재된 과거의 신앙 양상에 대한 반성과 변화를 추구하여 제주불교의 활성화를 이루어 내었다. 이러한 제주불교연맹의 의의를 구체적으로 살펴보면 다음과 같다.

첫째, 제주불교연맹은 근대 제주불교 활동 이후 처음으로 불교계만의 불교활동을 위한 단체로 구성되었다. 1924년 제주불교협회는 제주도의 행정 책임자를 비롯한 제주도 각계의 유지들이 조직 구성의 임원으로 참여하고 있었다. 제주불교협회는 일제가 주도하는 사회단체로서의 성격이 짙었던 것이다. 이러한 제주불교협회와는 달리 제주불교연맹 조직의 임원은 승려들로만 구성되었다. 제주불교는 1939년에 이르러 비로소 불교계에 의한, 불교 활동을 위한 단체를 구성해 내는 것이다.

둘째, 제주불교연맹의 집행위원장은 관음사의 오이화가 맡는다. 제주불교연맹의 결성을 주도한 것은 관음사의 본사인 대흥사 포교사 조회영이었지만 집행위원장은 관음사 주지인 오이화가 맡은 것이다. 1924년 제주불교협회가 중앙에서 파견된 이회명에 의지하였던 전력과 비교해 볼 때, 이는 그동안 제주불교의 역량이 커졌다는 것을 의미한다. 즉 이 시기에 이르러 제주불교는 자체적으로 활동할 수 있다는 자신감을 가지고 있었음과 동시에, 본사인 대흥사 혹은 일제당국도 제주불교 활동을 이끌어 갈 관음사의 역량을 인정했다는 것으로 이해할 수 있다.

1930년에 이르러 관음사 주지 안도월이 처음으로 포교담임자로 허가되고 난 이후, 그 뒤를 이은 관음사 2대 주지 오이화는 제주불교를 대표하는 인물로 이견이 없었다. 제주불교연맹에는 오이화만이 아니라 1920년대부터 제주도 활동을 한 송재술, 이성봉, 오일화 등이 참여하고 법정사 항일운동의 주역인 방동화도 참여한다. 법정사 항일운동으로부터 20여 년이 흐른 1939년 방동화의 제주불교연맹 참여는 일제의 변화된 모습을 대변해 주는 것이라 할 수 있다. 법정사 항일운동 참여자들이 1920년대에는 아무도 불교활동을 재개하지 못하고 육지부에 나가 살아야 했던 상황이었음을 떠올린다면 방동화의 공식적인 제주불교활동 참여는 일제의 변화된 인식을 보여주는 것이다. 이처럼 제주불교연맹의 활동 시기는 제주불교 인물들이 주도적으로 제주불교를 견인해 나가는 토착화의 시기였다고 할 수 있다.

셋째, 제주불교연맹은 제주불교의 통합 활동을 이끌어 내었다. 제주불교연맹은 제주불교의 통합 활동에 기여한 바가 크다. 제주불교연맹을 통하여 각 사찰별 활동이 서로 다른 본사 포교사들의 통합 활동으로 변화되었다. 제주불교연맹에는 대흥사, 백양사, 위봉사, 기림사 등 본사를 가리지 않고 여러 사찰들이 참여하여 통합된 활동을 보여주었다.

넷째, 제주불교연맹 활동은 제주불교의 신앙 양상을 변화시키려는 노력을 보여주었다. 제주불교는 민간신앙과 밀착된 특성이 강하여 그간 전통불교신앙에 대한 열의가 계속 있어왔던 것이 사실이다. 그러다가 제주불교연맹의 대규모 집회를 통하여 불교 신앙 양상의 변화를 위한 노력을 대대적으로 꾀할 수 있었다. 제주불교연맹은 심전개발운동의 실천을 위해 결성되었지만 불교계는 이를 포교 기회로 활용하여 미타 산림, 법화 산림 등 전통불교 신앙 양상의 실천을 위한 기회로 활용한 것이다.

이러한 의의에도 불구하고 제주불교연맹이 일제의 심전개발운동을 위해 구성된 조직체라는 사실은 변하지 않는다. 한국불교는 심전개발운동 이후 1941년에 조계종 총본산 건설이라는 성과를 이루어내지만 일제의 정책에 동조하는 활동을 지속할 수밖에 없었다. 제주불교도 마찬가지로 심전개발운동에의 동참은 곧 일제 정책의 실천을 의미하는 것이었다. 이러한 모습은 제주불교만이 아니라 한국불교 전반에 걸쳐 동일하게 나타나는 시대의 한계였다.

또한 1930년대 제주불교는 신앙 양상의 변화를 위해 노력하였으나 큰 효과를 거두지는 못하였던 것으로 보인다. 다음 장에서 살피게 되겠지만 해방 직후까지도 제주불교는 불교 의식(儀式)에 대한 고민을 지속하고 있었다. 그 결과 1945년 조선불교 혁신 제주도 승려대회에서는 불교를 신앙하면서도 민간 신앙의 대상인 용왕(龍王) 등을 섬기는 의식을 금지하기로 결의한다. 민간 신앙적 요소와 혼재된 신앙 양상은 제주불교의 오래된 고민으로 해방 이후 다시 제주불교의 숙제로 거론되는 것이다.

제6부
다시 혁신이다

- 1940년대 제주불교 혁신 운동

I. 1940년대 제주불교 동향과 강원 운영

일제는 1937년 중일전쟁에 이어 1941년 태평양전쟁을 치르며 군국주의 강화에 더욱 박차를 가하였다. 이런 상황 속에서 한국불교는 1941년 조계종으로 통합되었다. 식민지 한국 불교계는 불상이나 범종을 공출 당하는 치욕 속에서도 국방헌금을 헌납하거나 일본군의 승리를 기원하는 법회를 개최하는 등 친일행보를 보였다. 이러한 현상은 불교계에만 국한된 현상이 아니라 당시 우리 사회 전체의 모습이었다. 제주도의 사찰과 승려들도 무운장구 기원법회, 국방헌금 모금 활동에 참여했다.

1945년경 제주도에서 활동 중이던 사찰은 기록에 나타나는 것만 62군데 정도였다. 1940년대 전반의 제주불교는 승가와 재가 할 것 없이 1930년대 제주불교 인물들의 활동으로 자신감을 갖고 제주불교의 새로운 방향을 모색하던 시기였다. 이 시기에 해방을 맞았다. 이 절묘한 시점에 혁신을 꿈꾸던 열망과 해방의 기쁨은 그대로 제주도 승려대회로 결집되었다.

〈그림 33〉 제주강원 졸업식

친일불교에 대한 적극적인 반성을 토대로 이 시기를 혁신의 기회로 삼고
자 하는 노력이 제주도 승려대회로 분출된 것이다.

이 시기 인물로는 이세진과 이일선을 주목할 수 있다. 이세진은 교육활
동을 통한 혁신을 시도했고, 이일선은 친일에 대한 적극적 반성을 토대로
불교 혁신에 나서고자 했다. 그러나 제주도를 통째로 뒤흔들어놓은 제주
4·3사건으로 인해 이세진, 이일선, 오이화 등 제주불교 주도 인물들이 대
거 희생되면서 혁신운동은 좌절되어 버렸다.

1940년대 사찰 설립 양상을 보면 제주불교는 1930년대의 상승 분위기
를 그대로 이어가고 있었다. 조선총독부에 포교소 설치 신고를 한 12개소[1]
외에도 미신고 사찰 8개소가 1940년대에 들어 나타난다.

1940년대 조선총독부 신고 제주도 사찰을 다음의 〈표 VI-1〉에서 살펴
볼 수 있다.

〈표 VI-1〉 1940년대 조선총독부 신고 사찰

연번	신고 연도	포교소 명칭	소재지	사찰명 및 비고
1	1940년	기림사 고내리포교소	고내리	고운사
2		기림사 사계리포교당	사계리	
3		기림사 하원포교당	하원리	원만암
4		대흥사 판포포교당	판포리	통천사
5		백양사 사계포교당	사계리	
6	1941년	본문법화종 조선 본능사 중문포교소	중문리	폐지(일본 사찰)
7		기림사 귀덕포교당	귀덕리	귀덕사
8		대흥사 서귀면포교당	호근리	용주사
9		위봉사 평대포교당	평대리	
10		위봉사 하례포교당	하례리	
11		위봉사 한동포교당	한동리	1942년 금등리로 이전

---

1 이전 신고 사찰의 경우 장소를 이전하였다고 신고하는 것이었기 때문에 원래 사찰
은 없어진 것으로 보았다.

12	1942년	위봉사 인성포교당	인성리	이전(사계리에서 옴)
13		위봉사 금등포교당	금등리	이전(한동리에서 옴)
14	1943년	동일과리포교당	동일과리	이전(회천리에서 옴)
15		대흥사 제주 청수포교당	청수리	
16	1944년	대흥사 말사 관음사 대정포교소	하모리	대정사

※출처 : 『조선총독부 관보』

이외에 조선총독부에 신고하지 않은 8개소의 사찰이 더 창건되어 있었다. 다음의 〈표 Ⅵ-2〉는 미신고 사찰이다.

〈표 Ⅵ-2〉 1940년대 조선총독부 미신고 사찰

연번	활동 연도	사찰명	소재지	출처
1	1942년	선광사	남원리	『불교시보』제90호(1943. 1)
2	1942년	위봉사 신흥리포교당	신흥리	『불교시보』제85호(1942. 8)
3	1943년	서산사	동일리	제주교무원 「교도책임자명부」
4	1944년	월광사	이도리	제주교무원 「연혁철」
5	1944년	제주 관음사 혜광포교당	법환리	제주교무원 「총무국」
6	1945년	용문암	하도리	제주교무원 「연혁철」
7	1945년	광룡사	상대리	제주교무원 「총무국」
8	1945년 봄	두수암	신산리	제주교무원 「사찰등록철」

※출처 : 『불교시보』, 제주교무원 자료

이상과 같이 1940년대에 들어 새롭게 활동하게 된 사찰은 총독부 신고 사찰 12개소와 그 외 8개소 등 모두 20개소로 나타난다.

한편 사찰의 외형적 증가는 불교활동의 내면적 성숙에 대한 의욕을 함께 불러일으켰다. 1940년대에 이르러 제주불교가 안정적으로 활동할 수 있는 기반이 마련되면서 새로운 활동 방향을 모색하게 되는 것이다. 우선 지역사회 내에서 지역민들과 밀착된 신앙의 양상을 보여주며 혁신을 시도

〈그림 34〉 서관음사 지붕 기와 탁본

했던 이들이 보인다. 이세진은 서관음사에서 사찰의 경제적 독립을 위해 기와공장을 운영하였다. 이는 사찰 경제의 독립은 활동의 계획성을 보장해 줄 뿐 아니라 활동의 독립을 가능하게 하는 것이라는 측면에서 의도된 것이다. 이세진의 기와공장은 제주도에 강원을 설립하여 인재를 양성하고자 했던 그의 서원에서 비롯된 것으로 전해지고 있다. 신홍연은 함덕 백양사포교소에서 지역민들의 생산성을 향상시키기 위하여 새로운 품종의 농산물을 시범 재배하여 소득을 증대시키기 위한 활동에 앞장섰다. 이는 1940년대 제주불교가 지역사회에 밀착되어 안정화되어 가는 양상으로 사찰별로 지역적 특성에 맞추어 독자적 활동을 행하고 있는 모습이다.

1940년대에 들어서 제주불교는 승가 교육 문제에도 관심을 기울인다. 물론 1909년 김석윤의 해월학원이 관음사에서 승려교육을 담당한 적은 있으나 계를 주고 출가자를 배출하는 단계에는 이르지 못하였다. 이에 관음사에서 공부하던 방동화, 오이화 등이 기림사나 대흥사 등지로 올라가 계를 받고 내려와야 하였다. 이러한 문제점은 1930년대까지도 계속되고 있었다. 이것은 제주도의 사찰이 모두 육지부 사찰의 말사로 편입되어 있었던 데에 기인한 문제이기도 하지만, 제주도 자체적으로 승가 교육 기관인 강원을 갖추지 못했던 것도 그 요인 중의 하나였다. 강원을 통한 승려교육에 대한 열망은 금붕사에서도 있었다. 금붕사의 이성봉과 최청산 등이 소의경전을 중심으로 10여 명의 학인 교육을 실시한 것이 그것이다.

이러한 현상은 1930년대에 이룩한 성장을 기반으로 육지부의 본사에 속한 말사로서의 한계점에서 벗어나 제주도의 독자적인 활동을 해보고자 하는 의지에서 비롯된 것이었다. 제주불교의 독자적 활동에 대한 의욕은 1931년 관음사를 중심으로 제주불교의 자주적 활동을 계획하던 안도월의 행보에서 보는 것처럼 오랫동안 제주불교계에 내재되어 있던 것이다. 그러다가 1940년대 심전개발운동을 통한 불교활동으로 활성화된 분위기를 이어받으면서, 육지부 본사에서 독립된 제주불교의 자주적 활동에 대한 필요성을 더욱 인식하게 되었다. 이는 이 시기에 이르러 사찰과 신도수의 증가라는 외적인 성장 외에 승가 자체의 발전을 도모할 시점이 도래한 것으로, 제주불교 자체적으로도 이러한 욕구는 오랜 숙제였다.

이에 1940년에 이르러 제주도에서도 승가교육이 이루어졌다.[2] 강원을 별도로 설치하지 못하였기 때문에 각자의 소속 사찰에서 대각사로 출석하여 교육을 받았다. 교과 과정은 강원의 교육 과정인 사미과(沙彌科), 사집과(四集科), 사교과(四敎科), 대교과(大敎科)로 구성되어 있었다. 교육은 강원도 표훈사 중향강원의 강주였던 이세진[3]의 주도로 이루어질 수 있었다. 제주도 출신인 이세진은 육지부에서 활동하다가 제주도에 내려온 이후 심전개발운동에 참여하고 제주불교연맹의 교육부장을 맡는 등의 활동을 전개했다.

대각사 제주강원은 전문 강사가 정통 강원의 교육과정을 실시하여 제주도 승려들의 호응을 받았다. 제주강원의 승가 교육은 관음사 포교당인 대각사에서 실시하였는데 학인 승려는 50여 명이었다. 이 중 1941년 비구수계식에서 20여 명의 승려가 수계를 받은 것으로 전해진다. 제주불교의 독립된 강원 설치에 대한 욕구는 1945년 제주도 승려대회에도 이어져 강원 설립을 의결하기에 이른다.

---

2 한금실, 『이세진의 제주불교 혁신운동 연구』(제주대학교대학원 석사학위 논문, 2006) 참고.
3 봉선사 홍법강우회, 「전조선강원학인명부」『홍법우』제1호(1938. 3).

이러한 제주불교의 활동 모습은 1940년대의 안정적 기반 위에서 새로운 활동의 장을 모색하던 고뇌의 결과물이다. 1940년대 초반 제주불교는 일제 강점기의 장기화로 인한 시대적 아픔 속에서도 그동안 쌓아놓은 역량으로 비교적 안정된 활동의 시기를 맞이하여 보다 충실한 불교 활동을 실천할 수 있었다. 사찰의 증가와 더불어 승가 내에서도 제주도 자체적인 인재양성의 욕구를 실천하려는 의지를 보여주었으며 또한 지역 사회와 밀착된 활동으로 안정화되는 모습을 보여주었다.

II. 제주도 승려대회와 혁신운동

1. 해방과 불교계의 움직임

1945년 해방은 제주불교에도 새로운 세상에 대한 희망의 상징으로 다가왔다. 이에 1945년 11월에 제주도 불교청년단이 조직되고 12월에는 조선불교혁신 제주도 승려대회가 개최되면서 일제 체제에서 벗어나 새롭게 태어나고자 하는 의욕을 결집하게 된다.

중앙에서는 1945년 8월 21일 조직된 조선불교혁신 준비위원회가 1945년 9월 22일과 23일 태고사에서 전국승려대회를 열어 일제하 불교 체제의 모순을 청산하고 한국불교를 재정비하려는 불교혁신 방안을 마련하였다.[4] 여기서 새로운 교정(敎政) 기구 조직, 새로운 구(區)의 획정, 전국 불교재산 통합, 모범 총림 창설, 교헌 기초, 광복사업 협조, 총무원 임시 예산 편성 등에 관한 안건을 논의 제정하였다. 또한 비구 승단의 모범 총림 창설과 더불어 대처승의 대우와 인식에 대하여 논의를 제의함으로써 일제하 불교의 모순점에서 탈피하여 불교개혁을 추진하기 위한 노력에 시동을 걸

---

4 김광식, 「8·15해방과 전국승려대회」『한국현대불교사 연구』(불교시대사, 2006) 참고.

었다. 그 결과 교정을 추대하고 총무원장과 3국장, 감찰원장 및 감찰을 선거로 선출하기로 하는 등 불교 교단의 체제를 정비하고자 하는 노력이 가시화되기 시작하였다.

이 전국승려대회는 곧바로 제주도 승려대회에 영향을 끼쳤다. 제주도 불교청년단이 결성된 직후 제주도 승려대회가 열리는데 이것은 전국승려대회에 앞서 불교청년당을 발족시킨 중앙의 행보를 그대로 따라가는 것이다. 승려대회의 회의록인 『법계』[5]에 제주도 승려대회의 전모가 기록되어 있다.[6]

2. 제주도 승려대회

1) 제주도 불교청년단

1945년 11월 30일 제주도 불교청년단이 결성되었다. 중앙에서는 1945년 9월 21일에 불교청년당이 조직되어 각 지방에 지부를 두었다. 불교청년당 조직 후 바로 다음 날인 9월 22일에 전국승려대회가 개최된다. 제주도에서도 중앙에서와 마찬가지로 11월 30일 불교청년단이 결성되고 이틀 후 제주도 승려대회가 개최된다.

제주도 불교청년단이 중앙불교와 흐름을 같이 하고 있음은 『법계』 속의 「제주도 불교청년단 결성대회 회록」을 통해 알 수 있다.

---

5 제주교무원, 『법계』(1946, 등사본). 『법계』는 제주도 승려대회의 결과물로 고혜관이 주관하여 만들어 냈다. 이는 승려대회를 통한 제주교무원의 기관지 발간 의결 등을 통해 제주교무원의 사업의 일환이었을 것으로 생각되어 제주교무원 주관 자료로 보았다.
6 김광식은 「해방 직후 제주불교계의 동향」(『근현대불교의 재조명』, 민족사, 2000, 215~249쪽)을 통해 한국불교사 측면에서 제주도 승려대회를 분석하고 있다.

〈그림 35〉 원문상(오른쪽)

ㅡ. 경과보고
원문상씨의 시월 하순경에 상경 歸島
을 기하야 본월 십칠일에 유지 佛靑年
수인이 제주읍에 집합하야 준비위원회
을 조직하고 금일에 이른 경과을 보고
하다.[7]

조선불교혁신 준비위원회의 전국
승려대회는 각 지방에 특파원을 파
견하여 승려대회의 취지를 알리고
참석을 요청하였다. 원문상이 상경
하였다가 10월 하순에 귀도(歸島)
한 것은 바로 전국승려대회 때문이
었다. 원문상은 불교청년 여러 명을
모아 11월 17일에 준비위원회를 조
직하였다. 그리고 1945년 11월 30일에 제주읍내 김경수 사택에서 제주 불
교청년단 대회를 가졌다. 여기에는 고기호를 비롯한 16명의 청년단원과
원문상, 송수성 등의 원로가 참여하였다.

제주도 불교청년단의 결성은 해방으로 새로운 시대를 맞은 제주불교의
의욕을 결집하는 신호탄이었다. 제주도 불교청년단은 청년 승려들의 독자
적 단체로 원로들의 적극적인 지원이 뒷받침되었다. 원문상은 제주불교를
대표하여 상경했다 돌아온 후 중앙불교의 흐름과 연계된 제주불교 활동
계획을 청년승려들에게 제안하고 제주도 불교청년단을 구성하는 대회에서
의장을 맡아 불교청년단을 탄생시켰다. 이 대회에는 송수성이 내빈으로
참석하여 삼귀의례를 봉행하고 추도식을 거행하는 등 불교청년단의 결성
에 힘을 실어주었다. 이후 불교청년단은 12월 2일과 3일에 거행된 조선불

---

7 제주교무원, 『법계』(1946, 등사본). 이하 제주도 승려대회와 혁신운동의 인용문은
  모두 『법계』의 기록이다.

교혁신 제주도 승려대회에도 참석하여 세를 과시하는데 여기에는 모두 35명의 불교청년단원 중 24명이 참석하였다.

〈표 VI-3〉은 제주도 불교청년단원 명단과 청년단 간부의 명단, 그리고 불교청년단 대회 참석여부와 조선불교혁신 제주도 승려대회 명부이다.[8]

〈표 VI-3〉 제주도 불교청년단의 불교활동 참여 현황

연번	제주도 불교청년단원 명단	제주도 불교청년단 간부	제주도 불교청년단 대회 참석 여부	조선불교혁신 제주도 승려대회 명부
1	고기호	단장	참석	○
2	원인상	총무	참석	○
3	김태웅	문화부장	참석	○
4	고혜관	총무부원	참석	
5	유상섭			○
6	이봉수	총무부원	참석	○
7	김화종	문화부원	참석	
8	김기일	문화부원	참석	
9	백인수	선전부장	참석	○
10	조승단	선전부원	참석	○
11	고정선	선전부원		○
12	김인수	재무부장	참석	○
13	김협지	재무부원		○
14	장수복	문화부원 / 재무부원	참석	○
15	이공립		참석	○
16	강성부			○
17	？？？ (지워졌음)			

---

8 『법계』의 앞 부분에는 '승려대회 출석명부'가 뒷 부분에는 '승려대회 조선불교혁신 제주교구 교무원 명부'라는 항목으로 인명과 소속 사찰이 기록되어 있다. 이 두 가지 명부에 이름이 일치하지 않는 사람이 한 명이다. 승려대회 출석명부에는 금중사 소속 인물이 김평수이고 교무원 명부에 김왕송(협지)으로 기록되어 있는데 이는 동일 인물로 생각된다.

18	현응환				○
19	변치봉				○
20	김원종				
21	강기규	선전부원		참석	○
22	김우송			참석	○
23	김덕회			참석	○
24	김두전				○
25	이상옥			참석	○
26	강남옥				○
27	김태수				○
28	양수정				○
29	양홍기				○
30	윤두하				○
31	고원준				
32	오순철				
33	강혜?				
34	이동근				
35	이일석				

※출처 : 『법계』

　　제주도 불교청년단 단원은 모두 35명이다. 단장을 중심으로 문화부, 재무부, 총무부, 선전부를 두고 부장과 부원을 두었다. 불교청년단 단장은 고기호, 문화부장 김태웅, 재무부장 김인수, 총무 원인상, 선전부장은 백인수였다.

　　제주도 불교청년단은 승려대회에서 다섯 가지 의안을 제안하였는데 그중 포교 기관 월간지 발행에 관한 안건이 만장일치로 가결되었다. 또한 제주 불교청년단은 한글 강습 등에도 관심을 드러내는데 불교청년단의 시대인식과 의욕은 조선불교혁신 제주도 승려대회에서도 확인할 수 있다. 이러한 청년단의 활동 모습은 각 분야별로 단체를 구성해내어 조직적 활동을 펼치려 했던 제주불교의 숙원과 일치하는 것이었다.

〈표 VI-4〉 제주도 불교청년단 임원

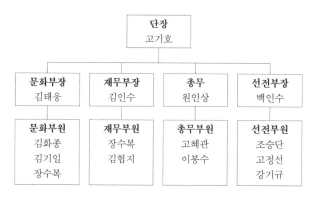

단장 고기호를 비롯한 불교청년단원들은 불교활동과 아울러 해방 이후의 제주 사회 흐름에 적극 참여하였다. 그러나 제주4·3사건은 이 모든 것을 단절시켰다. 청년단장 고기호는 제주4·3사건에 적극 참여하다가 이 일선이 예비검속되어 수장된 이후 일본으로 피신하였고, 백인수, 고정선, 강기규, 양홍기 등은 총살되었다. 해방 이후 새로운 세상을 염원하던 제주 불교계의 희망은 제주 사회가 그러했던 것처럼 제주4·3사건으로 파괴되고 말았다. 불교청년단의 활동도 이러한 제주 사회의 혼란 속에서 더 이상의 모습을 남기지 않은 채 사라지고 만다.

2) 제주도 승려대회

제주도 불교청년단 결성 이틀 후 1945년 12월 2일과 3일에 걸쳐 관음사 포교당인 대각사에서 제주도내 사찰의 승려들이 대거 참여하여 조선불교혁신 제주도 승려대회가 열렸다. 앞서 불교청년단 결성에서 살펴보았듯이 조선불교혁신 제주도 승려대회는 중앙에서 열린 전국승려대회의 영향에 의한 것이었다. 당시 승려대회 전반에 걸친 상황을 기록한 『법계』를 토대로 승려대회의 전모를 분석할 수 있다.

조선불교혁신 제주도 승려대회에서는 1945년 해방을 맞은 제주 승려들의 시대 인식이 드러난다. 이들은 조선의 불교가 36년간의 일제 통치로 인한 제약과 구속으로 인해 정상적 발전을 이루지 못하였다고 인식하였다.

우리 조선불교은 삼십육년간 일본 제국 총독정치하에 불교로써 이 상정적 발전적 향상을 못하고 가진 법규로 인하야 그 활약의 제약인 구속을 엇지할 수 업섯다.

이에 해방과 더불어 기존의 체제를 개혁하고 신앙의 자유와 활동을 구현할 자치 시대를 맞이하였으므로 이 기회를 잘 살려 교단 기구를 변혁하고 건국 정신에 발맞추어 전국 각파의 불교교단을 통합하여 새로이 조선불교를 재건할 역사적 시점이라고 역설하였다.

이번에 자유 해방의 步슴을 마추어 其 체제을 개혁하야 신앙 자유와 이 땅에서 자치운행의 巨步을 내드디게된 이 기회로 종래의 교단 기구에 일대 변혁을 행함과 동시에 건국 정신과 보합을 맛추어 전국적으로 각파의 불교단체을 통합하여 신조선의 불교을 재건하려는 력사적 대이상의 실현을 보게 되엿다.

해방은 한국사회뿐만 아니라 제주불교에 있어서도 희망을 노래하기에 충분한 것이었다.

조선의 참다운 문화모체가 되는 불교의 사명 건국과 從行야 민족 결합을 촉성함에는 도내 불교도 제현은 총궐기하야 불교 재건에 매진하여 주기을 바라며 마지 안은 바이다.

또한 자신감도 있었다. 불교는 조선의 참다운 문화 모체라는 자신감을 바탕으로 건국과 함께 민족 결합을 촉성하는 사명 또한 제주도 불교도들이 힘써 나가야 할 점임을 강조하였다.

 이상 살펴본 바와 같이 제주불교계는 해방과 함께 도래한 새로운 시대는 일제의 구속에서 벗어나 자치 활동을 할 수 있는 기회임으로 불교 교단의 통합을 통해 불교를 재건할 수 있다고 인식하고 있었다.

 이 승려대회를 위하여 이일선을 위원장으로 하는 준비위원회가 미리 결성되어 있었다. 대회 진행은 준비위원인 원문상의 개회로 시작되었고 준비위원장 이일선의 대회 소집에 대한 경과와 개회 취지 설명이 있었다. 제주도 승려대회 진행 순서와 내용은 〈표 VI-5〉와 같다.

〈표 VI-5〉 제주도 승려대회 진행 내용

순서	내용
개회	준비위원 원문상 진행
삼귀의례	준비위원 오이화 진행
개회사	준비위원장 이일선의 대회 소집에 대한 경과와 개회 취지 설명
회원 점고	출석원 58명, 대표 출석원 9명, 결석원 15명 합 82명
임시 집행부 선거	의장 오이화, 부의장 원문상, 서기 정용하 오한일, 감찰 김우송 김인수
경과 보고	원문상이 중앙에 문답한 의안과 준비위원회 결성 경과를 보고
의안 상정	임시집행부의 진행으로 13개 의안 논의 가결
교무원장 선거	교무원장 : 방동화
삼과장 및 감찰부장, 부원 선거	총무과장, 교무과장, 재무과장과 감찰부장 및 각 부원 선임
교무회 조직 및 고문 추대	26명의 교무회원으로 교무회를 조직하고 3명의 고문 추대
기타 사항	1. 이일선은 의안에서 의결한 사항인 사찰 수입은 화주(化主) 및 지주(止住) 주관의 독단적 처리를 금지하며 또는 사찰 도량 내에 대처 내연화주 동거를 금지하자는 의안을 다시 한 번 제의하여 만장일치를 얻어낸다 2. 포교기관 월간잡지 발행에 관한 의안을 의장이 다시 제안하여 속히 필요하며 기필코 발행하기로 만장일치 가결
만세 삼창	
폐회	

※출처 : 『법계』

제주도 승려대회 진행 상황을 살펴보면 삼귀의례와 개회사를 한 이후 회원 점고가 있었고 대회 진행을 위해 임시 집행부를 선임하였다. 의장에는 오이화, 부의장에는 원문상이 선임되었다. 다음으로 원문상이 중앙총무원에 문답한 의안과 준비위원회 결성 경과를 보고하였다. 제주도 승려대회는 앞에서 언급하였다시피 중앙 불교계의 흐름에 발맞추어 이루어진 것이다. 원문상은 중앙총무원을 방문하여 제주교구의 독립과 제주교무원 설치 약속을 받고 내려왔다. 이러한 맥락 속에서 불교청년단을 구성해 내었고 드디어 조선불교혁신 제주도 승려대회를 개최하기에 이르렀다. 이 대회를 위해 이일선을 준비위원장으로 하고 오이화, 원문상 등이 사전 노력을 펼쳤다. 이 과정에서 원문상은 제주교구 본부 설치 승인 책임자 역할을 부여받고 있었다. 원문상은 그 공로를 인정받아 중앙교무회 대의원으로 선임되기도 하였다.

다음으로 승려대회에서는 13개 의안을 논의 가결한다. 의안의 논의와 가결에는 시간이 소요되었다. 12월 2일 11시에 시작한 대회는 오후 2시에 점심 휴식을 취하고 오후 4시부터 속회에 들어가 오후 6시 반까지 계속되었다. 회원을 다시 점고하였는데 58명이었다. 그리고 다시 다음 날인 12월 3일 오전 9시에 회의를 재개하고 오후 2시에 이르러 폐회를 선언하였다. 장장 이틀간에 걸쳐 진행된 회의는 승려대회의 열기를 그대로 전해주는 것이다. 제주불교는 승려대회를 통해 그동안 억눌러 왔던 제주불교의 숙원을 모두 실현시키고자 하였던 듯하다.

결과적으로 이 대회를 통해 제주불교는 사상 처음으로 제주교구 교무원을 설치하게 되었다. 이는 근대 제주불교 활동이 시작된 이후 사찰령에 의해 육지부 본사의 말사 자격으로만 활동이 가능했던 제주불교에 있어서 획기적인 사건이라 할 만한 대변화였다. 제주교구 교무원 설치로 제주불교는 독립된 교구로서 독자적인 활동이 가능함을 선언하게 된 것이다. 이로써 제주도내 사찰들은 일제시대 내내 '□□사 제주포교소'였던 명칭에서 벗어나 '○○사'로 재정비되기에 이르렀다.

제주교무원 조직표는 〈표 VI-6〉과 같다.[9]

〈표 VI-6〉 제주교무원 조직

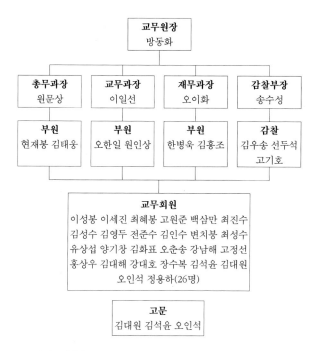

교무원장
방동화

총무과장 | **교무과장** | **재무과장** | **감찰부장**
원문상 | 이일선 | 오이화 | 송수성

부원 | **부원** | **부원** | **감찰**
현재봉 김태웅 | 오한일 원인상 | 한병욱 김홍조 | 김우송 선두석 고기호

교무회원
이성봉 이세진 최혜봉 고원준 백삼만 최진수
김성수 김영두 전준수 김인수 변치봉 최성수
유상섭 양기창 김화표 오춘송 강남해 고정선
홍상우 김대해 강대호 장수복 김석윤 김대원
오인석 정용하(26명)

고문
김대원 김석윤 오인석

※출처 : 『법계』

제주불교 교무원의 교무원장으로는 방동화가 추대되었다. 방동화는 1918년 법정사 항일운동의 좌대장으로 법정사 항일운동을 사전 준비하고 현장에서도 적극적으로 참여하여 일제 강점기 동안 불교활동에 제한을 받아왔던 인물이다. 이어 총무과장, 교무과장, 재무과장(三課長) 및 감찰부

---

9 교무회원 중 양기창, 강남해, 김대해, 고원준 4명은 승려대회 명부나 교무원 명부에 없는 이름이다. 그러나 승려대회 참석자 명부와 교무원 명부의 인명이 동일한 점으로 보아 이들은 추가된 명단이 아니라, 교무원 명부에 있는 인물이면서 이름을 달리하는 경우일 것으로 생각된다.

장, 부원 선거를 거쳐 26명의 교무회원으로 교무회를 조직하고 고문을 추대하였다. 고문에 추대된 인물은 김대원, 김석윤, 오인석 등이다. 김대원은 1930년부터 제주불교에서 활동한 인물이고, 김석윤은 1909년 제주의병 항쟁의 의병장이었으며, 오인석은 1918년 법정사 항일운동에 참여했던 인물이다. 제주교무원은 항일운동 이력으로 일제 강점기 동안 제주불교 활동에서 소외되었던 원로들까지 아우르는 폭넓은 활동을 보여주고 있다.

제주도 승려대회는 이틀간의 의안 논의와 가결 및 제주교무원 구성을 완료하고 의장이 기타사항을 청취한 뒤 만세삼창을 하고 폐회하였다.

한편 이 승려대회에 동참을 표명한 회원은 82명이었다.

一. 회원 점고

원문상씨로부터 회원을 점고한 바 출석원 58명 대표 출석원 9명 결석원 15명 합 82명 대중 일반은 無違可納하다.

승려대회 명부는 53개 사찰 82명의 명단을 기록해 놓고 있다. 이 중 승려 58명이 출석하였고 화주 9명이 사찰 대표로 참석하여 대회 참가자는 모두 67명이었다. 명단만 있고 결석한 승려는 15명이다. 전국승려대회가 전국 사찰의 대의원 격의 대표들로 이루어진 것과는 달리, 제주도 승려대회는 제주도 전체 사찰을 대상으로 하여 자유롭게 참석을 유도하였던 것으로 보인다. 사찰 한 곳에서 1명에서 5명까지도 참석하고 있으며 승려와 화주가 함께 참여하는 경우도 있다.

그리고 조선불교혁신회 제주교구 교무원 명부에 등록되어 있는 승려는 73명이다. 73명 중 58명이 승려대회에 출석하였고 15명은 결석하였다. 교무원 명부에는 없지만 화주의 신분으로 참석한 이로는 9명이 있다.

승려대회 출석명부의 승려와 제주교무원 명부는 다음의 〈표 VI-7〉과 같다.[10]

---

10 단산암은 한자로 담산암(坍山庵)으로 기록되어 있다. 강기규의 소속 사찰이라는

〈표 VI-7〉 제주도 승려대회 명부 및 제주교무원 명부

| 연번 | 승려대회 출석 명부 | | | 제주교무원 명부 | 신분 |
	출석	결석	성명과 소속 사찰	성명과 소속 사찰	
1	출석 1		김대원 원각사	김대원 원각사	승려
2	출석 2		방동화 원만암	방동화 원만암	승려
3	출석 3		이일선 운주당	이일선 운주당	승려
4	출석 4		김석윤 관음사	김석윤 관음사	승려
5	출석 5		원문상 대각사	원문상(만허) 대각사	승려
6	출석 6		오인석 인수사	오인석 인수사	승려
7	출석 7		**오지월 관음사**	**오대지월 관음사**	승려
8	출석 8		송수성 원당사	송수성 원당사	승려
9	출석 9		오이화 관음사	오이화(한수) 관음사	승려
10	출석 10		이성봉 금붕사	이성봉 금붕사	승려
11	출석 11		홍상우 영락사	홍상우 영락사	승려
12	출석 12		김경호 금악사	김경호 금악사	승려
13	출석 13		강신해 월성사	강신해 월성사	승려
14	출석 14		고인산 관음암	고인산 관음암	승려
15	출석 15		현재봉 선광사	현재봉 선광사	승려
16	출석 16		김인수 금중사	김인수 금중사	승려
17	출석 17		**김성주 관음사**	**김성주 원당사**	승려
18	출석 18		전준수 고내사	전준수 고내사	승려
19	출석 19		백인수 용장사	백인수 용장사	승려
20	출석 20		오한일 혜광사	오한일 혜광사	승려
21	출석 21		장수복 법화사	장수복(한택) 법화사	승려
22	출석 22		정용하 정방사	정용하 정방사	승려
23	출석 23		고기호 은수사	고기호 은수사	승려
24	출석 24		정정길 월주사	정정길 월주사	승려
25	출석 25		권행백 관통사	권행백 관통사	승려
26	출석 26		원인상 대각사	원인상 대각사	승려

점이 일치되고, 인성리 단산에 있는 단산사를 칭하는 것으로 생각되어 단산암으로 바꾸었다.

27	출석 27		이공립 산방사	이공립 산방사	승려
28	출석 28		김대선 월주사	김대선 월주사	승려
29	출석 29		유상섭 월계사	유상섭 월계사	승려
30	출석 30		강남옥 금봉사	강남옥 금봉사	승려
31	출석 31		**김평수 금중사**	**김왕송(협지) 금중사**	승려
32	출석 32		선두석 고운사	선두석 고운사	승려
33	출석 33		**김두전 신산리**	**김두전 신산사**	승려
34	출석 34		강정조 운주당	강성부(정조) 운주당	승려
35	출석 35		**김우송 삼양리**	**김우송 원당사**	승려
36	출석 36		김화표 통천사	김화표 통천사	승려
37	출석 37		조호경 남천사	조호경 남천사	승려
38	출석 38		김태웅 불탑사	김태웅 불탑사	승려
39	출석 39		김원종 원수사	김원종 원수사	승려
40	출석 40		김홍조 원당사	김홍조 원당사	승려
41	출석 41		이화선 백련사	이화선 백련사	승려
42	출석 42		변치봉 극락사	변치봉 극락사	승려
43	출석 43		한병욱 귀이사	한병욱 귀이사	승려
44	출석 44		김덕희 불탑사	김덕희 불탑사	승려
45	출석 45		김태수 관음사	김태수 관음사	승려
46	출석 46		최성수 선암사	최성수 선암사	승려
47	출석 47		고정선 서관사	고정선 서관음사	승려
48	출석 48		김덕삼 쌍계사	김덕삼 쌍계사	승려
49	출석 49		김금륜 수원사	김금륜 수원사	승려
50	출석 50		이봉수 제석사	이봉수 제석사	승려
51	출석 51		**오춘송 귀덕사**	**오춘송 보덕사**	승려
52	출석 52		양수정 덕지사	양수정 덕지사	승려
53	출석 53		김양우 광령사	김양우 광령사	승려
54	출석 54		최혜봉 용주사	최혜봉 용주사	승려
55	출석 55		김용하 삼전암	김용하 삼전암	승려
56	출석 56		현응환 동관음사	현응환 동관음사	승려
57	출석 57		이성업 법주사	이성업 법주사	승려
58	출석 58		강기규 단산암	강기규 단산암	승려

59		결석 1	이세진 서관음사	이세진 서관음사	승려
60		결석 2	강성화 대정사	강성화 대정사	승려
61		결석 3	이상욱 관음사	이상욱 관음사	승려
62		결석 4	윤봉천 대정사	윤봉천 대정사	승려
63		결석 5	윤준혁 은수사	윤준혁 은수사	승려
64		결석 6	김택춘 하원리	김택춘 원만암	승려
65		결석 7	강원명 어음리	강원명 어음사	승려
66		결석 8	김호득 회수리	김호득 원만암	승려
67		결석 9	양홍기 원만암	양홍기 원만암	승려
68		결석 10	김용성 조수암	김용성 조수사	승려
69		결석 11	오창진 원만암	오창진 원만암	승려
70		결석 12	윤두하 산방북암	윤두하 산방북암	승려
71		결석 13	최진수 신흥사	최진수 신흥사	승려
72		결석 14	김영두 일출사	김영두 일출사	승려
73		결석 15	강대호	강대호 단산암	승려
74	출석 59		박경생		화주
75	출석 60		장무생 동명사		화주
76	출석 61		장기풍		화주
77	출석 62		기산옥		화주
78	출석 63		??? 삼전암		화주
79	출석 64		??? 법주사		화주
80	출석 65		??? ?관사		화주
81	출석 66		고자선 제석사		화주
82	출석 67		김연화 금중사		화주

출처 : 『법계』

위 〈표 VI-7〉에서 보듯이 승려대회 출석 명부의 승려와 제주교무원 명부는 거의 일치한다. 일치하지 않는 점을 굵은 글자로 표기하였는데 제주교무원 자료인 이력서 등을 토대로 동일 인물임을 확인 할 수 있었다. 김평수는 김왕송(협지)과 동일인물로 보았으며, 오지월은 오대지월과 동일인물이다.

한편 당시 승려대회에 참석한 사찰은 53개소이다.[11] 이 시기 제주도의
사찰 수를 확인하기 위해 여러 기록을 비교해 보았다. 『조선총독부 관보』
에 나오는 사찰, 즉 총독부에 신고한 사찰 46개소[12](일본사찰 2개소 포함),
신고하지 않았으나 『매일신보』와 『불교시보』, 제주교무원의 자료 등에서
활동 사실이 드러나는 사찰 16개소를 합하여 62개소의 사찰을 찾아볼 수
있었다.

그런데 『법계』에는 이들 사찰 외에 새로운 사찰 22개소가 더 나타난다.
1945년 12월의 기록인 『법계』에는 53개소의 사찰명이 나오는데 『조선총
독부 관보』 기록 사찰과 비교해 보았을 때 『조선총독부 관보』와 『법계』에
모두 등장하는 사찰은 27개소이고, 『조선총독부 관보』에 없고 『법계』에만
보이는 사찰은 26개소에 이른다. 거기다가 기타 기록의 사찰 16개소 중 『
법계』에 나오는 사찰은 4개소이다.

그렇다면 『조선총독부 관보』의 46개소, 『법계』에만 기록된 22개소, 기
타 기록의 16개소의 사찰이 존재하고 있었다는 계산이 나온다. 이를 모두
합하면 1945년 12월의 제주도내 사찰 수는 84개소에 달한다고 보아야 할
것이지만 『조선총독부 관보』의 46개 사찰 중에는 일본 사찰 2개소도 포함
되어 있으므로 이들이 해방과 더불어 없어졌다고 보아 82개소의 사찰이
당시에 존립하고 있었다고 할 수 있다.[13]

---

11 오춘송의 경우 귀덕사와 보덕사 소속으로 기록되어 있는데 제주교무원의 「교도책
   임자 명부」에 있는 오춘송의 이력서에 의하면 오춘송은 기림사 귀덕포교소 소속
   이라서 귀덕사 소속 승려로 보았다. 보덕사는 1945년까지의 여타 기록에 등장하
   지 않는 사찰명칭이며, 오춘송을 서로 다르게 표기하고 있는 것이어서 귀덕사의
   오기로 보고 사찰 개수를 세는데 포함시키지 않았다. 또한 화주의 이름과 함께 ?
   觀寺라는 곳이 있으나 화주의 이름과 함께 정확히 판독이 불가능하다. 화주가 참
   석한 삼전암과 법주사의 경우 승려도 참석하고 있어서 이 경우도 승려의 이름으
   로 이미 기록된 서관사일 가능성이 있기 때문에 사찰 개수를 세는 데에서는 제외
   하였다.
12 『조선총독부 관보』에 신고 된 수는 47개소이나 1938년에 신고했던 중문리 일본사
   찰 1941년에 폐지된다. 따라서 1945년경에 현존하는 사찰은 46개소이다.

1945년 12월을 기준으로 제주도에 존립하고 있던 82개 사찰의 기록을 자료별로 찾아보면 다음의 〈표 VI-8〉과 같다.

〈표 VI-8〉 1945년 제주도내 사찰 수(12월 현재)

출처	관보	법계	불교시보	제주교무원 자료	매일신보	합계
사찰 수	46(27)	53	6(2)	9(1)	1(1)	84

※( )의 숫자는 『법계』와 일치되는 사찰의 수
※출처 : 『조선총독부 관보』, 『법계』, 『불교시보』, 제주교무원 자료 등

〈표 VI-8〉과 같이 『조선총독부 관보』의 사찰은 46개소(일본사찰 2개소 포함), 『법계』에 53개소, 『불교시보』에 6개소, 『제주교무원 자료』에 9개소, 『매일신보』에 1개소의 사찰명이 기록되어 있다. 표의 괄호 안의 숫자는 『법계』와 일치되는 사찰의 수이다. 따라서 1945년 12월 제주도내 사찰 수는 『법계』 53개소, 『조선총독부 관보』 19개소, 『불교시보』 4개소, 『제주교무원 자료』 8개소를 합하여 84개소이다. 이 가운데 일본 사찰 2개소가 해방으로 없어진 것으로 보여 1945년 12월 현재 총 82개소의 사찰이 활동하고 있는 것으로 보았다.

이 82개소의 사찰 가운데 제주도 승려대회에는 53개 사찰이 참여하고 29개소가 참여하지 않았다. 『법계』에는 전도의 사찰을 80개소로 기록하고 있다. 그런데 『법계』를 분석하면서 처음에는 참여 사찰 명단 53개소와 82명의 인명을 기록해 놓고 전도 사찰을 80개사로 표현한 『법계』의 기록이 오류가 아닐까 생각하였다.

즉 본회는 전도적으로 大小 八十個寺이 승려들이 참가하여 오전 10시로부터 읍내 포교당(현재 대각사)에서 개최하엿는대

---

13 『조선총독부 관보』 기록에 의하면 일본사찰은 일본인이 포교사로 있었다. 일본 사찰의 해방 이후 활동은 더 이상 드러나지 않고 있어서 해방으로 제주도를 떠났다고 보았다.

그러나 여러 기록을 통해 일제 강점기 사찰 82개를 도출해 내면서 『법
계』 기록이 잘못된 것이 아니라는 것을 확인할 수 있었다. 『법계』에 나타
나듯이 승려대회를 주관한 측은 제주도의 사찰이 80여개 이르고 있음을
파악하고 있었던 것이다.

다음으로 승려대회 참가자들의 현황을 살펴보면, 승려대회에 출석한 사
람은 총 67이다. 승려 58명과 화주 9명이 출석하였다. 교무원에 등록된 승
려의 명단은 73명이다. 이 가운데 58명의 승려가 승려대회에 출석하고 15
명이 결석하였다. 이들을 사찰별로 정리하면 다음의 〈표 VI-9〉와 같다.

〈표 VI-9〉 제주도 승려대회 참석 사찰과 인명 현황

사찰 수	사찰명	성명	출결 여부	사찰 별 인원		신분	인명 누계
				총 인원	출결 인원		
1	고내사	전준수	출석	1명	출석 1명	승려	1
2	고운사	선두석	출석	1명	출석 1명	승려	2
3	관음사	김태수	출석	6명	출석 5명 결석 1명	승려	3
		김석윤	출석			승려	4
		오지월	출석			승려	5
		오이화	출석			승려	6
		김성주	출석			승려	7
		이상욱	결석			승려	8
4	관음암	고인산	출석	1명	출석 1명	승려	9
5	관통사	권행백	출석	1명	출석 1명	승려	10
6	광령사	김양우	출석	1명	출석 1명	승려	11
7	귀덕사	오춘송	출석	1명	출석 1명	승려	12
8	귀이사	한병욱	출석	1명	출석 1명	승려	13
9	극락사	변치봉	출석	1명	출석 1명	승려	14
10	금붕사	이성봉	출석	2명	출석 2명	승려	15
		강남옥	출석			승려	16
11	금악사	김경호	출석	1명	출석 1명	승려	17

12	금중사	김평수	출석	3명	출석 3명 (화주 1명)	승려	18
		김인수	출석			승려	19
		김연화	출석			화주	20
13	남천사	조호경	출석	1명	출석 1명	승려	21
14	단산암	강기규	출석	2명	출석 1명	승려	22
		강대호	결석		결석 1명	승려	23
15	대각사	원문상	출석	2명	출석 2명	승려	24
		원인상	출석			승려	25
16	대정사	강성화	결석	2명	결석 2명	승려	26
		윤봉천	결석			승려	27
17	덕지사	양수정	출석	1명	출석 1명	승려	28
18	동관음사	현응환	출석	1명	출석 1명	승려	29
19	동명사	장무생	출석	1명	출석 1명	화주	30
20	백련사	이화선	출석	1명	출석 1명	승려	31
21	법주사	이성업	출석	2명	출석 2명 (화주 1명)	승려	32
		???	출석			화주	33
22	법화사	장수복	출석	1명	출석 1명	승려	34
23	불탑사	김태웅	출석	2명	출석 2명	승려	35
		김덕회	출석			승려	36
24	산방북암	윤두하	결석	1명	결석 1명	승려	37
25	산방사	이공립	출석	1명	출석 1명	승려	38
26	삼전암	김용하	출석	2명	출석 2명 (화주 1명)	승려	39
		???				화주	40
27	서관음사	고정선	출석	2명	출석 1명	승려	41
		이세진	결석		결석 1명	승려	42
28	선광사	현재봉	출석	1명	출석 1명	승려	43
29	선암사	최성수	출석	1명	출석 1명	승려	44
30	수원사	김금륜	출석	1명	출석 1명	승려	45
31	신산사	김두전	출석	1명	출석 1명	승려	46
32	신흥사	최진수	결석	1명	결석 1명	승려	47
33	쌍계사	김덕삼	출석	1명	출석 1명	승려	48
34	어음사	강원명	결석	1명	결석 1명	승려	49

35	영락사	홍상우	출석	1명	출석 1명	승려	50
36	용장사	백인수	출석	1명	출석 1명	승려	51
37	용주사	최혜봉	출석	1명	출석 1명	승려	52
38	운주당	강정조	출석	2명	출석 2명	승려	53
		이일선	출석			승려	54
39	원각사	김대원	출석	1명	출석 1명	승려	55
40	원당사	김우송	출석	3명	출석 3명	승려	56
		송수성	출석			승려	57
		김홍조	출석			승려	58
41	원만암	방동화	출석	5명	출석 1명 결석 4명	승려	59
		오창진	결석			승려	60
		김택춘	결석			승려	61
		김호득	결석			승려	62
		양홍기	결석			승려	63
42	원수사	김원종	출석	1명	출석 1명	승려	64
43	월계사	유상섭	출석	1명	출석 1명	승려	65
44	월성사	강신해	출석	1명	출석 1명	승려	66
45	월주사	정정길	출석	2명	출석 2명	승려	67
		김대선	출석			승려	68
46	은수사	고기호	출석	2명	출석 1명 결석 1명	승려	69
		윤준혁	결석			승려	70
47	인수사	오인석	출석	1명	출석 1명	승려	71
48	일출사	김영두	결석	1명	결석 1명	승려	72
		기산옥	출석	1명	출석 1명	화주	73
49	정방사	정용하	출석	1명	출석 1명	승려	74
50	제석사	이봉수	출석	2명	출석 1명	승려	75
		고자선	출석		출석 1명	화주	76
51	조수암	김용성	결석	1명	결석 1명	승려	77
52	통천사	김화표	출석	1명	출석 1명	승려	78
53	혜광사	오한일	출석	1명	출석 1명	승려	79
	사찰명 모름	박경생	출석	1명	출석 1명	화주	80
	사찰명 모름	장기풍	출석	1명	출석 1명	화주	81

계	?관사	？？？	출석	1명	출석 1명	화주	82
계	53개 사찰			82명	출석 67명 (승려 58명 +화주 9명)	승려 =73명	
					결석 15명 (승려 15명)	화주 =9명	

출처 : 『법계』

교무원에 등록된 승려 73명 가운데 58명이 승려대회에 출석하고 15명이 결석하였다. 관음사는 6명의 승려가 이름을 등록해 놓고 있으며 이 가운데 5명이 대회에 참석하였다. 원만암은 5명의 이름을 기록해 놓고 있으나 1명만 대회에 참석하였다. 원당사와 금중사가 각각 3명씩, 금봉사, 대각사, 불탑사, 운주당, 월주사, 제석사, 일출사, 단산암이 각각 2명씩 대회에 참석하였으며 나머지는 1명씩 참석한 사찰들이다. 또한 금중사와 제석사, 일출사, 법주사, 삼전암의 경우는 승려와 더불어 화주도 참석하였다. 승려대회에 사찰별 대표들만 참석하였던 것이 아니라 한 사찰에서 여러 명이 참석하기도 하였다는 점 등은 이 승려대회가 제주도내 전체 사찰과 모든 승려를 대상으로 하고 있음을 말해준다. 대회를 주도하는 이들만의 행사가 아니라 승려대회에 찬성하는 제주도 사찰과 승려들의 의지를 모두 결집시킨 대회가 바로 제주도 승려대회였던 것이다.

제주도 승려대회 인물들을 면면히 살펴보면 제주불교의 원로 승려에서부터 청년 승려들뿐만 아니라 일제 강점기 친일 노선을 걸었던 승려에서 항일운동으로 소외되었던 승려들까지 골고루 참석하고 있음을 알 수 있다. 이들 승려들의 다양한 성향은 제주도 승려대회가 제주불교의 전반적인 지지를 기반으로 이뤄지고 있음을 보여주는 것이다.

이 대회에서 제주교구 교무원장으로 추대된 방동화는 1918년 법정사 항일운동의 좌대장이었다. 제주교무원의 고문으로 추대된 김석윤은 제주 의병항쟁 의병장, 오인석은 법정사 항일운동에 참여하였던 인물이며, 김대원은 1930년부터 위봉사 제주도포교소 활동을 하였다.

또한 제주도 승려대회 준비위원장인 이일선은 1920년 불교중앙학림 학생으로 조선불교청년회 활동에 참여했던 인물이다. 그는 이회광의 친일을 규탄하며 일제의 사찰령을 철폐시켜 전통불교를 수호하자는 주장을 펼쳐왔다. 1938년에는 심전개발운동에 동참하는 포교사로 제주도 활동을 시작하고 제주불교연맹 포교부장으로 순회포교를 주도했다. 대처승이면서도 승려대회에서 직접 대처식육의 문제를 거론하는 등 친일을 반성하고 제주불교의 자주적인 불교혁신을 위해 앞장섰다.

제주도 승려대회의 임시의장으로 대회를 진행한 오이화는 제주교무원 재무과장으로 선임되었다. 1936년부터 관음사 2대 주지를 역임하며 1939년 제주불교연맹의 집행위원장으로 제주불교를 이끌었다.

원문상은 제주도 승려대회 이전에 중앙총무원에 올라가 제주교구의 독립을 약속받아 오는 등 제주교무원 탄생을 위해 노력하였다. 승려대회의 준비위원으로 사전 준비에 힘썼으며 임시 부의장으로 대회를 진행하였다. 제주교무원 총무과장으로 선임되었고 중앙총무원의 대의원으로 활동하였다.

이세진은 강원도 표훈사 중향강원의 강주로 활동하다가 1939년 백양사 제주도 한림포교사로 부임하면서 제주도 활동을 시작하였다. 제주불교연맹의 교육부장으로 심전개발운동에 참여하였고 관음사 포교당 대각사 제주강원에서 제주도 승려들의 승가교육을 이루어내었다. 제주교무원 교무회원으로 선임되었다.

이성봉은 하도리 금붕사 승려로 제주불교의 미신적 요소를 타파하고 전통불교 정신을 확립하기 위해 1936년 법화산림 대작불사를 개최하였던 인물이다. 제주불교연맹 활동을 하였고 제주교무원 교무회원으로 선임되었다.

청년 승려였던 고기호는 제주도 불교청년단 단장이었다. 제주교무원 감찰로 선임되었다. 백인수는 제주도 불교청년단 선전부장을 역임하면서 제주교무원 교무회원으로 선임되었다. 고정선은 제주도 불교청년단의 선전부원이면서 제주교무원의 교무회원으로 선임되었다.

제주도 승려대회에는 근대 제주불교의 초창기 활동을 주도하며 항일운동에 앞장섰다가 제주불교에서 소외되었던 방동화, 김석윤, 오인석 등이 모습을 드러내었다. 제주불교연맹 활동을 주도하였던 오이화, 이일선, 이세진 등도 참여하였다. 또한 제주불교의 미신적 요소를 타파하려고 애썼던 이성봉 등 제주불교의 주요 인물들이 대부분 승려대회에 동참하였다. 그리고 앞으로의 제주불교를 짊어져 나갈 고기호, 백인수, 고정선 등의 청년 승려들도 참여하였다. 이렇게 제주도 승려대회는 제주불교 전체 구성원을 아우르는 인적 구성을 갖추었다. 이는 대처식육의 반성, 화주의 사찰 내 동거 금지 등과 같이 친일불교를 반성하는 안건을 제안했던 승려대회 주도자들의 진정성을 보여주는 일면이라고도 생각된다. 해방 이후 사회 일부에서는 친일과 반일의 이데올로기로 분열되어 대립하는 양상도 있었으나 승려대회를 준비하는 주요인물들이 친일에 대한 철저한 반성을 전제로 하고 불교의 근본정신인 수행 풍토의 확립을 목적으로 삼았기 때문에 제주불교 전체 구성원의 통합된 활동을 이끌어낼 수 있었던 것이다.

3. 제주불교 혁신운동

조선불교혁신 제주도 승려대회는 그동안 잠재되어 왔던 제주불교의 숙원이 표출된 대회였다. 제주도 승려대회의 의안을 통해 1945년 제주불교의 의욕을 읽어낼 수 있다. 13개 의안은 이틀에 걸쳐 논의되었다.

　㈀ 건국정신 진작의 건
　㈁ 사찰정화에 관한 건
　㈂ 의식개혁의 건
　㈃ 법려 품위향상의 건
　㈄ 寺財 정리의 건
　㈅ 대중불교 실현의 건

(ㅅ) 교구 자원 확립에 관한 건
(ㅇ) 佛專 강원 설치의 건
(ㅈ) 인재 양성의 건
(ㅊ) 모범총림 창설의 건
(ㅋ) 교무원 운영에 관한 건
(ㅌ) 중앙교무원 대표 파견의 건
(ㅍ) 포교기관 월간지 발행에 관한 건

의안에 대한 논의와 가결 내용을 차례대로 살펴보면 다음과 같다.

〈표 VI-10〉 제주도 승려대회 안건 및 가결 내용

	의안	가결 내용
가	건국정신 진작의 건	순회 포교사 2명을 정해 강연대를 파견하여 포교하기로
나	사찰정화에 관한 건	1.사찰도량 내 대처식육과 내연화주 동거를 절대 금지 2.사찰수입의 화주 및 주지의 독단적 처리를 금지
다	의식 개혁의 건	1.속가 : 용왕 인왕 토신 산신 운표중창불 구병시식 폐지 2.사찰 내 : 금고 범음 화청 금지
라	법려 품위 향상의 건	품위 향상을 위해 반성
마	사재(寺財) 정리의 건	위원회 안에 의해 실행하기로
바	대중불교 실현의 건	통속적 불교를 실현하기로
사	교구 자원 확립에 관한 건	본 교구 교무원의 지시에 의해 실행하기로
아	불교 강원 설치의 건	교구 역원에게 일임하기로
자	인재 양성의 건	자체적 자격 양성을 목표로 강원을 설치하여 인재 양성하기로
차	모범총림 창설에 관한 건	중앙총무원의 창설 방침과 지시에 응하기로
카	교무원 운영에 관한 건	1.교구 교무원의 위치 : 제주읍내 포교당 대각사

		2.직원 : 1년 무급, 상임위 : 2명 유급 3.운영비용 : 일시 기채사용하고 교구자원 확립 후 상환하기로 4.실행 방안 : 신임 역원회에 일임
타	중앙교무회 대의원 파견의 건	1.원문상 파견 2.비용은 신임역원회 일임 3.단, 사비로 중앙대회 출석 희망자는 대의 원 파견서를 교부
파	포교기관 월간지 발행에 관한 건	제주도 불교청년단의 건의 안건으로 기관 지 발행에 찬동하고 역원회에 일임

※출처 : 『법계』

　제주불교는 일제 강점기 불교의 폐해를 뼈저리게 인식하고 있었다. 제주도 승려대회는 이러한 인식을 바탕으로 일제 통치하 불교의 폐해를 지적하고 반성하여 새로운 시대를 맞아 개혁을 추진하고자 하는 의지가 결집된 대회였다.

　따라서 승려대회는 일제 강점기 불교계의 태도를 반성하는 일을 최우선으로 하였다. 일제 통치하의 한국전통불교는 일본불교의 영향으로 대처식육(帶妻食肉)의 경향을 띠고 있었다. 승려의 결혼이라는 현상은 내연화주(內緣化主)의 사찰 내 거주 및 사찰의 수입을 화주와 주지가 독단으로 사용하는 문제를 야기하였다. 이처럼 왜곡된 현실을 반성하고 이 문제의 해결을 사찰 정화의 주요 안건으로 채택하여 만장일치로 가결시켰다. 전국승려대회에서도 당시 전체 승려의 90%에 이르고 있는 대처승 문제가 안건으로 제시되었으나 구체적인 결론은 내리지 못하였다.[14] 전국승려대회에서도 결론을 내리지 못한 대처승에 대한 처분을 제주도 승려대회에서는

---

14 이에 대한 분석은 김광식의 논문이 있다. 전국승려대회에서 사찰운영의 모순을 야기한 대처승에 대한 안건으로 교도제 실시 안건이 제기되었다. 교도제라는 것은 수행승단의 존엄과 대중불교의 실현을 위해 대처승을 신도와 함께 교도로 칭하고 수행자를 승려로 분류하자는 안건이었다.(김광식, 「8·15해방과 전국승려대회」 『한국현대불교사 연구』, 불교시대사, 2006, 32쪽).

만장일치로 가결시켰다.[15]

나. 사찰정화에 관한 건

의장으로 붙어 寺刹淨化에 대하야 大衆에 의견을 청취한 바 李一鮮씨로 붙어 寺刹道場내 帶妻食肉과 內緣化主 同居을 절대 금지하며 寺刹內 諸收入은 化主 及 止住 主管 處理을 절대 엄금하자는 의견에 滿場一切 無違可決되다.

그런데 여기서 한 가지 특기할 점은 이일선과 원문상도 대처승이었다는 점이다. 물론 대처(帶妻)라는 것은 선진화된 일본불교의 특징이라고 보고 한국불교에서 한 때 권장했던 사항이기도 하다. 그러나 승려대회를 앞장서 준비한 이일선과 원문상은 스스로가 대처승이었음에도 불구하고 철저한 자기반성을 우선했다. 특히 이일선은 이 안건에 대하여 대처식육을 절대 엄금하자는 의견을 내어 그동안의 폐해를 청산하고자 하는 의지를 강하게 표출했다. 뿐만 아니라 폐회에 앞서 의장이 기타 사항을 묻자 이일선은 다시 한 번 화주와 주지가 사찰 수입을 독단적으로 처리할 수 없도록 금지하고, 사찰 내에서 대처와 내연화주의 동거를 금지하자는 제의를 하여 그 의지를 강력히 천명했다.

ㅡ. 기타 사항

의장으로부터 기타사항에 대하야 대중의 의견을 청취한 바 이일선씨로부터 사찰수입은 化主 及 止住 주관의 독단적 처리를 금지하며 또는 사찰 도량 내에 대처 내연화주 동거를 금지하자는 제의에 만장 대중은 일치가결 되다.

제주도 승려대회는 중앙 불교의 흐름에 따른 형식적 행사가 아니라, 일제 강점기에 행해진 기존의 잘못을 청산하고 새로운 시대를 맞아 다시 한 번 거듭나고자 하는 강력한 실천 의지를 천명하던 자리였던 것이다.

다음으로 제주도 승려대회에서는 전통불교의 확립을 위한 불교 의식(儀

---

15 김광식, 「해방 직후 제주불교계의 동향」『근현대불교의 재조명』(민족사, 2000).

式)의 개혁을 결의하였다. 제주불교에 혼재된 민간 신앙적 요소는 제주불교의 오래된 고민이었다. 제주도의 재래불교의 미신적 성격을 타파하고 불교의 근본정신을 회복하고자 하는 의도로 1936년 법화산림 대작불사[16]가 실시되었음은 앞에서도 살핀 바 있다. 이 법화산림의 주역인 이성봉도 승려대회에 참석하고 있다.

다. 의식 개혁의 건

의장으로붙어 의식 개혁에 대하야 대중에 의견을 청취한 바 俗家에서 龍王, 因王, 土神, 山神, 運表中唱佛, 救病施食 등을 폐지하며 寺內에서는 金鼓, 梵音, 和請 등을 금지하기로 만장일치로 無違可決되다.

여기서 불교 의식(儀式)의 개혁이란 사찰이나 신도의 집 등에서 행해지는 의례 방식의 개혁을 말하는 것이다. 속가(俗家)에서 용왕, 인왕, 토신, 산신 등을 섬기는 것이나 병든 사람을 위하여 귀신에게 음식을 베풀고 법문(法門)을 알려 주는 구병시식(救病施食) 등과, 사찰 내에서 쓰는 북 모양의 종인 금고(金鼓), 재를 올릴 때 석가여래의 공덕을 찬미하는 노래인 범음(梵音), 대중이 잘 알 수 있는 음조로 교리에 관한 쉬운 사설을 얹어 부르는 노래인 화청(和請) 등은 전통불교 의식에 맞지 않는다고 인식하고 이를 금지하기로 하였다. 사찰 내에서만이 아니라 속가에서 행해지는 민간신앙의 요소까지도 타파하기로 결의하는 모습은 승려대회에 결집된 의지가 얼마나 강한 것인가를 반증하는 예이다. 승려대회를 통해 새롭게 태어나겠다는 제주불교의 결의를 읽을 수 있다.

더군다나 이 의식 개혁의 건은 전국승려대회에서는 다루어지지 않은 안건이었다. 이는 제주도 승려대회가 중앙 교단의 영향으로 개최되기는 하였지만, 중앙 불교의 지시나 결정 사항을 그대로 답습하는 것이 아니라 제주도 대회만의 독자적인 안건 상정을 통해 제주불교의 역량을 보여주고

---

16 「제주도 법화산림 대작불사」『불교시보』제20호(불교시보사, 1937. 3. 1), 8쪽.

있는 것이라 하겠다.

한편 제주도 승려대회는 제주교무원의 성립을 위한 것이었다. 원문상의 상경은 중앙총무원과 합의하여 제주교구를 독립 설치하고자 하는데 있었다.

> 中央에 잇서서는 全國을 敎區로 分劃하여 道單位로 十三區로 난우게 되엿고 우리 濟州島은 特殊 地帶인 關係로 따로이 一 敎區을 形成되여 벌서부터 大會 準備委員長 李一鮮氏 吳利化氏 元文常氏 外 數名이 諸 準備에 盡力을 하여 오든바

이에 중앙에서는 전국을 도(道) 단위로 나누어 13구로 분류하였는데 제주도는 특별히 하나의 교구를 만들기로 하였다. 제주도 승려대회는 제주교구 교무원의 성립을 위한 기구 구성과 교무원의 활동 방침을 정하기 위한 대회였다고 볼 수 있다.

또한 교무원의 구성으로 중앙총무원의 모범총림 창설에 동참하여야 할 필요가 있었는데, 모범총림 설치는 중앙총무원의 방침을 따르기로 결정하였다.

차. 모범총림 창설에 관한 건

본건 이일선씨로부터 제안 이유를 설명한 바 본도 내 교구에도 모범총림을 설치하되 중앙총무원의 창설방침과 지시에 응하야 從後 실시키로 일치가결하다.

이 모범총림 창설은 전국승려대회에서도 논의된 것이다. 이것은 종래 사판(事判) 승려 주체의 사찰 운영을 비구 승단의 모범 총림으로 전환하겠다는 것으로 총림의 구성은 전부 비구승으로 조직하고 경리 등 기타 제반 사무는 자주적으로 운영하도록 계획되었다.[17] 제주도 승려대회는 제주교

---

17 김광식, 「8·15해방과 전국승려대회」『한국현대불교사 연구』(불교시대사, 2006), 28쪽.

구에도 모범총림을 설치하되 중앙총무원의 창설 방침을 따르기로 하였다. 이는 대처승 처분을 만장일치로 가결시킨 제주도 승려대회의 경우에는 큰 문제가 되지 않았다. 오히려 대처승 문제에 대하여 확실한 결론을 얻지 못한 중앙에서는 일제하 사판승의 사찰운영을 비판 부정하고 모범총림을 창설하겠다는 의지를 표명하는 수준에서 이 문제를 다뤘다.

제주도 승려대회에서는 불교 강원 설치의 안건도 다루었다. 이는 1940년대에 이세진을 중심으로 하여 강원 교육을 실시하였던 열정에도 불구하고 본사가 없는 제주도의 승려들이 육지부 사찰에서 출가하여야 하는 현실에 대한 제주불교의 오래된 희망사항이 표출된 것이다.

아. 불교강원 설치의 건

의장 대표 원문상씨로붙어 불교강원 설치의 건에 관하야 대중에게 의견을 청취한 바 불교 강원설치는 교구 役員에게 일임하자는 현재봉씨의 동의와 송수성씨 재청으로 대중은 만장일치로 가결되다.

자. 인재양성의 건

의장 대표 원문상씨로붙어 인재양성에 대하야 대중에게 청취한 바 대중은 자체적 자격양성에 향상을 목표적으로 하며 從後 강원을 설치하야 인재를 양성하기로 하야 대중은 무위가결하다.

불교 강원을 설치하여 제주도 자체적인 자격 양성은 물론 실력 향상을 도모하겠다는 의지를 모으고 있다. 또한 제주교구라는 독립 기구를 구성하였는데 기관지가 없을 수 없다고 하는 불교청년단의 제안으로 월간지를 발행하기로 결의하였다.

파. 포교기관 월간지 발행에 관한 건

본건은 건국 제주불교청년단으로부터 건의한 5안 중의 1인 바 佛青 측 원인상씨의 原案 설명이 있은 후 대회에서는 한 교구로서 기관지가 없을 수 없다고 찬동하고 발행의 제 문제 등은 역원회에 일임키로 가결함.

제주도 승려대회는 36년간의 일제 통치로 일그러진 불교의 모습을 반성하고 자치 활동의 시대를 맞아 제주불교의 꿈을 실현할 시기가 왔다는 인식하에 의욕적이고 자신감에 넘치는 모습을 보여 주었다. 대회를 마치는 글에서는 '조선의 참다운 문화 모체가 되는 불교의 사명은 건국과 함께 민족 결합을 촉성'하는 것이라고 하여 불교활동을 통해 건국의 새로운 시대를 맞이할 자신감을 내비치고 있다.

제주도 승려대회가 이루어낸 결과를 요약해 보면 제주불교의 희망이 무엇이었는지를 알 수 있다. 제주도 승려대회의 의의는 다섯 가지로 요약된다. 첫째, 제주도 승려대회는 수행풍토를 바로 잡겠다는 제주불교의 강력한 의지를 표명하였다. 둘째, 제주도 승려대회는 일제 강점기 제주불교의 문제점을 표면에 드러내어 친일성향을 반성하고 앞으로 제주불교가 나아가야 할 새로운 방향을 제시했다. 셋째, 제주도 승려대회는 제주교구의 독립을 이뤄내고 제주교무원을 조직하였다. 넷째, 제주도 승려대회는 제주교구의 독자적 활동을 위해 모범 총림을 설치하고 불교 강원을 설립하여 제주도 자체적인 인재양성을 계획하였다. 다섯째, 제주도 승려대회는 주도 인물들이 친일에 대한 철저한 자기반성을 전제로 함으로서 친일과 반일의 대립을 넘어 제주불교 구성원 전체의 통합된 활동을 이루어내었다. 제주도 승려대회의 의의를 좀 더 구체적으로 살펴보면 다음과 같다.

첫째, 조선불교혁신 제주도 승려대회는 제주불교에 혼재된 민간신앙적 요소에서 탈피하여 불교 본연의 수행풍토를 바로 잡겠다는 제주불교의 강력한 의지를 표명하였다. 제주도 승려대회는 사찰과 속가에서 행해지던 민간 신앙적 의식의 모습을 불교 본연의 모습이 아니라고 판단하고 사찰 내에서는 물론 속가에서조차 이를 금지하기로 결의하였다. 전통불교 정신은 바른 수행에 있다고 보고, 사찰과 속가에 수행의 풍토를 심어놓겠다는 이 결의는 이 기회에 전통불교 본연의 정신을 반드시 찾으리라는 강한 의지가 없으면 실행되기 어려운 일이었다. 이렇게 제주불교의 문제점을 스스로 드러내고 이를 바로 잡아 전통불교의 수행풍토를 이루어 나가겠다는

결의야말로 현재에 있어서도 유효한 종교로서의 기본적 자세이며 본연의
자세임은 두말 할 필요가 없다.

　더군다나 이 안건은 중앙의 전국승려대회에서도 다루어지지 않은 사항
이다. 중앙의 움직임에 따라 중앙총무원의 제주교구 독립 설치를 확약 받
고 그 일환으로 개최된 제주도 승려대회였지만 전국승려대회와는 달리 제
주도 승려대회를 준비한 인물들은 제주불교의 문제점과 염원을 모아내어
논의하는 진정성을 보여준다. 그 논의의 중점은 전통 불교 정신의 실천으
로 수행풍토를 확립하자는 것이었다. 이처럼 제주도 승려대회는 명목상의
틀을 구성하기 위한 의례적 대회가 아니라, 불교 정신에 투철한 수행 풍토
의 틀을 구성하기 위한 대회였다는 점에서 제주불교사의 한 획을 가르는
커다란 의의를 가지고 있다고 할 수 있다.

　둘째, 제주도 승려대회는 일제 강점기 제주불교의 문제점을 표면에 드
러내어 친일 불교의 성향을 반성하고 제주불교가 나아갈 새로운 방향을
제시하였다. 일제 통치하 제주불교의 문제는 대처식육으로부터 비롯되었
다고 보고, 그 문제점을 피해간 것이 아니라 정면에 드러내어 반성하고 새
로운 방향을 공격적으로 제시함으로써 강력한 의지를 표현한 것이다. 구
체적으로 제주도 승려대회는 내연화주의 사찰 내 동거를 금지하고 사찰
재산을 화주와 주지가 독단적으로 사용하는 것을 금지시켰다. 이는 중앙
의 전국승려대회에서도 안건만 상정하였지 결론은 내리지 못했던 안건이
었는데, 제주도에서는 만장일치로 가결시켰다. 제주도 승려대회 준비위원
장인 이일선과 중앙교무회 대의원인 원문상은 본인들 스스로가 대처승 신
분이었음에도 불구하고 오히려 이 안건을 강력히 제안하고 가결시켰다는
점에서 과거 청산에 대한 이들의 굳건한 의지를 확인할 수 있다.

　셋째, 승려대회는 제주교구 교무원을 구성해냄으로써 제주불교의 숙원
인 자주적이고 독립적인 활동의 장을 마련하게 되었다. 방동화를 교무원
장으로 추대하였고 김석윤, 오인석 등 제주불교의 원로 승려들을 고문으
로 위촉하였다. 항일운동의 이력으로 일제 강점기 동안 제주불교 활동에

서 소외되었던 이들 원로들을 제주교무원 활동에 참여시켰다는 것 또한 친일을 반성하는 승려대회의 한 면을 보여주는 것이다.

이 승려대회에서 구성된 제주교구 교무원은 총무과, 교무과, 재무과, 감찰부를 설치하고 과장과 부원을 배치시켰으며 26명의 교무회원을 선임하고 고문을 두어 조직을 완성하였다. 제주교구 교무원에는 제주도내 80여 개 사찰 중 53개 사찰 73명의 승려가 등록하였다.

제주불교는 근대에 들어 1918년 법정사 항일운동으로 일제의 통제를 받게 된 이후 계속하여 일제 당국과 육지부 본사에 의지하는 제한적 활동을 이어나갈 수밖에 없었다. 1930년에 이르러서야 안도월이 관음사의 포교담임자로 허가 받을 만큼 제주불교의 항일이력은 제주불교의 커다란 숙제였다. 이러한 상황 속에서 제주불교의 자주적 활동에 대한 의지는 더욱 큰 열망으로 번졌고 마침내 1939년 제주불교연맹에 이르러 관음사의 오이화 등 제주불교 인물들이 주도적 활동을 펼치며 제주불교의 토착화라는 결실을 맺게 되었다. 이 여세를 몰아 1940년대에는 강원의 설립 등 자주적 활동의 기반을 다지기 위한 토대가 마련되기도 하였다. 그러나 여전히 일제 사찰령의 범주 속에서 제한적 활동을 펼치다보니 독자적 운영의 단계까지 이르지는 못했다. 하지만 일제 강점기 내내 지속된 제주불교계의 자주적 활동에 대한 의지는 해방이 되자마자 바로 제주교무원을 조직해냄으로써 마침내 제주불교의 숙원을 이루어내었다.

넷째, 모범 총림을 설치하여 제주교구의 자주적 활동을 꾀하고, 불교 강원을 설립하여 제주도 자체적으로 인재를 양성하고 실력을 향상시키겠다는 의지를 모았다. 모범 총림은 중앙의 전국승려대회에서 논의되었던 안건으로 이 또한 전통불교의 모습을 찾기 위해 일제 강점기의 병폐를 타파하겠다는 의지의 표현이다. 사찰령에 의해 본사가 없는 제주도는 모두 육지부 사찰을 본사로 하는 포교소로 격하되었다. 그런데 승려대회 명부에는 일제 강점기 공식 명칭인 '육지부 본사 명칭+제주도 지역명 포교소'라는 사찰명이 보이지 않는다. 모두 'ㅇㅇ사'라는 사찰명을 쓰고 있는데 이

〈그림 36〉 서관음사 폐허

는 더 이상 육지부 본사의 포교소가 아니라는 뜻으로 이제 독립된 제주교구의 사찰임을 드러내고 있는 것이다. 이렇듯 제주교구의 독립으로 육지부 본사에 가서 출가하고 교육을 받아야 하는 시대로부터 벗어나게 되면서, 제주도 자체적으로 인재를 양성하고 실력을 향상시키고자하는 의지를 모아 불교강원 설립을 논의하였다. 1940년경 이세진이 관음사에 마련하였던 강원은 시작할 때의 의지와는 달리 오래가지 못하였다. 이는 육지부 여러 개의 본사로 나뉘어 있는 제주도의 포교소 성격상 실력향상은 되었을지라도 제주도 전체를 아우르는 교육기관으로서는 인정받지 못했던 까닭이다. 이에 제주도 승려 전체를 대상으로 하는 불교강원 설립이야말로 제주불교의 내면적 성장을 위해 필요하다고 인식하였음에 틀림없다.

다섯째, 제주도 승려대회는 친일과 반일이라는 대립을 넘어서 제주불교의 통합된 활동을 이루어내었다. 제주교무원에는 심전개발운동 포교사로 활동하던 인물들과 항일운동으로 제주불교에서 소외되었던 인물들이 함께 참여하고 있다. 해방 직후 우리 사회는 친일과 반일의 이력으로 대립되어 새로운 갈등의 전조를 보이고 있었다. 이러한 시기에 승려대회 주도 인물

〈그림 37〉 관음사 제주4·3유적

들이 친일에 대한 철저한 반성을 전제로 제주불교의 통합된 활동을 이루어냈다는 사실은 제주도 승려대회가 가지는 또 하나의 의의이다. 이일선 등이 스스로 대처승이면서도 화주와의 사찰 내 동거 금지 및 대처식육의 금지를 강력히 제안하는 등 진정한 반성을 보여준 것이 통합의 바탕이 되었다고 볼 수 있다.

제주도 승려대회는 제주교구의 독립으로 자주적 활동의 장을 마련하게 된 제주불교가 그동안의 문제점을 철저히 반성하고, 전통불교 정신에 입각한 수행 풍토의 확립을 굳은 의지로 결의해냈다는데 큰 의의가 있다. 이는 근대 제주불교가 오랜 시간 줄곧 이루어내고자 했던 숙원이었다.

그러나 이러한 제주불교의 희망은 1948년 제주4·3사건으로 제주불교를 주도할 인물들이 대거 희생되고 사찰 기반 시설이 파괴되면서 크나큰 좌절 속으로 추락하고 말았다.[18] 제주불교의 혁신을 위해 앞장섰던 제주도

---

18 제주4·3사건으로 인한 제주불교의 사찰과 인명의 피해현황을 분석한 논문이 있다(한금순, 「한국전쟁시기 제주도 불교계의 피해 현황과 분석」『한국전쟁과 불교

승려대회의 주역인 이일선, 원문상을 비롯하여 이세진 등 17명의 승려가 제주4·3사건으로 수장 및 총살 등으로 희생되었다. 이일선은 제주4·3사건 시기에 '3·1절 기념 투쟁 제주도 위원회' 선전동원부 활동, '제주도 민주주의 민족전선'의 공동의장을 지내는 등으로 적극 참여하였기 때문에 정광사에서 끌려나가 산지포구에서 돌에 묶인 채 수장 당하였다. 이세진은 1948년 입산하여 무장대로 활동하였고 1949년 7월 관음사에서 잡혀나가 수장 당하였다. 관음사 주지였던 오이화는 관음사가 무장대의 근거지로 사용되면서 토벌대에 잡혀가 고문을 당한 후유증으로 사망하였다.

뿐만 아니라 불교활동의 토대인 사찰 33개소가 소각되는 등[19] 깊은 상처로 인해 제주불교 혁신운동은 더 이상 이어지지 못하고 좌절의 시기를 맞이하였다.

문화재 II』한국전쟁피해조사보고서 제주도편, 대한불교조계종, 2004).
19 제주4·3사건 피해 사찰 현황은 〈부록 2〉에 정리한다.

제7부
달빛 안고
흐르는 강이어라

- 한국 근대 제주불교사를 정리하며

근대 제주불교는 개항기 제주도 출신의 출가 승려들이 배출되면서 본격적인 활동을 전개해 나갔다. 이를 바탕으로 제주불교는 관음사 창건, 법정사 항일운동, 제주불교협회 창설, 제주불교연맹 결성 등을 거치며 그 외연을 확장시켰다. 그 결과 1940년대에 이르러서는 불교 내부적으로는 제주 강원을 운영하고 지역사회에서는 민중들과 밀착된 다각적 활동을 펼치며 제한적이나마 안정된 활동을 보여주었다. 그러다가 해방을 맞이하게 되면서 제주불교는 친일 행적의 철저한 반성을 토대로 불교 혁신 활동을 시도하였으나 제주4·3사건으로 다시 한 번 깊은 좌절을 겪게 된다.

필자는 이러한 제주불교의 흐름 중에서도 교단사적 측면에 주목하여 제주불교의 시대적 특성을 이해하고자 하였다. 그 내용을 정리하면 다음과 같다.

첫째, 근대 제주불교의 태동은 강창규, 김석윤, 안봉려관 등 제주도 출신 출가 승려의 등장과 관음사의 창건으로 촉발된다. 특히 김석윤은 승려의 신분으로 1909년 제주의병항쟁 의병장으로 활동하는 등 근대 제주불교의 초창기 성격 형성에 커다란 영향을 미쳤다.

1908년 김석윤의 도움을 받으며 안봉려관에 의해 관음사가 창건되었는데, 관음사는 창건 이후 제주불교 활동의 중심지가 된다. 안봉려관은 관음사 창건뿐만 아니라 근대 제주불교 활동에서 중심 역할을 수행했다. 그러나 제주의병항쟁 의병장이라는 김석윤의 항일이력은 관음사가 일제의 통제를 받게 했다. 이 때문에 근대 제주불교 탄생의 두 거목인 김석윤과 안봉려관의 관계는 점차 소원해져 갔다. 안봉려관은 이후 친일 성향의 승려인 중앙의 이회명과 손을 잡으면서 제주불교를 활성화 시키고자 노력하였다.

둘째, 근대 제주불교의 외형적 특징을 가늠할 수 있는 사찰을 추적한 결과, 관음사 창건 이후 1945년까지 제주도에 설치되어 활동하였던 사찰은 모두 91개소로 나타났다. 그 중 일제 사찰령에 의해 조선총독부의 사찰 설치 허가를 받고 활동한 사찰은 47개소이다. 사찰령에 의해 대흥사,

백양사, 위봉사를 비롯하여 기림사, 법주사, 봉은사, 선암사, 해인사, 화엄사 등 9개 본사가 제주도의 말사 설치를 허가받았다. 대흥사의 제주도 말사는 1918년에 설치 허가를 받기 시작하여 10개소, 백양사는 1924년에 설치 허가를 받기 시작하여 11개소, 위봉사는 1930년에야 설치 허가를 받기 시작하여 13개소의 말사를 두었다.

이들 사찰에서 주로 활동했던 인물들을 살펴보면, 대흥사 말사에서는 안봉려관, 안도월, 오이화 등이 활동하였고, 백양사 말사에서는 이일선, 이세진 등이 활동하였다. 위봉사는 강창규, 김석윤 등 항일운동을 주도하고 초창기 제주불교계를 이끌던 주요 인물들이 활동했던 본사였기 때문에 1930년이 되어서야 말사 설치가 허가된다.

그런데 제주도의 말사들은 사찰 소재 지역 내에서 본말사 관계를 맺는 한국불교의 일반적인 원칙에서 벗어나 있었다. 제주도가 행정구역상 전라남도 소속이었음에도 불구하고 경상도 소재의 본사가 제주도에 말사를 설치하는 예가 그것이다. 제주도에 설치된 말사는 대흥사에서 출가한 안봉려관의 관음사가 대흥사 말사로 허가되는 것처럼, 행정구역에 관계없이 사찰 창건주와 인연을 맺은 사찰을 본사로 지정하는 특징을 찾아 볼 수 있다.

셋째, 1910년대 제주불교 활동은 관음사를 중심으로 활동하던 제주도 승려들이 주도하였고 법정사를 창건하고 해월학원을 통해 후진을 양성하는 등 활동의 폭을 넓혀갔다. 근대 제주불교 초창기 활동의 중심인물인 김석윤의 영향으로 관음사에는 항일의식을 가진 승려들이 모여들어 활동하였다. 박만하와 강창규, 용화사의 영봉 화상과 관음사 1대 주지 안도월, 기림사의 김연일과 방동화 등의 제주불교 내에서의 활동은 모두 김석윤이라는 인물을 연결고리로 하여 얽혀있었다.

제주불교는 일제 강점기라는 시대적 상황에 적극적으로 대처하여 1918년 법정사 항일운동으로 국권회복 운동에 앞장섰다. 법정사 항일운동은 법정사 인근의 제주 산남 지역주민 700여 명이 동참하여 일본인을 제주도에서 몰아내고 국권을 회복하고자 함을 표방하였다. 법정사 주지인 김연일의 주도로 사전 준비와 조직 구성을 마치고 주민들의 동참을 이끌어내며 거행된 법정사 항일운동은 제주 출신 승려인 강창규의 현장 지휘로 절정에 달했다. 강창규는 법정사 항일운동의 선봉대장으로 거사 현장을 직접 지휘하여 법정사 항일운동 주도 인물 중에 가장 오랜 기간 동안 수감생활을 하게 된다.

법정사 항일운동 이후 거사에 참여했던 인물들은 일경의 탄압으로 일제강점기 내내 고통스러운 나날을 보내야 했다. 뿐만 아니라 법정사 항일운동을 주도한 제주불교는 일제의 통제 하에 6년여 동안 활동이 정지되었다. 법정사 항일 운동의 여파로 관음사와 제주 출신 승려들은 1930년까지 조선총독부로부터 공식적인 활동을 인정받는 것이 불가능했다. 이미 창건되어 활동하고 있던 사찰들도 설치 허가를 받지 못했고, 제주도 인물들의 활동도 제한되었다. 항일운동 관련 인물들은 제주불교 활동에서 소외되어 육지부에서 활동해야 했고, 이러한 상황을 타개하고자 안봉려관은 중앙 불교의 이회명에 의지하여 친일 활동을 표방하며 관음사 활동을 이어나갔다.

넷째, 1920년대 제주불교는 제주불교협회 활동으로 대표된다. 1920년대 제주불교 활동은 일제가 문화정치를 표방하면서 활동을 재개할 수 있었다. 일제의 문화정치가 시행되면서 1924년 제주불교는 기존 제주도 인물들을 배제시킨 채 전라북도의 백양사가 중심이 되어 활동을 시작하였다. 그러나 여전히 법정사 항일운동 관련 인물은 물론이고 제주불교 인물들의 활동은 제한되어 있었고 육지부 승려들이나 친일성향이 분명한 인물들의 활동만 허락되었다.

1918년 관음사가 조선총독부의 설치 허가를 받은 이후 1924년까지 더 이상의 공식적인 활동을 보여주지 않는 제주불교의 공백기는 법정사 항일운동으로 인해 제주불교에 가해진 일제의 통제 때문이었다. 이러한 상황 속에서 당시 중앙 불교에서 친일 성향의 활동을 전개하던 이회명과 일본인 제주도지사 마에다 요시쓰구(前田善次)의 주도로 1924년 제주불교협회가 결성되었다. 관음사 주지인 안도월과 안봉려관도 제주불교협회 활동에 참여하였으나, 제주불교를 실질적으로 주도할 수는 없었다. 제주불교협회는 순수한 불교단체가 아니라 제주도의 행정, 정치, 사법, 금융, 경제 등 사회 각 분야의 유지들이 조직구성에 참여하는 일제 주도의 사회단체나 다름이 없었다. 이러한 제주불교협회의 성향은 제주불교계의 저변으로부터의 지지를 얻어내는데 실패하였다. 이회명이 제주도를 떠나게 되자, 제주불교협회의 활동이 부진해진 것도 이러한 맥락 때문이었다. 그럼에도 불구하고 1920년대의 제주불교협회 활동은 법정사 항일운동 이후 침체된 불교계에 활력을 불어 넣어주며 그 명맥을 이어가게 했다.

다섯째, 1930년대 제주불교 실상은 제주불교연맹 활동을 통해 나타난다. 1930년대 제주불교는 1920년대 제주불교협회의 친일 활동으로 더 이상 항일이력으로 인한 제약을 의식하지 않게 되면서 자주적 활동을 모색할 수 있는 시기였다.

1930년대 제주불교의 자주적 활동은 제주불교 인물인 안도월이 처음으로 관음사의 포교담임자로 허가되면서 시작된다. 이는 제주불교가 항일이력으로 인한 일제의 통제에서 비로소 벗어나게 되었다는 상징이기도 하다. 일제 문화정치의 일환으로 이루어진 제주불교협회의 활동은 제주불교의 친일 성향을 검증받게 해 주었고, 1930년 관음사 포교담임자의 허가라는 결과로 나타난 것이다. 일제의 사찰령 시행 이후 관음사는 1918년 6월에 사찰 설치 허가를 받았으나 법정사 항일운동 이후 1930년까지 관음사 인물이 포교담임자로 허가받지는 못했다. 이런 상황 속에서 안도월의 포교담임자 허가는 제주불교 활동의 새로운 국면을 예고하는 일이었다.

안도월이 책임자로 들어선 관음사는 이후 불교 활동의 전면에 나서 제주불교 전반을 주도하려는 움직임을 보여준다. 안도월은 제주불교 인물이 주축이 되는 자주적인 활동을 위해 제주도 사찰현황과 포교현황을 점검하며 활동의 폭을 넓혀나갔는데, 그 결과로 나타난 것이 제주불교임시대회이다. 안도월은 제주불교임시대회를 주도하며 제주불교협회를 벗어난 새로운 제주불교 기구의 결성을 시도하였으나 1936년 입적하면서 그 결실을 맺지는 못하였다.

안도월이 제주불교임시대회를 통해 이루어내고자 했던 제주불교의 자주적 활동에 대한 열망은 비록 큰 성과를 거두지는 못했으나, 이후 제주불교의 활성화에 커다란 밑거름이 되어 1930년대 말에 이르러서는 제주도 출신 인물이 주도하는 자주적 불교활동의 시대를 가능하게 했다.

일제의 심전개발운동은 일제가 정책적으로 추진하던 시책으로 대중 활동의 지원에 적극적이었다. 제주불교계는 이 기회를 이용하여 대규모의 대중 집회를 추진하며 제주불교의 외연을 확장시킬 수 있었다. 한국 불교계가 일제의 의도대로 심전개발운동을 시국 인식 교육과 함께 포교의 기회로 활용한 것처럼 제주불교도 심전개발운동에 동참함으로써 제주불교의 활성화라는 불교계의 목적을 이루어낸 것이다. 그 결과 사찰 창건이 증가하였고 전통불교 사상의 신앙적 측면을 대중들에게 포교할 수 있는 기회를 얻었다.

또한 제주불교연맹을 결성하여 제주불교 전체를 통합하는 활동을 전개할 수 있었다. 이전까지 본사가 없는 제주도의 불교활동은 육지부 본사를 중심으로 전개되고 있었으나 제주불교연맹 결성으로 제주도 사찰들은 연합된 활동을 전개할 수 있었다. 무엇보다도 제주불교연맹은 제주불교 인물들이 전면에 나서 활동하게 됨으로써 안도월이 주도하였던 제주불교의 자주적 활동 의지가 정착되는 모습을 보여주었다. 관음사 주지 오이화가 제주불교연맹 위원장으로 활동을 주도하고 대흥사의 문학연, 조희영, 백양사의 이일선, 이세진이 제주불교연맹 활동에 참여하였다. 1924년에 결성되었던 제주불교협회가 일제가 주도하는 사회단체로서의 성향이 강했던 것과는 달리 제주불교연맹은 순수하게 승려들로 구성된 불교단체로서 제주도 전체적인 불교활동을 주도할 수 있는 원천적 동력을 확보한 것이다.

여섯째, 1940년대 들어 새로운 활동을 모색하던 제주불교는 해방을 맞아 조선불교혁신 제주도 승려대회를 개최하면서 제주불교의 혁신을 꿈꾸게 된다.

1930년대 이후 사찰의 증가 등으로 활동의 규모가 커지게 된 1940년대 초기의 제주불교는 새로운 활동의 장을 모색하기 위해 적극적으로 움직였다. 그것은 자체적인 승려교육을 위한 제주강원의 설립과 지역사회의 문제 해결에 적극 동참하는 사찰의 지역사회 활동 등의 모습으로 나타난다.

그러던 중 1945년 해방이 찾아왔고, 제주불교의 모든 촉각은 혁신의 실현에 모아졌다. 그리고 마침내 제주도내 대다수 사찰들이 참여한 가운데 제주도 승려대회를 개최하기에 이르렀다. 제주도 승려대회에서는 친일 행적에 대한 공개적 문제 제기를 통해 과거를 반성하고, 대처 식육의 금지와 사찰 경제의 공정한 활용, 민간신앙적 요소의 탈피 등을 결의했다. 그리고 무엇보다도 사찰령에 의해 자체적으로 활동할 수 없었던 일제 통치하의 상황을 타개하고 독립된 제주불교 교무원을 구성해내게 되었다. 새로운 국가 건설이라는 해방 직후의 사회적 기운은 제주불교에도 그대로 이어져 제주불교만의 독자적 교무원 구성을 성공시키며 혁신에 대한 희망을 불어넣어 주었다.

그러나 1948년 제주4·3사건은 근대 제주불교가 어렵게 쌓아 올린 물적, 인적 토대를 파괴하여 제주불교 전체에 커다란 손실을 가져왔다. 사찰과 불상 등이 대거 훼손되었고, 제주불교 활동을 주도하던 인물들이 제주도가 처한 사회적 상황에 동참하다 대거 희생되었다. 근대에 들어 제주불교가 꿈꾸어왔던 모든 활동은 제주4·3사건으로 깊은 좌절의 시기를 맞게 되었다.

결론적으로 근대 제주불교는 일제 강점기 시대 상황 속에서 항일의 길과 친일의 길 위에 서서 수많은 고뇌를 쏟아내면서도 제주불교의 자주적 존립을 위해 고군분투하는 모습을 보여주었다. 제주불교는 1918년 법정사 항일운동에서 보는 바와 같이 국권유린에 항거하는 항일운동에 적극적으로 동참하였다. 그러나 법정사 항일운동 이후에는 제주불교의 포교와 활성화라는 당면 문제에 부딪혀 친일 성향으로 기울어져 갔다. 1920년대 일제의 문화정책에 따라 친일 성향의 제주불교협회가 제주불교를 대표하였다. 하지만 제주불교 저변의 지지를 얻을 수 없었던 제주불교협회의 활동은 곧 침체 일로를 걷게 되었고, 이에 1930년대에 이르러서는 제주불교 인물들이 주도하여 제주불교연맹을 조직해내어 자주적 활동을 위해 노력하였다. 해방 이후에는 친일을 반성하고 일제 통치로 왜곡된 불교계의 혁신을 위해 근대 제주불교의 원로와 청년 승려들이 함께 나섰다. 그러나 제주4·3사건이 발발하고 제주불교 역시 제주사회의 흐름에 동참하면서 근대 제주불교가 이루어놓은 그동안의 모든 인적, 물적 토대는 파괴되고 혁신운동은 좌절되었다. 제주불교의 이러한 모습은 제주불교만의 특성이 아니라 제주 역사의 일면을 보여주는 것이기도 하다.

  제주지역을 중심으로 불교관련 자료들을 수집하고 정리하여 근대 제주불교의 성격을 규명하고자 하였지만, 근대 제주불교의 교단사라는 한계를 극복하기에는 자료의 제약으로 여러 가지 한계가 있었다. 그럼에도 불구하고 이 책은 근대 제주불교의 기초적 연구라는 점에 그 의의가 있다고 하겠다. 이를 계기로 근대 제주불교에 대한 심층적 연구가 활발하게 진행된다면 본 연구가 근대 한국불교의 성격을 규명하는 데에 하나의 토대가 될 수 있을 것으로 기대한다.

참고문헌

1. 자료

1) 문헌 자료

경상북도 경찰부 편, 『폭도사 편집자료 고등경찰요사』영인판, (1934).

고병오, 『원대정군지』영인본(대정역사문화연구회, 2006).

고정종 편, 『제주도 편람』(1930).

광주지방법원 제주지청, 『수형인명부』(1918, 국가기록원 소장).

광주지방법원 목포지청 검사분국, 『형사사건부』(1918, 국가기록원 소장).

국가보훈처, 『독립유공자 공훈록』제9권(독립유공자공훈록편찬위원회, 1991).

권태연 편역, 『회명문집』(도서출판 여래, 1991).

김상헌, 김희동 역, 『남사록』(영가문화사, 1992).

김석익, 제주향교행문회 편저, 『심재집』(제주문화사, 1990).

_____, 『망형석성도인행록』(1949, 국립제주박물관 소장).

김승태 편역, 『일제 강점기 종교정책사 자료집』(한국기독교역사연구소, 1996).

김윤식 저, 김익수 역, 『속음청사』(제주문화원, 1996).

김정, 『충암집』(김종섭역, 『국역 충암집』, 충암문간공종중(冲菴文簡公宗中), 1998).

김정명 편, 『명치백년사총서 조선독립운동』제I권 분책: 민족주의운동편(원서방, 동경, 1967).

김형식 저, 오문복 역, 『혁암산고』(북제주문화원, 2004).

대구교도소, 『정구용 재소자 신분카드』(1924, 국가기록원 소장).

대구복심법원 형사 제1부, 『정구용 판결문』(1923. 6. 29. 국가기록원 소장).

『대포리 호적중초』1~37권(1804년~1909년, 대포리 마을회관 소장).

대한불교조계종총무원, 『조선총독부관보 불교관련자료집 : 일제시대 불교정책과 현황』상·하(2001).

목포형무소, 『강창규 가출옥 관계 서류』(1928. 12. 12. 국가기록원 소장).

민족사, 『한국 근현대 불교사 자료 전집』영인본(1~69)(1996).

삼보학회, 『한국근세불교백년사』1~3권(민족사, 1994).

서울대학교 규장각, 『제주 하원리 호적중초』1, 2(영인본)(1992).

선우도량, 『신문으로 본 한국 불교 근현대사』(상, 하)(선우도량, 1995).

안병택 저, 오문복 역, 『부해문집』I(제주문화원, 2008).

안용식 편, 『일제지방관록』(연세대학교 사회과학연구소, 2001).

오문복 편역, 『영주풍아』(제주문화, 2004).

오이화, 『조사(弔詞)』(1949, 국립제주박물관 소장).

이원조, 『탐라지초본』영인본, (제주대학교탐라문화연구소 편집, 제주대학교탐
　　　라문화연구소, 1989).

이은상, 『탐라기행』(조선일보사, 1937).

이한진 저, 김영길 역, 『매계선생문집』(제주문화, 1998).

이형상, 『남환박물』(김봉옥 편역, 『속 탐라록』, 제주문화방송주식회사, 1994).

장의순, 『초의선집』(경서원, 1985).

제주4·3사건 진상규명위원회, 『제주4·3사건 진상조사보고서』(2002).

제주4·3사건진상규명 및 희생자명예회복위원회, 『제주4·3사건 진상조사보고서』
　　　(2003).

제주도, 『제주도』통권99호(1996).

＿＿＿, 『제주도세요람』(1935).

＿＿＿, 『제주도세요람』(1937).

＿＿＿, 『제주도세요람』(1939).

＿＿＿, 『제주사자료총서』(I)(1998).

＿＿＿, 『제주항일독립운동사』(1996).

＿＿＿, 『조선총독부 관보 중 제주록』(1995).

제주불교사연구회, 『근대제주불교사 자료집』(2002).

『하원리 호적중초』1~36권(1810년~1908년, 하원리 마을회관 소장).

한국학 문헌 연구소 편, 『신증동국여지승람』영인본 (『전국지리지』2, 1983).

홍유손, 『(국역)소총유고』(소총유고국역간행위원회, 1997).

2) 사찰소장 자료

『관세음보살개금원문』(1925, 제주 관음사 소장).

「용화사 도솔암 극락전 산신탱화」(1910, 경상남도 통영 법륜사 소장).

「용화사 아미타 구품도」(1898, 경상남도 통영 법륜사 소장).

「용화사 적묵당 감로탱화」(1910, 경상남도 통영 용화사 소장).

제주교무원, 『교도책임자명부(이력서철)』(1951, 한국불교태고종 제주종무원 소장).

_____, 「사찰등록철」(1953, 한국불교태고종 제주종무원 소장).

_____, 「연혁철」(1951, 한국불교태고종 제주종무원 소장).

_____, 「총무국」(1953, 한국불교태고종 제주종무원 소장).

_____, 『교적부』(관음사교무소, 1947, 한국불교태고종 제주종무원 소장).

_____, 『법계』(1946, 등사본).

『방동화 승적첩』(1940, 광명사 방진주 소장).

3) 개인소장 자료

「영천사 연혁」(1970, 영천사 신도 송도성 소장).

고경수 외, 『김석윤 추도 시』(1948, 손자 김동호 소장).

김석윤, 『일기』(1948, 손자 김동호 소장).

목포감옥제주지소, 『김연일 가출옥증표』(1923, 손자 김갑출 소장).

2. 연구 논저

1) 저서

강돈구 외, 『근대성의 형성과 종교지형의 변동』I(한국학중앙연구원 종교문화연구소, 2005).

강문호, 문태선 공저, 『제주 선교 70년사』(대한예수교장로회총회 교육부, 1978).

강석주, 박경훈, 『불교 근세 백년』(민족사, 2002).

강용삼, 이경수 편저, 『대하실록 제주백년』(태광문화사, 1984).

국립제주박물관, 『구한말 한 지식인의 일생』(2004).

국사편찬위원회, 『근현대 지방사료 창 열기』(2003).

_____, 『지역사 연구의 이론과 실제』(2000).

_____, 『현황과 방법, 구술·구술자료·구술사』(2004).

국학자료원, 『한국민족운동사 연구』25(2000).

권인혁 외, 『한국 근대 농민 항쟁사』(느티나무, 1993).

김경집, 『한국 근대 불교사』(경서원, 1998).

김광식, 『근현대불교의 재조명』(민족사, 2000).

_____, 『민족불교의 이상과 현실』(도피안사, 2007).

_____, 『새불교운동의 전개』(도피안사, 2002).

_____, 『우리가 살아온 한국 불교 백년』(민족사, 2000).

_____, 『한국 근대 불교사 연구』(민족사, 1996).

_____, 『한국 근대 불교의 현실인식』(민족사, 1998).

_____, 『한국 현대불교사 연구』(불교시대사, 2006).

_____ 외, 『종교계의 민족운동』(한국독립운동사편찬위원회, 2008).

김동전 외, 『19세기 제주사회 연구』(일지사, 1997).

김찬흡, 『20세기제주인명사전』(제주문화원, 2000).

_____, 『제주사인명사전』(제주문화원, 2002).

김태능, 『제주도사논고』(세기문화사, 1982).

대한불교조계종, 『한국전쟁과 불교문화재 Ⅱ』한국전쟁피해조사보고서 제주도편 (2004).

독립기념관 한국독립운동사연구소 편, 『한국독립운동사연구』제8집(1994).

_____, 『한국독립운동사연구』제9집(1995).

미야타 세쓰코(宮田節子) 저, 이형랑 역, 『조선민중과 「황민화」정책』(일조각, 1997).

박은경, 『일제하 조선인 관료 연구』(학민사, 1999).

사찰문화연구원, 『제주의 사찰과 불교문화』전통사찰총서21(2006).

성균관대학교 대동문화연구원, 『단성 호적대장 연구』(2003).

안용식, 송해경, 우광식, 『일제하 읍·면장 연구』(한국국정관리학회, 2009).

역사학회, 『일본의 침략정책사 연구』(일조각, 1990).

역사문제연구소편, 『한국의 근대와 근대성 비판』(역사비평사, 1996).

이도영, 『죽음의 예비검속』(월간 말, 2000).

이종범, 최원규, 『자료 한국근현대사 입문』(혜안, 1995).

임혜봉, 『일제하 불교계의 항일운동』(민족사, 2001).

_____, 『친일불교론』상·하(민족사,1993).

정광호, 『근대 한일 불교 관계사 연구』(인하대학교 출판부, 1994).

_____, 『한국불교 최근백년사 편년』(인하대학교 출판부, 1999).

정희상, 『이대로는 눈을 감을 수 없소』(돌베개, 1990).

제민일보 4·3취재반, 『4·3은 말한다』(1권~5권)(전예원, 1994~1998).

제주대학교탐라문화연구소, 『탐라문화』16호(1996).

제주도연구회, 『제주도연구』제3집(1986).

_____, 『제주도연구』제22집(2002).

제주특별자치도·제주전통문화연구소, 『일제시대 제주도 사진 자료집 발간에 따른 자료수집 보고서』(2012).

최문형, 『한국을 둘러싼 제국주의 열강의 각축』(지식산업사, 2002).

최연식, 『불교사의 이해』(대한불교조계종포교원, 2004).

최유리, 『일제 말기 식민지 지배정책 연구』(국학자료원, 1997).

한국민족운동사연구회, 『한국 민족운동과 종교』(국학자료원, 1998).

한국민족운동사학회, 『일제 강점기의 민족운동과 종교』(국학자료원, 2002).

_____, 『한국 독립운동과 종교활동』(국학자료원, 2000).

한국불교근현대사연구회, 『근현대 불교사』(선우도량출판부, 2002).

한국사연구회 편, 『한국지방사연구의 현황과 과제』(경인문화사, 2000).

한국사회사연구회, 『한국의 종교와 사회변동』(문학과지성사, 1990).

한석희 지음, 김승태 옮김, 『일제의 종교침략사』(기독교문사, 1990).

한용운 지음, 이원섭 옮김, 『조선불교유신론』(운주사, 1992).

2) 논문

권인혁, 김동전, 「조선후기 제주지역의 수취체제와 주민의 경제 생활」『탐라문
    화』제19호(제주대학교 탐라문화연구소, 1998).

김건태, 「호구출입을 통해 본 18세기 호적대장의 편제방식」『단성 호적대장 연
    구』(성균관대학교 대동문화연구원, 2003).

김광식, 「8·15해방과 전국승려대회」『한국 현대불교사 연구』(불교시대사, 2006).

_____, 「법정사 항일운동의 재인식」『한국독립운동사 연구』25집(독립기념관
    한국독립운동사연구소, 2005).

_____, 「일제하 선학원의 운영과 성격」『한국 근대불교사 연구』(민족사,
    1996).

_____, 「제주도 불교청년단 결성대회의 개최」『죽비소리』제14호(보리도량,
    1999. 3).

_____, 「조선불교청년회의 사적 고찰」『한국 근대불교사 연구(민족사, 1996).

_____, 「해방직후 제주불교계의 동향」『한국독립운동사 연구』12집(독립기념
    관 한국독립운동사연구소, 1998) : 『근현대불교의 재조명』(민족사,
    2000).

김동전 , 『18·19세기 제주도의 신분구조 연구 -대정현 호적중초를 중심으로-』
    (단국대학교 대학원 박사학위 청구논문, 1995).

_____, 「19세기 제주 지역의 신분구조와 직역의 사회적 의미」『19세기 제주사

회 연구』(일지사, 1997).

_____, 「근현대 제주지역 지식인의 외부세계 소통과 지방전통 의식」『역사에 서의 중앙과 지방』제49회 전국역사학대회 자료집(전국역사학대회조직 위원회, 2006).

_____, 「심재 김석익의 역사저술과 역사인식」『구한말 한 지식인의 일생』(국 립제주박물관, 2004).

_____, 「제주인의 3·1운동과 그 영향」『제주도사 연구』창간호(제주도사연구회, 1991) ;『탐라문화』제16호(제주대학교 탐라문화연구소, 1996).

_____, 「조선후기 제주 대정현『호적중초』의 기초적 연구」『역사민속학』제19 호(민속원, 2004).

_____, 「『호적중초』를 통해 본 조선후기 대정현의 호구와 그 변동」『동서사 학』제6·7합집(2000).

제주도사연구회, 『광복50주년 기념 제주지방 독립운동사 학술회의 자료집』 (1995. 10. 27).

제주학회, 『무오년 법정사 항일운동의 항일운동사적 위상』(사) 제주학회 특별 학술 심포지엄 자료집(2004).

중문청년회의소, 『무오년 법정사 항일운동』중문청년회의소 창립20주년·해방50 주년기념 학술토론회 자료집(1995. 8. 15).

_____, 『제주 법정사 항일운동 학술세미나 자료집』(2007. 12. 13)

김순석, 「1930년대 후반 조선총독부의 '심전개발운동' 전개와 조선불교계」『한 국민족운동사 연구 25』(국학자료원, 2000).

_____, 「3·1운동기 불교계의 동향」『일제 강점기의 민족운동과 종교』(국학자료 원, 2002).

_____, 「개항기 일본불교 종파들의 한국 침투」『한국독립운동사연구』제8집(독 립기념관 한국독립운동사연구소 편, 1994).

_____, 「일제의 불교정책과 친일문제 검토」『2001 만해축전』(만해사상실천선 양회, 2001).

_____, 「조선불교단 연구(1920-1930)」『한국독립운동사연구』제9집(독립기념관 한국독립운동사연구소, 1995).

안후상, 「무오년 제주 법정사 항일무장 봉기 연구」『종교학연구』15집(서울대학 교종교학회, 1996).

양순필, 양진건, 「추사의 제주 교학활동 연구」『탐라문화』제6호(제주대학교 탐 라문화연구소, 1987).

양진건, 「제주 유배인의 개화 교학활동 연구」『민족문화연구』20(고려대학교 민
　　족문화연구소, 1990).

이경순, 「이회명과 제주불교협회」『근대 제주불교를 읽는다』근대 제주불교사
　　자료집 출간기념 세미나 자료집(제주불교사연구회, 2002).

정진영, 「조선후기 호적 '호(戶)'의 새로운 이해와 그 전망」『단성 호적대장 연
　　구』(성균관대학교 대동문화연구원, 2003).

정태헌, 「한국의 식민지적 근대화 모순과 그 실체」『한국의 근대와 근대성 비
　　판』(역사문제연구소편, 역사비평사, 1996).

지관, 「한국불교계율전통」『근대한국불교 율풍 진작과 자운대율사』특별심포지
　　움 자료집(가산불교문화원, 2005).

최연식, 「「韓國近代仏敎」近代化と獨立の道」『漢字文化圈への廣がり』新アジ
　　ア仏敎史10 朝鮮半島·ベトナム(佼成出版社, 2010).

한금순 , 「1918년 제주 법정사 항일운동에 대한 새로운 인식」『정토학연구』제
　　10집(한국정토학회, 2007).

_____, 『1918년 제주 법정사 항일운동의 성격』(제주대학교대학원 석사학위 논
　　문, 2006).

_____, 「1918년 제주도 법정사 항일운동 관련『형사사건부』분석」『대각사상』
　　제12집(대각사상연구원, 2009).

_____, 「승려 김석윤을 통해 보는 근대 제주인의 사상적 섭렵」『대각사상』제
　　19집(대각사상연구원, 2013).

_____, 「안봉려관과 근대 제주불교의 중흥」『정토학연구』제14집(한국정토학
　　회, 2010).

_____, 「이일선과 제주불교연맹」『정토학연구』제9집(한국정토학회, 2006).

_____, 「이형상의 절 오백 당 오백 철폐, 그 설화와 역사의 교차점」『제주역사
　　문화』제15호(제주도사연구회, 2006).

_____, 「제주도 영등굿의 유래 -연등회에서 영등굿으로의 변천-」『정토학연구』
　　제11집(한국정토학회, 2008).

_____, 「제주도 존자암 고(考)」『대각사상』제16집(대각사상연구원, 2012).

_____, 「제주도 호적 작성 원칙 "無一漏戶 無一漏名"에 대한 고찰」『대동문화
　　연구』제82집(대동문화연구원, 2013).

_____, 「제주불교 안택기도의 출현배경과 성격」『제주역사문화』제13 · 14호
　　(제주도사연구회, 2005).

_____, 「제주불교사」『제주의 사찰과 불교문화』전통사찰총서21(사찰문화연

구원, 2006).

_____, 「한국전쟁시기 제주도 불교계의 피해 현황과 분석」『한국전쟁과 불교
　　　문화재 II』한국전쟁피해조사보고서 제주도편(대한불교조계종, 2004).

_____외, 「1910년대 불교계의 동향과 항일운동」『한국호국불교의 재조명』(대
　　　한불교조계종 불교사회연구소, 2012).

한금실, 『이세진의 제주불교 혁신운동 연구』(제주대학교대학원 석사학위 논문,
　　　2006).

한긍희, 「1935~1937년 일제의 '심전개발'정책과 그 성격」『한국사론』35(국사편
　　　찬위원회, 1996).

3. 기타 자료

1) 간행물

봉선사 홍법강우회, 『홍법우』(1938).
불교시보사, 『불교시보』(1935년~1944년).
조선불교단, 『조선불교』(1924년~1925년).
조선불교중앙교무원, 『불교』(1924년~1933년, 1937년~1944년).

2) 인터넷자료

국가통계포털 http://www.kosis.kr
국사편찬위원회 '조선왕조실록' http://sillok.history.go.kr
국사편찬위원회 한국사데이터베이스 http://db.history.go.kr
국사편찬위원회 '근현대신문자료' http://www.koreanhistory.or.kr/
한국은행 경제통계시스템 http://ecos.bok.or.kr/
행정안전부 국가지식포털 '조선총독부 관보' http://gb.nl.go.kr

〈부록 1〉 한국 근대 제주불교사 연표

연도	내 용
1892년	강창규 출가 - 죽림사, 스승 박만하
1894년	김석윤 출가 - 위봉사, 스승 박만하
1906년	일본 정토종 승 제주도 입도
1907년	안봉려관 출가 - 대흥사, 스승 청봉 화상
1908년	관음사 창건 : 안봉려관, 김석윤, 해월굴 기도
1909년	관음사 법당 초옥으로 건축
	제주의병항쟁 - 승려 김석윤 의병장 참여
1910년	영봉, 안도월 - 관음사 활동, 용화사 불상과 탱화 - 관음사 이운
1911년	법정사 창건 - 안봉려관, 김석윤, 방동화
1912년	만덕사 창건(회천리) - 1933년 10월 10일 총독부 설치 신고
1913년	방동화 출가 - 기림사, 스승 박만하
1914년	불탑사 창건 - 1930년 3월 25일 총독부 신고
	김연일 관음사 활동
	박만하 관음사 활동
	오이화 출가 - 대흥사, 스승 박만하
1917년	진종 대곡파 본원사 제주도포교소 포교담당자 총독부 신고
1918년	대흥사 제주도포교당 포교소 설치 총독부 신고 - 아라리 관음사
	대흥사 제주포교소(관음사) 포교 담임자 총독부 신고 - 이화담
	법정사 항일운동 - 도순리 법정사
1920년	법정사 항일운동 주도자 김연일 체포 - 제주에서
	제주도 공립 보통학교 석가탄신일 관음사 원족, 독립만세 호창
1921년	이회명 제주도 법화사 겨울 결제 설법
1922년	이회명 제주도에서 설교
	법정사 항일운동 선봉대장 강창규 - 제주도 상효리 화전동에서 체포
	대흥사 제주포교소(관음사) 포교 담임자 변경 총독부 신고 - 이화담에서 백취운으로
1923년	불교연구회 발기 - 성내 동본원사, 제주도 불교 발전 협의
	사립 명륜학교 관음사 견학
	마에다 요시쓰구(前田善次) - 조선총독부 제주도사(島司) 겸 조선총독부 경시 서임

1924년	구좌 보통학교 학생 관음사 낙성 기념 견학
	백양사 제주포교소 포교소 설치 총독부 신고 - 삼양리 원당사, 1923년경 창건
	백양사 제주포교소 포교소 설치 총독부 신고 - 무관암, 상효리
	관음사 주지 안도월 2주간 전도 순회 포교(관음사 확장과 포교 목적)
	제주불교협회 발기인 모임
	제주불교협회 조직
	제주불교협회 창립 총회
	제주불교포교당 산제당 개기(開基)
	한라산 관불회 - 석가탄신일, 이회광, 김금담 등
	관음사 낙성식 - 이회광 이회명 등 중앙의 불교인사들 참여, 석가탄신일 행사, 안도월 오이화는 이회명을 스승으로 건당
	박한영 제주도 여행 – 권애류, 이가람 동행
1925년	대흥사 제주포교소(관음사) 포교 담임자 변경 총독부 신고 - 백취운에서 이회명으로
	백양사 지부 확장 - 원당사 하시율
	제주 원당사 건축 중, 탑 보수
	제주불교협회 포교당 신축 낙성
	제주불교협회 정기 총회
	제주 특별 봉불식 - 원당사
	이회명 순회포교 - 상효리 무관암 방문, 안도월 봉려관 대정 모슬포 우면 등지 출장
	진하(震河) 제주불교포교당에서 열반 - 이회명의 은사
	한라산 탐등단 - 제주도청과 식은지점, 관음사 방문
	제주 관음사 포교당 건축비 - 기부금 모집 허가(1925년 12월 2일~1926년 10월 2일까지) 삼천원
	제주불교협회 제1회 금강대계회
1926년	안도월 법화사 중건, 이회명 증사(證師)로 참여
	제주불교소녀단 창립
	제주불교포교당 전기 장등 가설
	불교 설법대회 - 이회명, 법화사
	제주면 아라리 대흥사 포교당 산남출장소 포교소 설치 총독부 신고 - 하원리 법화동 법화사

1926년	대흥사 포교당 산남출장소 포교담임자 이회명 - 하원리 법화동	
	제주불교협회 제3회 정기총회	
	법화사 봉불식	
	제주불교협회 제주의 불교옹호발전책 협의	
	제주교육회 - 관음사에서 개최	
	제주불교부인회 조직	
	제주불교협회 임시 총회 - 마에다 요시쓰구(前田善次) 도지사 회장 선임	
	제주불교소년단 제1회 학예대회	
1927년	제주불교협회 - 이회명 원류(머물러 줄 것을 간청)	
	제주불교협회 - 불교 성도기념	
	제주불교포교당 화혼식 - 오달준, 문연실	
	제주불교협회 정기총회, 불탄축하식, 칠일정진	
	제주불교협회 총회 제4회 정기총회 - 마에다 요시쓰구(前田善次) 도지사 회장 선임	
	제주불교협회 - 석존 탄강 축하식	
	조선교육회 주최 전조선 하기대학 - 관음사에서	
	제주불교협회 수해 추도회 - 제주불교협회와 마에다 요시쓰구(前田善次) 도지사 주최	
	원당사 확장, 송종헌 출장	
1928년	안도월 - 불교지 사우	
	조선불교학인대회 발기인 승낙	제주도 제주면 이도리 제주불교협회 대표 강태현
		동 관음사 대표 안도월
		동 성내포교당 대표 오이화
	포교당 조사표 (3월 현재)	전라남도 제주군 읍내 삼양리 백양사포교당
		아라리 대흥사포교당
		우면 상효리 백양사포교당
		구좌면 하도리 화엄사포교당
	오이화 - 불교지 특별 사우	
	화엄사 제주포교소 포교소 설치 총독부 신고 - 하도리 금봉사	
	하원리 관음사 포교당(법화사) - 이회명의 불교 강연	
	마에다 요시쓰구(前田善次) - 조선총독부 군산부윤으로 서임	
1929년	법화포교소 성도재일 - 기념식 거행, 신도총대 선거	

1929년	제주불교협회 총회
	제주포교당의 법화설교 - 법화경, 삼동 결재, 오이화, 홍수암
1930년	위봉사 제주도포교소 포교 총독부 신고 - 금덕리 극락사 변덕립
	위봉사 제주도포교소 포교소 총독부 신고 - 서일과리 원각사, 김대원
	대흥사 제주포교소 불탑출장소 포교소 총독부 신고 - 삼양리 불탑사
	제주불교협회 수륙재 성황리 설치 - 안봉려관, 관민유지
	원당사 법당 낙성
1931년	원당사 낙성식, 하인월
	선암사 제주도 조천포교소 포교소 설치 총독부 신고 - 조천리 고관사
	대흥사 제주포교소 고산출장소 포교소 설치 총독부 신고 - 고산리 월성사
	제주불교 임시대회 개최 - 안도월, 오일화, 포교사업 혁신 논의
1932년	법맥 상속식 - 안도월 사(嗣) 성해 김기홍
	법주사 제주포교당 포교소 설치 총독부 신고 - 조천리 양진사, 김병주
	포교 총독부 신고 - 연월일 : 10월 31일 / 포교자 주소 씨명 : 전남 제주도 우면 상효리 김홍기 / 8월 26일 조천리 김병주
	경성 개운사 불교전문강원 대원회 망년 강연회 개최 - 이세진
	박한영 제주도 여행 두 번째 - 최남선 동행
1933년	위봉사 제주도 제주읍 회천리 포교당 포교담당자 총독부 신고 - 회천리, 김대원, 만덕사(화천사로 개명)
	위봉사 제주읍 회천리포교당 포교 총독부 신고
	백양사 고내포교당 포교소 설치 총독부 신고 - 고내리 고내사(보광사로 개명)
	위봉사 도평교교소 설립 - 김영선
1934년	백양사 동명리포교당 - 박계길 장무생 출자로 창립
	위봉사 제주도 애월면포교당 포교소 설치 총독부 신고 - 고내리, 김대원(회천리), 월주사(해륜사로 개명)
	백양사 동명리포교당 포교소 설치 총독부 신고 - 한림면 동명리 서극락사(극락사로 개명)
1935년	구좌면 동명리 백양사 출장소 포교사 임계연, 금악리 박계길 부담
	제주불교협회 중등강습 계획 - 양홍기
	제주 명월성에 백양사 지부 - 박계길 금악리 법당 건축
	제주 욕불식 성황 - 주관 … 관음사 안봉려관 / 원당사 하시율

		만?사 송재술
		동명포교소 임계연
		제석사 홍천인
		조천사 고자선
1935년	제주불교협회 중학강습소 경영 - 입학시험, 양홍기	
	조천리 선암사포교소(고관사) 확장 계획, 고자선	
	백양사 함덕포교당 포교소 설치 총독부 신고 - 함덕리	
	백양사 제주군 서귀포교당 소재지 변경 총독부 신고 - 서귀면 상효리에서 서귀리 236으로	
	백양사 제주도 서귀포교당 포교소 명칭 변경 총독부 신고 - 백양사 제주포교당에서 백양사 제주도 서귀포교당으로(상효리에서 서귀리로 이전)	
	위봉사 애월면포교당 총독부 신고 - 고내리	
	위봉사 애월면포교당 포교담임자 총독부 신고 - 고내리, 김대원	
	위봉사 안덕면포교당 포교소 설치 총독부 신고 - 사계리	
	제주읍 삼양리포교소 원당사 포교 총독부 신고 - 이감용	
1936년	법주사 제주도 동홍포교당 포교담임자 선정 총독부 신고 - 동홍리, 김병주(조천리). 월라사	
	법주사 제주군 동홍리포교소 총독부 신고 - 동홍리	
	백양사 동명리 포교당 - 채수삼의 출자로 요사동 신설 및 기타 교당 사용물품 기증	
	위봉사 해안리포교당 포교소 설치 총독부 신고 - 해안리	
	위봉사 상귀리포교당 포교소 설치 총독부 신고 - 상귀리, 월주사	
	제주 원당포교소 신축 낙성식	
	안도월 입적 - 5월 30일(음)	
	대흥사 순회포교 - 심전개발 주제	
	안도월 49재 추도식	
	전라남도 담양읍 국상현 관음사에 일만원 희사, 9월부터 대웅전 건축공사 착수	
	문학연 심전개발 강연 - 제주도청	
	법화산림 대작불사	이성봉, 최청산, 김신산, 이학암
		백양사원당포교소, 선암사조천포교소, 법주사포교소, 백양사함덕포교소, 대흥사고산포교소, 백양사한림포교소
	백양사 제주도 한림포교당 낙성 겸 봉불식	

1936년	법주사 조천포교당 법맥 상속식 - 김신산 사(嗣) 양찬종 호 석호	
	법주사 조천포교당 법화산림 회향	
	위봉사 제주읍 도평포교당 포교소 설치 총독부 신고 - 도평리, 서관음사	
	백양사 한림포교당 포교소 설치 총독부 신고 - 한림리, 월계사	
	대흥사 제주 성내포교소 미타산림법회 - 문학연	
1937년	광고 근하신년	대본산 대흥사 제주성내포교소 포교사 문학연
		대본산 법주사 조천포교소 포교사 김신산
		대본산 백양사 한림포교소 포교사 이학암
		대본산 백양사 원당포교소 감원 송재술
		대본산 백양사 고내포교소 감원 한병욱
		대본산 백양사 월명포교당 이성봉
		대본산 백양사 탑전포교소 염한총
	위봉사 고내리포교소 염불기도회 - 김민수	
	제주 관음사 주최의 심전개발 대강연회 - 문학연, 성내 중학원 강당	
	대흥사 제주도포교소 고산출장소 포교소 설립자변경 총독부 신고 - 안도월에서 오이현	
	제주 서귀포 백양사포교당 법화산림 - 김해운 송재술 문학연 최청산 이학암	
	백양사 고내봉포교당 - 고정부 출자	
	위봉사 성산포교당 불상식 - 최진수 함수선 기산옥 출자 건물 창설 및 봉불식	
	위봉사 성산포교당 창설 봉안식	
	포교담임자 선정 총독부 신고 - 백양사 북촌포교당 김영렬 이상진	
	백양사 북촌포교당 포교소 설치 총독부 신고	
	위봉사 성산포교당 포교담임자 선정 총독부 신고 - 성산리, 김대원	
	포교담임자 선정 총독부 신고 - 5월 1일 대본산 위봉사 성산포교당 김대원	
	표선리포교당 신설 봉불식 - 고윤진, 신설 포교당 창립 및 봉불식	
	법주사 신효포교소 화주 변옥희 출자로 신설, 감원 유상렬	
	위봉사 성산포교당 - 송종수 기산옥 창설, 무운장구 기원제	
	불교시보 제주지국 - 지국장 임계연	
	제주도 법화사의 무운장구 기원제	
	대흥사 고산리포교당(월성사) 봉불식 - 안봉려관 정오금 고인경 윤봉천	
	출정 황군 전사자 위령대법회 - 백양사 제주도 서귀포포교소(정방사), 이일선	
	백양사 조천면 북촌포교소 이도선 설립, 화주 고대각화 김유신 등이 법당 객	

1937년	실 요사 신설	
	포교 총독부 신고 - 제주읍 삼양리 이창석	
	제주도 한라산 관음사 오사카(大阪) 출장 대각포교당 봉불식 - 대판시 동성구 중도원정 1정목 138번지, 유종묵	
	백양사 토산포교당 포교소 설치 총독부 신고 - 토산리 426, 관통사	
	대흥본산 소속 제주 관음사 평대리출장포교소 출현 - 오이화	
	제주도 성산포교소 불교부인회 조직 - 송종수	
	제주도 삼양리 백양사포교당의 백일기도 회향 - 이운양, 김신산	
	제주도 화엄사포교소의 보국적성(報國赤誠) - 김영두, 송종수의 시국인식과 심전개발 강연	
	포교소 소재지 변경 총독부 신고 - 대본산 법주사 제주도 동홍포교소 구포교소 소재지 서귀면 동홍리 1834번지에서 신포교소 소재지 서귀면 신효리 1188번지로 변경함	
	본문 법화종 대본산 본능사 제주도포교소 포교 총독부 신고 - 서귀리 미와 에신(三輪惠信)	
	산방사 가사불사와 정토산림 회향 - 강혜월	
	이세진 중향강원 강주 - 회양군 표훈사	
1938년	대흥사포교사 문학연 화상 목포포교사로 영전	
	안봉려관 입적 - 5월 29일(음)	
	무운장구 기원제 및 전사 장병 위령제 거행	백양사 제주포교소
		백양사 고내포교소
		백양사 함덕포교소
		백양사 동명포교소
		백양사 북촌포교소
	제주도내 각 포교당의 국방헌금	백양사 서귀포포교당
		백양사 고내포교당
		백양사 제주포교당
		백양사 동명포교당
		선암사 조천포교당
		선암사 고산포교당
		법주사 조천포교당
		법주사 수산포교당

		원만암
1938년		위봉사 고내포교당
		위봉사 금덕포교당
		위봉사 상귀포교당
		위봉사 해안포교당
	총후적성(銃後赤誠) 국방금 모집 헌납 및 기원제 위령제 거행 - 백양사 한림포교당	
	근하신년	대본산 대흥사 제주도 고산포교당 윤봉천
		대흥사 제주도 법화사 김성수
		백양사 제주도 서귀포교소 이일선
		백양사 제주도 토산포교소 김두전
		백양사 제주도 한림포교소 이학암
		대본산 위봉사 제주도 성산포교소 송종수
		화엄사 제주도 하도포교소 김영두
		선암사 제주도 조천포교소 양석호
		백양사 제주읍 삼양포교소 송재술
		위봉사 제주도 고내포교소 김민수
		제주읍 이도리포교소 화주 고자선
		백양사 제주도 고내봉 보광사 김륜
		위봉사 제주도 상귀리 월령사 김대선
	대본산 조천리 선암사 제주포교소(고관사) 관음기도 - 양석호	
	지나사변 전사자 충혼 및 일체유무주 고혼 위령 백일기도 정진 - 이일선 백양사 서귀포포교당	
	성산포포교당 일광사 무운장구 기도회 - 기산옥	
	대흥본산소속 제주 관음사 평대리출장포교소 봉불식 - 2월 11일 관음사에서 불상 이운, 2월 15일 봉불식, 오이화	
	대흥본산소속 제주 관음사 평대리출장포교소 경전강습 - 2월 15일부터 월2회 정기설교 경전강습 실시	
	위봉사 제주 표선포교당 포교소 설치 총독부 신고 - 토산리 1247, 봉주사(영천사로 개명)	
	제주도 백양사 서귀포교당의 방위헌금 - 이일선	
	백양사 서귀포포교당 가사불사(정방사) - 이일선	

	제주도 백양사 서귀포교당의 국방헌금
	백양사 제주포교당 포교소 설치 총독부 신고 - 일도리 1150, 정광사
	봉은사 제주도 애월면 구엄리포교당 포교소 설치 총독부 신고
	위봉사 성산포교당 봉불식
	대본산 백양사 제주도 서귀포포교당의 석존 강탄 기념식 거행 - 이일선
	제주도 위봉사 성산포교소의 성탄봉축회 - 김영두 기산옥
	대본산 화엄사 하도리 제주포교소 법당 신축 5월 준공
	화엄사 하도리 제주포교소 화혼식 - 김웅서 이향안, 오이화 주례
	불교시보 서귀포분국장 이일선, 구좌분국장 오이화
	대본산 조천리 선암사 제주포교소(고관사) 지장계 조직 - 양석호
	실상사 제주도 제석암포교당 포교담임자 선정 총독부 신고 - 이도리, 남성법 (전북 남원 입석리), 제석사
	대흥본산 평대리 관음포교당 성탄봉축, 위령제, 관등회 팔상설명
	본문법화종 조선 본능사 중문포교소 포교소 설치 총독부 신고 - 중문리, 미와 에신(三輪惠信)(서귀리)
	제주도 성산포교당의 기원제 및 국방헌금 - 김영두 기산옥 황선악
1938년	서귀면 보목리 동창학우회 주최 심전개발 강연 - 서귀포 정방포교당 이일선, 보목소학교 강당
	제주 성산포교소 헌금과 기도제 - 김영두 기산옥, 제2회 국방헌금
	제주도 동김녕리포교당 1931년 김기봉 김성인 창설, 7년 중지되다가 1938년 7월 15일 양석호에게 양도하고 불교당 신설
	중앙불전 순강대 제주 강연 - 신상보, 백석기, 나방우
	백양사 원당사 포교당 생전예수재 및 위령법요식 - 송재술 김병주 이일선
	대관시 동구 청굴정 3, 선종포교소 포교사 유남준
	백양사 애월 고내봉포교소 보광사 봉불식 - 김륜
	제주 표선포교소의 백중절 기원제 - 설립자 김성수
	재단법인 조선불교 중앙선리참구원 제주도 제주선원 낙성식 및 기념강연 - 오라리, 월정사
	기림사 제주도 중문면 하원리포교당 원만암 - 관음존상과 금종시주, 오보광명
	제주도 동김녕리포교당 봉불식 - 양석호 김덕삼
	제주도 조천면 법주사 조천리포교당 전사 장병 충혼위령제와 출정황군 무운장구 기원제 - 박양기
	불교옹호회 조직 - 법주사 제주도 서귀면 신효포교소(월라사)

	축 전첩신년(戰捷新年)·기(祈)무운장구	제주도 읍내 대흥사포교당 - 김경식
		대흥사 제주도포교소 - 포교사 오이화, 감원 오일화, 장명윤
		제주 평대포교소 - 이성업
	백양사 제주읍포교당(원당사) - 양홍기의 봉불식, 금불상 불기 등 부속품 기증, 감원 송재술, 설교 이세진	
	제주 성내 대흥사포교당 신임 포교사 조희영 입도, 3월 16일 환영 다과회, 3월 21일 정기 설교일 감상	
	열반제일 기념, 조희영	
	표훈사 이세진 백양사 제주도 한림포교사로 부임	
1939년	제주불교연맹 결성 - 제주불교의 통제, 신앙보국의 실현, 대중불교의 실현	집행위원장 오이화
		서기장 조희영
		회계장 송재술
		포교부장 이일선
		교육부장 이세진
		수양부장 겸 체육부장 김경식
		검사위원 이성봉 오일화 방동화 김민수 임계연
	대흥사 용담리 해륜사 개원 봉불식	
	백양사 표선면 토산포교당 김두출 설립, 이후 강용문 출자	
	대흥사 해륜포교당 포교소 설치 총독부 신고 - 용담리, 해륜사	
	선암사 조천포교소 지나사변 2주년 기념식 거행 - 감원 최성수	
	제주불교연맹 제1회 순회 강연 개최	
	제주 관음사 화재 - 대웅전 승방 객실 3채 전소	
	제주 대흥사교당 포교사 조희영 상성(上城)	
	백양사 김녕포교당 포교소 설치 총독부 신고 - 동김녕리, 금중사	
	백양사 한림포교소(월계사) - 장정렬의 기부로 법당 신축, 이전	
	위봉사 도평포교소 고혜관에게 양도	
	대흥사 김녕포교당 포교소 설치 총독부 신고 - 서김녕리, 백련사	
	화엄사 하도리포교소 낙성식 기원제 및 위령제 거행 - 이성봉 정병헌 송재술 현태백 김영두	
1940년	기림사 하원포교당 포교소 설치 총독부 신고 - 하원리 원만암, 1938년에도 원만암 활동 보임	

1940년	기림사 고내리포교소 포교소 설치 총독부 신고 - 고내리, 고운사
	기림사 사계리포교당 포교소 설치 총독부 신고 - 안덕면 사계리 184
	대흥사 판포포교당 포교소 설치 총독부 신고 - 판포리, 통천사
	백양사 사계포교당 포교소 설치 총독부 신고 - 안덕면 사계리 전 609
	제주선원 하안거 : 대중 3명, 동안거 : 대중 5명, 법인관리 지방선원
1941년	대흥사 서귀면포교당 포교소 설치 총독부 신고 - 호근리, 용주사
	위봉사 한동포교당 포교소 설치 총독부 신고 - 한동리
	위봉사 하례포교당 포교소 설치 총독부 신고 - 남원면 하례리
	기림사 귀덕포교당 포교소 설치 총독부 신고 - 귀덕리, 귀덕사
	위봉사 평대포교당 포교소 설치 총독부 신고 - 평대리
	제주 한라산 관음사 법당 중건
	한라산 관음사의 법당의 상량문을 지음 - 이회명
	제주선원 하안거 : 대중 5명, 동안거 : 대중 7명, 법인관리 지방선원
1942년	위봉사 고내리포교당(월주사) 낙성식 - 법당 요사 와가 건축 봉불식
	제주 금천사의 백중절 위령법회식 - 구좌면 한동리 위봉사 제주포교소, 3월일에 제주도 한림면 금등리 737번지로 이전, 김성수
	남원리 선광사 법당 신축
	위봉사 한동포교소포교소 소재지 변경 총독부 신고 - 한동리에서 금등리로
	위봉사 제주도 안덕면포교당 포교소 소재지 변경 총독부 신고 - 사계리 산 16에서 대정면 인성리 22로
	남원면 신흥리 위봉사포교당 - 불교부인회 창립
	제주선원 하안거 : 대중 6명, 동안거 : 대중 6명, 법인관리지방선원
1943년	남원면 남원리 선광사 강본선일 여사 선광사 본당 신축에 희사, 주지 현무재봉
	제주도 위봉사 포교당 14개소를 백양사로 양도키로 협정(위봉사 주지 유전풍일, 백양사 주지 만암종헌)
	위봉사 제주도 제주읍 회천리포교당(1933년 창건) - 1943년 6월 7일 동일과리로 이전
	포교소 명칭변경 총독부 신고 - 위봉사 포교소를 백양사 포교소로 양도 / 대본산 위봉사 제주도포교당
	포교소 명칭변경 총독부 신고 - 위봉사 포교소를 백양사 포교소로 양도 / 대본산 위봉사 인성포교당
	포교소 명칭변경 총독부 신고 - 위봉사 포교소를 백양사 포교소로 양도 / 대본산 위봉사 애월면포교당
	포교소 명칭변경 총독부 신고 - 위봉사 포교소를 백양사 포교소로 양도 / 대본산 위봉사 상귀리포교당

		대본산 위봉사 성산북교당	
		대본산 위봉사 표선포교당	
		대본산 위봉사 하례포교당	
		대본산 위봉사 금등포교당	
		대본산 위봉사 동평대포교당	
		대본산 위봉사 해안포교당	
1943년		대본산 위봉사 도평포교당	
	월정사 불교전문강원 강사 부임 - 서경보		
	제주도 한라산 법화사 니사 봉려관 비명병서(碑銘幷書) - 이회명		
	제주도 제주읍 일도리 1150 송수홍 포교 총독부 신고		
	대흥사 제주 청수포교당 포교소 설치 총독부 신고 - 한림면 청수리		
	대정면 동일리 서산사 창건 - 강창규		
	제주선원 하안거 : 대중 4명, 법인관리 지방선원		
1944년	대흥사 말사 관음사 대정포교소 포교소 설치 총독부 신고 - 하모리, 오이현		
	이도리 월광사 창건		
	제주 관음사 혜광포교당 - 법환리, 오한일		
1945년	성산면 신산리 두수암 창건		
	제주도 불교청년단 결성대회		
	조선불교혁신 제주도 승려대회		
	제주교무원 결성		
1947년	이일선 민전 의장단 : 의장단 - 안세훈 외 이일선 현경호		
1948년~ 1950년	제주4·3 피해 인명	오이화 - 입적	관음사 2대주지, 제주도 승려대회 임시의장, 제주교무원 재무과장
		원문상 - 입적	대각사, 제주도 승려대회 준비위원 및 임시부의장, 제주교무원 총무과장
		이세진 - 입적	서관음사, 제주교무원 교무회원
		고제선 - 입적	서관음사
		백인수 - 입적	용장사, 제주교무원 교무회원, 제주도 불교청년단 선전부장
		김덕수 - 입적	월정사
		이일선 - 입적	정광사, 제주교무원 교무과장, 제주도 승려대회 준비위원장

1948년~1950년	제주4·3 피해 인명	양홍기 - 입적	원만사, 제주도 불교청년단 단원
		강기규 - 입적	단산사, 제주도 불교청년단 선전부원
		장창환 - 입적	광룡사
		이성봉 - 입적	금봉사, 제주교무원 교무회원
		김유신 - 입적	백양사 북촌포교소
		성명 미상 - 입적	보광사
		고정선 - 입적	수산사, 제주교무원 교무회원, 제주도 불교청년단 선전부원
		신홍연 - 입적	외꼴절
		고기호 - 도일 (渡日)	은수사, 제주도 불교청년단 단장, 제주교무원 감찰
		이창현	제주경찰서 예비검속자 : 승려, 용담리, 죄명은 남로당원, 농위원
	제주4·3 피해 사찰	관음사	법당, 기타 건물 7동 전소
		백화사	법당, 요사채 파옥
		불탑사	법당, 요사채 파옥
		서관음사	법당, 요사채, 객실 전소
		석굴암	법당 전소
		소림사	법당, 요사채 전소
		용장사	법당, 객실 전소
		원당사	소개
		월정사	법당, 가옥 5채 전소
		법화사	법당, 요사채, 객실 전소
		용주사	법당, 요사채 파옥
		원만사	법당 전소
		월라사	법당, 요사채 파옥
		호촌봉 암자	법당 파옥
		단산사	소개
		두수사	소개
		선광사	법당 철거, 객실 소각
		봉주사	법당, 객실 파옥, 동불상 도난
		고관사	강제 매각 - 조천면사무소로 사용

1948년~ 1950년	제주4·3 피해 사찰	고운사	법당, 요사채 2동 철거
		광룡사	법당, 객실 2동 전소
		귀이사	법당, 요사채 2동, 불상 등 일체 전소
		극락사	법당, 요사채 전소
		금붕사	법당 반 소각, 요사채 소각
		금천사	법당, 객실 전소
		묘음사	법당, 객실 전소
		백양사 북촌포교소	법당, 요사채, 객실, 불상 등 일체 전소
		보광사	법당, 요사채 철거
		본원사	법당 일부 소각
		수덕사	법당, 객실, 석가모니불상 등 일체 전소
		수산사	법당, 객실 철거
		외꼴절	법당, 요사채 전소
1949년	김석윤 입적 - 8월 25일(음)		
1951년	이회명 입적 - 12월 22일, 전북 임실군 삼계면 대원암		

〈부록 2〉 근대 제주불교 사찰 현황표

1. 연번 1 : 설치 기록이 있는 사찰 (91개소)
2. 연번 2 : 1945년 활동 사찰 (연번 1에서 이전 등의 이유로 활동하지 않는 사찰을 뺀 수, 82개소)
3. 연도 : 출처가 관보인 사찰은 조선총독부에 사찰 설치허가를 받은 연도이고, 그 외는 기록에 나타나는 연도이다. 모두 창건 연도가 아니라 창건 후 활동 연도라 하겠다.
4. 포교소 명칭 : 제주도에는 사찰령에 의한 본사가 없고 육지부 사찰의 포교소로 있었다.
5. 소재지 : 당시 기록의 명칭이다.
6. 사찰명 : 포교소라는 명칭과 함께 실제적으로 고유의 사찰명을 가지고 있었다.
6. 비고 : 특기사항을 기록하였다. ★ 표시는 1943년 백양사포교소로 명의 변경한 사찰임.
7. 출처 : 관보는 조선총독부 관보를 말함.

연번 1	연번 2	연도	포교소 명칭	소재지	사찰명	비고	출처
1		1917년	진종 대곡파 본원사 제주도포교소	삼도리		일본 사찰	관보
2	1	1918년	대흥사 제주도포교당	아라리	관음사	1908년 창건	관보
3		1918년		도순리	법정사	1911년 창건, 1918년 소훼	매일신보 등
4	2	1924년	백양사 제주포교소	삼양리	원당사		관보
5		1924년	백양사 제주포교소	상효리	무관암	1935년 정방사로 이전	관보
6	3	1925년	제주불교포교당	이도리	대각사		불교시보
7	4	1926년	대흥사 포교당 산남출장소	하원리	법화사		관보
8	5	1928년	화엄사 제주포교소	하도리	금붕사		관보
9	6	1930년	위봉사 제주도포교소	금덕리	극락사		관보
10	7	1930년	대흥사 제주포교소 불탑출장소	삼양리	불탑사	1914년 창건, 1923년 법당 신축	관보
11	8	1930년	위봉사 제주도포교소	서일과리	원각사	★	관보
12	9	1930년		수산리	원천사		제주교무원 자료
13	10	1931년	대흥사 제주포교소 고산출장소	고산리	월성사		관보
14	11	1931년	신암사 제주도 조천포	조천리	고관사		관보

			교소				
15	12	1932년	법주사 제주포교당	조천리	양진사		관보
16	13	1933년	백양사 고내포교당	고내리	고내사	보광사로 개칭	관보
17		1933년	위봉사 제주도 제주읍 회천리포교당	회천리		1912년 만덕사, 1943년 동일과리 이전	관보
18	14	1934년	백양사 동명리포교당	동명리	서극락사	극락사로 개칭	관보
19	15	1934년	위봉사 제주도 애월면 포교당	고내리	월주사	★, 해륜사로 개칭	관보
20	16	1934년		오라리	월정사	제주선원	불교시보
21	17	1934년	백양사 명월성포교지부	명월리			불교시보
22	18	1935년	백양사 함덕포교당	함덕리	외꼴절		관보
23		1935년	위봉사 안덕면포교당	사계리		1942년 인성리 단산사로 이전	관보
24	19	1935년	백양사 제주도 서귀포 교당	서귀리	정방사	1924년의 무관 암에서 이전	관보
25	20	1936년	백양사 한림포교당	옹포리	월계사		관보
26		1936년	법주사 제주도 동홍포 교당	동홍리		1937년 신효로 이전, 월라사	관보
27	21	1936년	위봉사 상귀리포교당	상귀리	귀이사	★, 월영사로 개칭	관보
28	22	1936년	위봉사 제주읍 도평포 교당	도평리	서관음사	★	관보
29	23	1936년	위봉사 해안리포교당	해안리		★	관보
30	24	1936년		금성리	도림사		제주교무원 자료
31	25	1937년	백양사 북촌포교당	북촌리			관보
32	26	1937년	백양사 토산포교당	토산리	관통사		관보
33	27	1937년	법주사 제주도 서귀포 신효포교소	신효리	월라사	1936년의 동홍 에서 이전	관보
34	28	1937년	위봉사 성산포포교당	성산리	일광사	★, 일출사, 동화 사로 개칭	관보
35		1937년	본문 법화종 대본산 본 능사 제주도포교소	서귀리		일본 사찰	관보
36	29	1937년	대흥사 제주 관음사 평 대리출장포교소	평대리	동관음사		연혁철
37		1938년	본문법화종 조선 본능	중문리		일본	

			사 중문포교소			사찰, 1941년 폐지	
38	30	1938년	백양사 제주포교당	일도리	성광사		관보
39	31	1938년	봉은사 제주도 애월면 구엄리포교당	구엄리			관보
40	32	1938년	실상사 제주도 제석암 포교당	이도리	제석사		관보
41	33	1938년	위봉사 제주 표선포교당	토산리	봉주사	★, 영천사로 개칭	관보
42	34	1938년	선암사 고산포교당				불교시보 30호
43	35	1939년	대흥사 김녕포교당	서김녕리	백련사		관보
44	36	1939년	백양사 김녕포교당	동김녕리	금중사		관보
45	37	1939년	대흥사 해륜포교당	용담리	해륜사		관보
46	38	1939년	백양사 어도리포교당	어도리	금천사		제주교무원 자료
47	39	1940년	기림사 하원포교당	하원리	원만암		관보
48	40	1940년	기림사 고내리포교소	고내리	고운사		관보
49	41	1940년	기림사 사계리포교당	사계리			관보
50	42	1940년	대흥사 판포포교당	판포리	통천사		관보
51	43	1940년	백양사 사계포교당	사계리			관보
52	44	1941년	기림사 귀덕포교당	귀덕리	귀덕사		관보
53	45	1941년	대흥사 서귀면포교당	호근리	용주사	봉림사로 개칭	관보
54	46	1941년	위봉사 평대포교당	평대리		★	관보
55	47	1941년	위봉사 하례포교당	하례리		★	관보
56		1941년	위봉사 한동포교당	한동리		★ 1942년 금등리로 이전	관보
57	48	1942년	위봉사 금등포교당	금등리	금천사	★ 1941년의 한동리에서 이전해 옴	관보
58	49	1942년	위봉사 인성포교당	인성리	단산사	★ 1935년의 사계리에서 이전해 옴	관보
59	50	1942년		남원리	선광사		불교시보
60	51	1942년	위봉사 신흥리포교당	신흥리			불교시보
61	52	1943년	위봉사 동일과리포교당	동일과리		1933년의 회천리에서 이전해 옴	관보

62	53	1943년	대흥사 제주 청수포교당	청수리			관보
63	54	1943년		동일리	서산사		제주교무원 자료
64	55	1944년	대흥사 말사 관음사 대정포교소	하모리	대정사		관보
65	56	1944년		독지동	월광사		제주교무원 자료
66	57	1944년	제주관음사 혜광포교당	법환리	혜광사		제주교무원 자료
67	58	1945년		하도리	용문암		제주교무원 자료
68	59	1945년		상대리	광룡사		제주교무원 자료
69	60	1945년 봄		신산리	두수암		제주교무원 자료
70	61	1945년 기록			관음암		법계
71	62	1945년 기록			광령사		법계
72	63	1945년 기록			금악사		법계
73	64	1945년 기록			남천사		법계
74	65	1945년 기록			덕지사		법계
75	66	1945년 기록			법주사		법계
76	67	1945년 기록			산방북암		법계
77	68	1945년 기록			산방사		법계
78	69	1945년 기록			삼전암		법계
79	70	1945년 기록			용장사		법계
80	71	1945년 기록			선암사		법계

81	72	1945년 기록			수원사		법계
82	73	1945년 기록			신산사		법계
83	74	1945년 기록			신흥사		법계
84	75	1945년 기록			쌍계사		법계
85	76	1945년 기록			어음사		법계
86	77	1945년 기록			영락사		법계
87	78	1945년 기록		일도리	운주당		법계
88	79	1945년 기록			원수사		법계
89	80	1945년 기록			은수사		법계
90	81	1945년 기록			인수사		법계
91	82	1945년 기록			조수사		법계

자료에 대한 도움말

『한국 근대 제주불교사』를 쓰기 위해 활용한 자료는 일제 당국의 공식 문서인 『조선총독부 관보』[1]와 일간지인 『매일신보』,[2] 불교계 잡지인 『불교』,[3] 『불교시보』,[4] 제주교무원 자료인 『교적부』,[5] 『교도책임자명부(이력

---

1 『조선총독부 관보』는 1910년부터 1945년까지 조선총독부에 의해 발행된 공고 기관지이다. 일제가 당시 한국의 정치·경제·사회·문화 각 부분을 침탈·통제하여 들어오는 모든 과정과 결과에 대한 정보를 수록하고 있다. 『조선총독부 관보』 원문은 행정안전부 국가지식포털 (http://gb.nl.go.kr)의 '조선총독부 관보 활용시스템'을 활용하였고, 『조선총독부 관보 중 제주록』(제주도, 1995)도 활용하였다. 그리고 조선총독부 관보 중 불교계 관련 사항을 발췌하여 만들어 낸 『조선총독부 관보 불교관련자료집 : 일제시대 불교정책과 현황』상·하(대한불교조계종총무원, 2001)를 활용하였다.

2 『매일신보』는 『대한매일신보』를 일제가 사들여 1910년 8월 30일부터 『매일신보』로 개제하기 시작했다. 일본인이 사장을 맡은 매일신보는 조선총독부와 일제의 통치에 협조적인 관제 일간지였다. 1945년 11월 10일 정간되었고 이후 속간되면서 『서울신문』이 되었다. 『매일신보』 원문은 영인판 (경인문화사, 1984)과 국사편찬위원회의 한국역사정보통합시스템 (http://www.koreanhistory.or.kr)의 '근현대 신문 자료'를 활용하였다.

3 『불교』는 조선불교중앙교무원에서 발간한 월간지로 1924년 7월 15일에 창간하여 1933년 7월 1일 108호로 휴간하였다가 1937년 3월 1일 경남 3본산협회에서 속간하여 1944년 12월 1일까지 간행하였다. 『한국 근현대 불교 자료 전집』(1-69)(민족사, 1996)에 실린 영인본으로 보았다.

4 『불교시보』는 불교시보사에서 발간한 월간지로 1935년 8월 창간되어 1944년 4월에 폐간되었다. 『한국 근현대 불교 자료 전집』(1-69)(민족사, 1996)에 실린 영인본으로 보았다.

5 『교적부』는 관음사 포교소의 문서로 1947년 제주도 승려들이 조선불교중앙총무원 또는 해당 승려의 본사 사찰 주지의 등본 인증을 받은 문서이다. 승려로서의 법명과 법호, 출가 본사 및 스승 등의 인적 사항과 승려로서의 활동 내력 등을 기록해 놓은 문서이다. 1947년 당시 제주도 승려들의 면모를 확인할 수 있는 자료이다. 한국불교태고종 제주종무원이 소장하고 있고, 제주종무원의 도움으로 원본을 보

서철)』,[6] 『연혁철』,[7] 『사찰등록철』,[8] 『총무국』[9], 『법계』[10] 등의 제주불교 자료와 기타 사찰과 개인 소장 문서와 문집(『관세음보살개금원문』[11], 『망형석성도인행록』[12], 『회명문집』[13]) 등이 주로 이용되었다. 이들 자료들은 제주불교사연구회가 『근대 제주불교사 자료집』[14]으로 엮어내기도 하였다.

초창기 제주불교의 활동을 살피기 위해 김석윤의 개인 기록인 『망형석성도인행록』과 용화사의 탱화 화기[15]를 활용하였고[16] 신문자료로 『매일신

<hr>

았다.

6 『교도책임자명부(이력서철)』은 제주교무원 문서로 1951년 대한불교 제주교도회의 교도책임자 승려들의 수행이력서로 개별 인장을 찍은 문서이다. 『교적부』와 비슷한 성격의 문서로 개인 이력과 승려로서의 인적 사항과 활동 내역 등을 기록한 문서이다. 그러나 『교적부』와 달리 이는 제주교무원의 문서이다. 한국불교태고종 제주종무원이 소장하고 있고, 제주종무원의 도움으로 원본으로 보았다.

7 『연혁철』은 1951년의 제주교무원의 문서로 각 사찰의 연혁과 재산목록, 신도 명부 등을 기록한 문서이다. 한국불교태고종 제주종무원이 소장하고 있고, 제주종무원의 도움으로 원본으로 보았다.

8 『사찰등록철』은 1953년의 제주교무원 문서로 각 사찰의 사찰건립 허가 신청서와 재산목록 등을 기록해 놓은 문서이다. 한국불교태고종 제주종무원이 소장하고 있고, 제주종무원의 도움으로 원본으로 보았다.

9 『총무국』은 1953년의 제주교무원 문서로 각 사찰의 사찰건립 허가 신청서와 재산목록 등을 기록해 놓은 문서이다. 한국불교태고종 제주종무원이 소장하고 있고, 제주종무원의 도움으로 원본으로 보았다.

10 『법계』는 1945년 조선불교혁신 제주도 승려대회 회의록으로 등사본이다. 회의의 의결내용과 승려대회 참여 사찰과 인명이 수록되어 있다. 제주불교신문의 도움으로 원본으로 보았다.

11 『관세음보살개금원문』은 제주불교포교당의 관세음보살 개금불사를 위한 발원문으로 관음사가 소장한 문서이다. 관음사 소장 원본으로 보았다. (1925).

12 『망형석성도인행록』은 김석윤의 동생 김석익이 형의 사망을 애도하며 쓴 행록이다. 원 소장자인 김계연(김석익의 아들)의 도움으로 원본으로 보았다. (1949, 국립제주박물관 소장).

13 『회명문집』은 이회명이 남긴 글과 자료 및 그의 행적을 모아놓은 문집으로 일제시대 제주불교의 활동과 승려들의 활동이 모아져 있는 자료이다. (권태연 편역, 도서출판 여래, 1991).

14 제주불교사연구회, 『근대 제주불교사 자료집』(2002).

보』과 기타 출판물[17]을 이용하였다.

제주도의 사찰 현황과 제주불교 인물은『조선총독부 관보』와 제주교무원 자료, 불교계 잡지와 신문 등의 자료를 이용하였다.

법정사 항일운동에 관한 자료로는 국가기록원이 소장하고 있는『형사사건부』[18]와『수형인명부』,[19]『정구용 판결문』,[20]『강창규 가출옥 관계 서류』,[21]『정구용 재소자 신분카드』[22] 등을 이용하였고, 유족들의 증언과

---

15 탱화는 그림 아랫부분에 화기(畫記)를 써놓는다. 탱화의 제작연대를 비롯하여 탱화 제작에 관여한 승려들의 법명을 비롯하여 시주자의 명단도 들어있다.

16 용화사는 경상남도 통영의 사찰이다. 제주도 승려인 김석윤이 20여 년간 수행한 사찰이며 제주불교 인물들에 대한 기록이 나타나고 있어서 자료로 활용하였다. 「용화사 아미타 구품도」(1898, 경상남도 통영 법륜사 소장), 「용화사 도솔암 극락전 산신탱화」(1910, 경상남도 통영 법륜사 소장), 「용화사 적묵당 감로탱화」(1910, 경상남도 통영 용화사 소장) 등을 활용하였다.

17 이은상의 『탐라기행』(조선일보사, 1937), 김형식의 『혁암산고』(북제주문화원, 2004), 김석익의『심재집』(제주문화사, 1990) 등의 출판물과 개인 기록인 김석윤의『일기』(1948), 오이화의『조사(弔詞)』(1949) 등도 활용하였다.

18 『형사사건부』(1918, 국가기록원 소장)는 광주지방법원 목포지청 검사분국의 기록문서로 법정사 항일운동 참여자의 형사사건 기록이다. 국가기록원에서 발급해주는 원문으로 보았다.

19 『수형인명부』(1918, 국가기록원 소장)는 광주지방법원 제주지청의 기록문서로 법정사 항일운동 참여자 중 수형인에 관한 명부이다. 국가기록원에서 발급해주는 원문으로 보았다.

20 『정구용 판결문』(1923. 6. 2, 국가기록원 소장)은 대구복심법원 형사 제1부의 기록문서로 법정사 항일운동 참여자인 정구용의 항소심 판결문이다. 국가기록원에서 발급해주는 원문으로 보았다.

21 『강창규 가출옥 관계 서류』(1928. 12. 12, 국가기록원 소장)는 목포형무소의 기록문서로 법정사 항일운동 참여자인 강창규가 형을 감형 받고 가출옥 할 때 만들어낸 문서이다. 본 문서는 필자가 국가기록원에서 발굴하였다. 국가기록원에서 발급해주는 원문으로 보았다.

22 『정구용 재소자 신분카드』(1924, 국가기록원 소장)는 대구교도소의 기록문서로 정구용의 수감 상황을 기록해 놓은 문서이다. 본 문서는 필자가 국가기록원에서 발굴하였다. 국가기록원에서 발급해주는 원문으로 보았다.

유족이 소장하고 있는 『김연일 가출옥 증표』[23] 등도 이용하였다. 참여 주민의 성격을 파악하기 위해서는 『하원리 호적중초』와[24] 『대포리 호적중초』[25] 그리고 『민적부』[26]와 『제적부』를 활용하였다.

1920년대 일제의 문화정책에 의해 제주불교 활동에 참여한 제주도의 유지들의 활동 양상은 『조선총독부 관보』와 사찰소장 문서인 『관세음보살개금원문』을 통해 살필 수 있었으며, 『회명문집』을 통해 제주불교협회 활동을 조사하였다.

1930년대의 심전개발운동에 참여한 활동은 주로 신문과 불교계 잡지인 『불교』, 『불교시보』 등을 활용하였다. 그리고 1930년대의 종교현황은 제주도청에서 발행한 『제주도세요람』[27]에서 확인할 수 있었다.

1940년대 제주불교 활동은 『법계』와 제주교무원 소장 제주불교 자료(『교적부』, 『교도책임자명부(이력서철)』, 『연혁철』, 『사찰등록철』, 『총무국』)를 통해 살폈다.

근대 제주불교사의 연구 동향을 살펴보면 법정사 항일운동에 대한 연구 업적이 가장 많다. 법정사 항일운동이 보천교의 난에서 항일운동으로 규

---

23 『김연일 가출옥 증표』(1923. 6. 6)는 목포감옥 제주지소의 기록문서로 김연일의 가출옥을 증명하기 위해 생산해 낸 문서이다. 김연일의 유족인 김갑출이 소장하고 있다. 제주불교사연구회가 발굴하였고 원문으로 보았다.

24 『하원리 호적중초』는 1810년부터 1908년까지 모두 36책이다. 제주도 하원리 마을 회관이 소장하고 있다. 필자도 원본 촬영 작업에 참여하여 원본으로 보았고, 서울대학교 규장각의 영인본으로도 보았다.(『제주 하원리 호적중초』1, 2, 영인본, 1992).

25 『대포리 호적중초』는 1804년부터 1909년까지 모두 37책이다. 제주도 대포리 마을 회관이 소장하고 있다. 필자도 원본 촬영 작업에 참여하여 원본으로 보았다.

26 『민적부』는 조선의 호적대장의 후신으로 민적령에 의해 1910년 일제시대부터 만들어진 것이다.

27 『제주도세요람』은 1935년, 1937년, 1939년 발행한 각 3권이 현재 전해지고 있다. 제주도청에서 편집하고 비매품으로 발행하였다. 제주도의 연혁부터 교통, 위생, 사회사업, 교육, 종교, 농업, 상공업, 임업, 수산, 재정 및 금융경제, 관공서 등 제주도 전반에 대해 기록해 놓았다.

〈그림 38〉 제주교무원 소장 문서

명되면서 이에 대한 많은 연구가 이어졌다. 우선 1995년 '광복50주년 기념 제주지방 독립운동사 학술회의'(제주도사연구회)를 통해 김봉옥의 「제주 법정사 항쟁 재조명」이 발표된 이후 학술대회가 지속적으로 개최되면서 많은 연구가 이루어졌다. 1995년 무오년 법정사 항일운동 중문청년회의소 창립20주년·해방50주년기념 학술토론회(중문 청년회의소), 2002년 사단 법인 제주학회 특별 학술 심포지엄(서귀포시), 2004년 (사)제주학회 특별 학술 심포지엄(제주학회), 그리고 2007년의 제주 법정사 항일운동 학술 세 미나(중문청년회의소)가 개최되었다. 그리고 한금순은 법정사 항일운동 연구로 석사학위 논문『1918년 제주 법정사 항일운동의 성격』[28]과 「1918 년 제주 법정사 항일운동에 대한 새로운 인식」,[29] 「1918년 제주도 법정사 항일운동 관련『형사사건부』분석」[30]을 발표하고 있다. 이와 같이 제주불 교사 연구 중에는 법정사 항일운동에 관한 연구가 제일 활발하다.

한편 제주불교사연구회는 『근대 제주불교사 자료집』(2002)으로 근대 제주불교의 자료를 모아 출간하였다. 이 책은 제주불교 관련 신문자료(『매

---

28 한금순, 『1918년 제주 법정사 항일운동의 성격』(제주대학교대학원 석사학위 논문, 2006).

29 한금순, 「1918년 제주 법정사 항일운동에 대한 새로운 인식」『정토학연구』제10집 (한국정토학회, 2007).

30 한금순, 「1918년 제주도 법정사 항일운동 관련『형사사건부』분석」『대각사상』제 12집(대각사상연구원, 2009).

일신보』, 『조선일보』, 『동아일보』 등), 불교지(『불교』, 『불교시보』, 『조선
불교』[31] 등)와 기타 간행물(『법계』, 『회명문집』 등), 『조선총독부 관보』의
제주불교 관련 사항, 개인 기록 자료(『망형석성도인행록』, 『김석윤의 일
기』 등)와 개인 문집(『혁암산고』,[32] 『심재집』[33] 등) 및 사찰 소장 자료(『관
세음보살개금원문』, 탱화 화기(畵記) 등), 그리고 한국불교태고종 종무원
이 소장하고 있는 제주교무원 자료(『교적부』, 『교도책임자명부(이력서
철)』, 『연혁철』, 『사찰등록철』, 『총무국』) 등을 싣고 있다. 또한 이 책의
출간에 맞춰 『근대 제주불교사 자료집』 출간기념 세미나(2002)가 있었는
데 오성의 「근대 제주불교의 태동과 관음사 창건」, 이경순의 「이회명과
제주불교협회」, 한금순의 「이일선과 제주불교연맹」 등의 연구발표가 있었
다.[34]

또한 제주도 사찰의 연혁과 문화재를 정리 수록한 『제주의 사찰과 불교
문화』와[35] 제주4·3사건으로 인한 제주도 사찰과 승려의 피해를 조사 정
리한 『한국전쟁과 불교문화재 II』한국전쟁피해조사보고서 제주도편[36]도
제주불교사연구회[37]의 연구 결과물이다.

이외에도 제주불교사 연구로 김광식의 「해방직후 제주불교계의 동향」,[38]

---

31 『조선불교』는 1924년 5월에 창간된 조선불교단의 기관지로 1936년 121호까지 발
  간되었다. 조선불교단은 불교 중심의 교화사업 단체로 조선 불교에 대한 일본의
  영향력을 강화시키기 위해 조직된 단체이다.
32 『혁암산고』는 김형식의 글을 모아 놓아 책으로 낸 것이다. 김형식은 제주 유림의
  대표적 인물이다. (오문복 역, 북제주문화원, 2004).
33 『심재집』은 김석익의 글인 「탐라기년」, 「탐라기년부록」, 「탐라지」, 「탐라관풍안」,
  「파한록」, 「해상일사」, 「탐라인물고」 등을 모은 책이다. (김석익, 제주향교행문회
  편저, 제주문화사, 1990).
34 제주불교사연구회, 『근대 제주불교를 읽는다』근대 제주불교사 자료집 출간기념
  세미나 자료집(2002).
35 사찰문화연구원, 『제주의 사찰과 불교문화』전통사찰총서21(2006).
36 대한불교조계종, 『한국전쟁과 불교문화재 II』한국전쟁피해조사보고서 제주도편
  (2004).
37 제주불교사연구회 오성, 한금순, 김봉현, 한금실의 연구물이다.

한금실의 『이세진의 제주불교 혁신운동 연구』,[39] 한금순의 『근대 제주불교사 연구』[40], 「승려 김석윤을 통해 보는 근대 제주인의 사상적 섭렵」,[41] 「안봉려관과 근대 제주불교의 중흥」,[42] 「이형상의 절 오백 당 오백 철폐, 그 설화와 역사의 교차점」,[43] 「제주도 영등굿의 유래-연등회에서 영등굿으로의 변천」,[44] 「제주도 존자암 고(考)」,[45] 「제주불교 안택기도의 출현배경과 성격」[46] 등의 연구가 있다.

---

38 김광식, 『근현대불교의 재조명』(민족사, 2000).

39 한금실, 『이세진의 제주불교 혁신운동 연구』(제주대학교대학원 석사학위 논문, 2006).

40 한금순, 『근대 제주불교사 연구』(제주대학교 대학원 사학과 박사학위논문, 2010).

41 한금순, 「승려 김석윤을 통해 보는 근대 제주인의 사상적 섭렵」『대각사상』제19집(대각사상연구원, 2013).

42 한금순, 「안봉려관과 근대 제주불교의 중흥」『정토학연구』제14집(한국정토학회, 2010).

43 한금순, 「李衡祥의 절 오백 당 오백 철폐, 그 설화와 역사의 교차점」『제주역사문화』제15호(제주도사연구회, 2006).

44 한금순, 「제주도 영등굿의 유래 -연등회에서 영등굿으로의 변천-」『정토학연구』제11집(한국정토학회, 2008).

45 한금순, 「제주도 존자암 고(考)」『대각사상』제16집(대각사상연구원, 2012).

46 한금순, 「제주불교 안택기도의 출현배경과 성격」『제주역사문화』제13·14호(제주도사연구회, 2005).

찾아보기

저자 _ 한금순

숙명여자대학교를 졸업하고 제주대학교 사학과에서 문학박사 학위를 취득하였으며 제주대
학교 사학과에서 강의를 하고 있다.

이 책은 제주불교사연구회 활동에 참여하여 제주 근대불교사의 관련인물들을 추적하고 유
적지를 답사하며 얻어낸 더없이 소중한 기록이다.

제주불교사연구회의 결과물로는『근대 제주불교사 자료집』(2002),『한국전쟁과 불교문화
재I』한국전쟁피해조사보고서 제주도편(대한불교조계종총무원, 2004),『제주의 사찰과 불
교문화』전통사찰총서21(사찰문화연구원, 2006)이 있다.

이 책은 저자의 박사학위 논문을 다시 손질한 것이다.

탐라문화학술총서 15
한국 근대 제주불교사

초판 인쇄 : 2013년 12월 20일
초판 발행 : 2013년 12월 30일

저 자 한금순
발행인 한정희
발행처 경인문화사
주 소 서울특별시 마포구 마포동 324-3
전 화 02-718-4831~2
팩 스 02-703-9711
이메일 kyunginp@chol.com
홈페이지 http://kyungin.mkstudy.com

가 격 25,000원
ISBN 978-89-499-0999-8 93910